U0840774

ANNUAL REPORT
ON THE DEVELOPMENT OF
AFRICA (2020-2021)

非洲地区发展报告

（2020~2021）

浙江师范大学非洲研究院　主办

李雪冬　刘鸿武　主编

社会科学文献出版社
SOCIAL SCIENCES ACADEMIC PRESS (CHINA)

前　言

携手抗疫中构建更加紧密的中非命运共同体

刘鸿武

2020年是人类历史上极不平凡的一年，突如其来的新冠肺炎疫情肆虐全球，不仅考验了各国政府的执政能力，同时也成为国际关系的“试金石”。自疫情突袭而至以来，中非双方始终秉持“真实亲诚”理念，在携手抗疫中构建更加紧密的中非命运共同体。

携手抗疫，共克时艰

在中国抗击疫情过程中，非洲国家从各个方面提供了积极支持。

第一，非洲多国热切关心和问候中国抗疫情况。南非总统拉马福萨在对中国的致电中，高度赞扬中国抗疫行动，表示在习近平主席带领下中国必将赢得最终胜利；乌干达总统穆塞韦尼代表人民为中国抗疫加油鼓劲；利比里亚总统维阿对中国人民一定能战胜疫情充满信心，并强调利比里亚政府和人民不会忘记中方在利比里亚埃博拉疫情时的雪中送炭之情；莫桑比克总统纽西、多哥总统福雷、埃塞俄比亚总理阿比和津巴布韦外长等也表达了慰问和支持。此外，加纳总统阿库福-阿多不仅在中国疫情防控严峻时刻率先向习近平主席致慰问信，并于2月20日，在议会发表2020年国情咨文期间再次就中国抗击新型冠状病毒疫情表达了支持。

第二，非洲社会各界为抗击疫情贡献力量。2020年2月初，南非U-Mask公司的工人日夜加班，赶制了30000只医用口罩移交至中国大使馆，尽全力支持中国人民抗击疫情。另外据《人民日报》当时整理的一份“国外援助中国抗疫物资清单”可以看到，非洲国家虽然物资匮乏，但在看到中国人民深受疫情之苦时，仍愿意全力付出，施以援手。其中值得一提的是，在不少来华留学生启程回国之时，贝宁在华医学留学生莱东瀚志愿留在中国参与抗击疫情，1月29日，他就向医院递交了一份中英双语请战书，书中恳切地表示中国是他的第二家乡，他要以一名医学生的身份志愿加入中国抗击新冠肺炎疫情的队伍。非洲各界尽己所能为中国抗击疫情捐款捐物。

第三，非洲各国以自己的方式为中国战胜疫情祈福。2月25日，正值中加友谊路落成，在西非加纳特马，一场为中国战疫加油祈福的万人签名活动同时举行，加纳副总统巴武米亚亲自出席，活动中人们争相签名留言，表示加纳永远与中国在一起。3月1日晚，开罗萨拉丁城堡、卢克索卡尔纳克神庙和阿斯旺菲莱神庙同时亮起了五星红旗，绚烂的灯光点亮埃及夜空，为中国抗击新冠肺炎疫情送上了埃及特别的精神支持和鼓励。在中国遇到困难之际，非洲人民坚定地站在了中国身边，中国人民永远不会忘记这份支持和情谊，将时刻铭记在心。

非洲发生新冠肺炎疫情后，尽管中国国内抗疫工作尚未结束，仍有着内防反弹和外防输入的巨大压力，但中国第一时间向非洲送去关怀。在物质帮扶上，为非洲提供了大量抗疫必需品，分多批次直送非洲各国，在技术帮扶上，派遣了多支精干的专家组分赴非洲各国。同时采取线上会议、线下培训的形式提高非洲自身抗疫技能，为非洲带来了爱和希望，为其战胜疫情提供了强大的助力，也为更好地控制疫情、巩固防控成果、提供公共卫生安全保障能力和共同构建中非卫生健康共同体作出巨大贡献。在全球抗击新冠肺炎疫情的重要时刻，中国和非盟轮值主席国南非、中非合作论坛共同主席国塞内加尔于2020年6月17日共同发起，以视频方式举行了中非团结抗疫特别峰会。国家主席习近平在峰会的主旨讲话中指出，中方将继续全力支持非方抗疫行动，继续向非洲国家提供物资援助、派遣医疗专家组、协助非方来华采购抗疫物资，共同打造中非卫生健康共同体。

首先，中国向非洲提供大量抗疫物资、多次派出抗疫医疗专家组。2020年2月，中国向非洲疾控中心无偿提供的首批检测试剂盒运抵埃塞俄比亚首都亚的斯亚贝巴，此后抗疫物资分批次发往非洲各国。2020年4月16日，中国向非洲派出首支抗疫医疗专家组，目的地是地处西非内陆、沙漠边缘的布基纳法索。截至2021年3月上旬，中国已向非洲提供120批紧急抗疫物资，向35个非洲国家及非盟委员会提供疫苗，向15个非洲国家分别派出抗疫医疗专家组。此外，中国军队领导人也向非洲多国军队致函慰问；与南非、埃塞俄比亚等国军队召开新冠肺炎疫情防控经验分享视频会议；向埃塞俄比亚、莫桑比克、突尼斯、安哥拉、埃及、摩洛哥、坦桑尼亚、刚果（布）、刚果（金）、赤道几内亚、塞拉利昂、津巴布韦、赞比亚、喀麦隆、卢旺达等非洲十五国军队提供防护服、医用口罩等紧急防疫物资援助；派空军运输机赴非洲多国运送防疫物资。在这场抗击新冠肺炎疫情的人类生存考验中，中国以实际行动诠释了人类命运共同体理念。

其次，中国积极组织和非洲国家的线上线下抗疫交流。2020年4月2日，根据国家卫健委国际司监察专员李明柱在新闻发布会上的介绍，在中国指导的医疗队支持方面，当时已经在非洲国家开展了250余场疫情培训和健康教育活动，活动覆盖1万多人，发布的800多份多语种的公告和防控指南覆盖了非洲民众和在非华人华侨，极大增强了非洲各国民众对疫情的认知和自我防控能力，受到各国人民的感谢。自疫情突袭而至以来，中非一直相互支持、相互帮助，在整个抗疫行动过程中开展了数场合作会议，统筹资源共话安全。如4月17日的“抗击新冠疫情与中非合作”国际视频会议暨六种语言的《中非紧密团结抗击新冠疫情联合倡议书》发布会、6月17日的中非团结抗疫特别峰会等，中非双方不仅积极在线上参与，而且在线下的交流也未停止。如7月18日，驻莱索托大使雷克中与莱首相马乔罗和副首相莫霍图就中莱携手抗击新冠肺炎疫情、加强经贸领域合作等事宜交换意见。7月20日，廖力强大使同埃及卫生与人口部长哈莱展开深入交流，对加强中埃共同抗疫和医疗卫生等领域的合作进行探讨，共商合作事宜。

再次，中国研制的新冠肺炎疫苗运往非洲。2020年12月10日，中国新冠肺炎疫苗顺利运抵开罗国际机场。埃及卫生与人口部长哈莱出席交接活动，并在发布会上向中国表达了衷心感谢，她认为首批中国疫苗的到来不仅见证了中埃友谊达到了新的高度，而且为埃及人民的健康注上了强心剂。合作抗疫是中埃守望相助的具体措施，埃方表示会珍视中国疫苗的重要作用，优先向医务人员和弱势群体接种。

中国的这些务实、及时的举措，对提升非洲国家抗击疫情的信心与能力，促进非洲国家经济复苏和民生改善具有重大意义。中非合作有效提升了中非抗疫成效，惠及中非双方，也给世界树立了国际合作新标杆。

砥砺前行，合作共进

尽管面临抗击疫情的强大压力，但中非合作的方向毫不动摇，务实高效的合作精神在2020年取得的成绩中继续凸显。

经贸合作是中非合作论坛成果中的重中之重。在新冠肺炎疫情冲击下，全球贸易遭受沉重打击，但中非经贸却显示出强大的抗压性。新冠肺炎疫情突袭而至以来，受制于人员和货物往来限制，中非经贸交往虽遇到了较大挑战，但在中非双方共同努力之下，中非经贸合作仍不断发展，取得很大成绩。据中国海关统计，2020年，中国与非洲双边贸易总额为1869.7亿美元，同比下降10.5%。其中，中国对非洲出口额同比增长0.9%；中国自非洲进口额同比下降24.1%。中国连续12年成为非洲最大的贸易伙伴。疫情发生以来，非洲多国政府向中国提供抗疫物资和现汇支持。在新冠肺炎疫情肆虐全球的背景下，鲁班工坊在尼日利亚、埃及、科特迪瓦、乌干达和马达加斯加逆势而上，纷纷揭牌启动。天津理工大学、天津中德应用技术大学，以及9所高职院校、3所中职学校参与了非洲鲁班工坊的合作建设。鲁班工坊的加快推进是中方在疫情下坚持发展中非友好关系的重要实践。2020年12月，中国还与非洲联盟签署了《中华人民共和国政府与非洲联盟关于共同推进“一带一路”建设的合作规划》，该规划也成为中国和区域性国际组织签署的第一个共建“一带一路”规划类合作文件。

2020年，中国对非工程承包业务规模总体保持扩大态势。中国2020年对外直接投资1329.4亿美元，同比增长3.3%，对外承包工程新签项目的八成集中在基础设施领域。中非基础设施合作在2020年新签合同额达679亿美元，同比增长21.4%。受新冠肺炎疫情影响，非洲国家对公共卫生相关基础设施需求急剧增长，中国对非医疗卫生工程承包项目异军突起。南非公布其基础设施项目优先发展清单中，供水和卫生是50个次级项目的首要领域，其次是能源和交通运输，可见安全饮水和公共卫生相应的建筑业务将成为非洲国家的首要发展方向。对此中国国际医药卫生有限公司（国药国际）等企业大力寻找承包企业积极投身于海外医疗建设领域，中国土木、中国电建等企业已收到疾控预防中心、医疗卫生所等项目的中标通知，积极投身于项目建设中。除医疗卫生领域的建设外，几内亚、埃及、科特迪瓦等国住房建筑、工厂建筑和城市房屋装修翻新市场巨大，中工国际、中铁集团、中国化学等公司在非签约额显著增加，其中中铁十四局与几内亚国家房地产整治和开发公司的工程合同额约 14.78 亿美元。

在以习近平同志为核心的党中央坚强领导下，中非人文交流日益兴盛，有力推动了双方的交流合作与文明互鉴。2020 年，落实中非合作论坛中的中非人文合作同样取得了骄人成绩，媒体交流与合作尤其值得一提。随着数字化、网络化、智能化趋势的演进，中非媒体合作面临新空间、新机遇。6 月 15 日，由南非最大平面媒体集团独立传媒及非洲环球广域传媒集团、南非中国经贸协会、中国公共外交协会等共同举办的“新冠肺炎疫情下中非民间外交及媒体合作线上研讨会”成功举行。中非各界人士表示中非良好政治关系应转化为对基层民间的更大影响力，以更全面、平衡、客观的视角介绍彼此，不断增进中非民心相通。10 月 28 日，中国国家广播电视总局和非洲广播联盟主办了中非媒体对话会，回顾了中非合作论坛成立 20 年来中非媒体合作取得的长足发展，充分肯定了媒体为推动中非各领域交往及民心相通发挥的积极作用。11 月 17 日，中非媒体合作论坛在肯尼亚首都内罗毕举行，来自中国和 11 个非洲国家 120 多名政府官员、新闻从业人员和专家学者就“技术对媒体实践的影响”“数字时代的新闻生产与传播”等内容进行了深入交流。

疫情之下，中非在数字经济合作方面展现了广阔的前景。中国在数字经济时代走在了世界的前列，而非洲在移动互联和数字经济时代也可以大有作为。目前非洲 35 岁以下的人口占 60%，作为世界上最年轻的地区，在发展互联网经济方面具有明显的人口优势。物联网、云计算、大数据和数据分析等新一代信息技术的运用也将给非洲带来难得的机遇。疫情期间，线下经济和合作发展受到影响，而线上经贸合作则迅速发展。疫情让非洲国家意识到数字化的重要性，因此各国迫切希望尽快发展数字经济。中国与非方分享利用数字技术支持“云抗疫”、发展“云经济”的经验。各类数字合作平台、线上推介会、直播带货等新业态蓬勃发展，有效服务中非企业对接。与此同时，非盟于2020年5月出台《非洲数字转型战略》，积极推动非洲数字经济的改革与发展。中国在数字经济领域的成就可以有力帮助非洲发展数字经济。

疫情仍在，危中有机

2021年是落实中非合作论坛北京峰会成果的收官之年。1月4日至9日，中国国务委员兼外交部部长王毅对尼日利亚、刚果（金）、博茨瓦纳、坦桑尼亚、塞舌尔进行正式访问。这是自1991年以来中国外长连续第31年新年首访选择非洲。这一优良传统的延续，体现了中方对发展中非关系的高度重视，彰显了中非几十年来风雨同舟、患难与共的深厚情谊，也显示了中非合作意义非凡。2021年，中非合作发展仍将面临不小的挑战，但挑战中蕴含着新机遇。2020年12月，中方同非洲联盟签署共同推进“一带一路”合作规划（即《中华人民共和国政府与非洲联盟关于共同推进“一带一路”建设的合作规划》），进一步推动“一带一路”合作倡议与非盟《2063年议程》对接；2021年1月，非洲大陆自由贸易区正式启动，非洲国家将以统一大市场的新形式参与全球经济发展。在这样的背景下，外交部部长王毅的此次访问就在西非国家第一次召开中非合作论坛第八届部长级会议、助力非洲国家增强抗疫能力以此恢复非洲经济、推进“一带一路”倡议与非洲大陆自由贸易区对接等问题进行磋商，进一步拓展中非合作的广度和深度。经贸合作方面，除贸易、基础设施建设、产业园等投资领域外，2021年乃至未来，中非还可以在新的领域开辟合作方向：利用新一代信息通信技术建立健康卡、健康码等形式提升政府抗疫效力；加强双方在公共医疗卫生领域的产业协调；推动非洲国家新型工业化发展，拓展中非在数字经济、清洁能源、5G技术、智慧城市等领域的深度合作等。在新冠肺炎疫情席卷全球的背景下，以信息通信技术为主的数字经济尤其具有合作活力与潜力。21世纪以来，非洲由于低成本且丰富的劳动力而备受世界瞩目，积极吸引外资的注入。特别是随着移动通信的快速增长，信息通信技术产业成了非洲最受欢迎的领域之一。南非、尼日利亚、卢旺达、肯尼亚、埃塞俄比亚等国在金融科技、电商、通信等领域已经取得了长足的进步，并将其作为中长期规划中的重点发展领域。

总而言之，中非关系将继续走深、走实，走向民间、走向基层。中国以实际行动同非洲国家一道应对危机，坚定不移地推动经济全球化、捍卫多边主义，进一步维护发展中国家的利益。面对当今世界百年未有之大变局，中非合作的光明未来将继续为“南南合作”树立典范，为世界和平发展作出新贡献。

目 录

第一篇　政治与国际关系发展态势

第二篇　经济与民生发展态势

第三篇　非洲社会与人文发展态势

第四篇　中非合作态势

附　录

第一篇
政治与国际关系发展态势

非洲安全局势报告

高明秀

内容摘要：安全问题长期以来一直是困扰非洲国家政治稳定与社会经济发展的重要问题。2020 年以来，非洲安全形势出现恶化，尤其是恐怖主义问题严重，突发性热点问题频发，非传统安全问题凸显。非洲安全形势恶化是各国国家治理能力欠缺、民主政治发展尚不成熟、美西方国家减少对非洲国家安全援助及新冠疫情负面影响等内外因素共同导致的结果。安全形势恶化加剧了非洲国家的人道主义灾难，破坏了非洲国家的政治稳定并制约了非洲国家的经济发展。改善非洲地区的安全形势，需要非洲国家、非洲地区组织和国际社会共同努力。

关键词：非洲　安全形势　恐怖主义　新冠肺炎疫情

作者简介：高明秀，女，法学硕士，社会科学文献出版社国别区域分社总编辑、副编审，主要从事韩国政治、非洲政治与安全问题研究。

安全问题长期以来一直是困扰非洲国家政治稳定与社会经济发展的重要问题。内战、军事政变、民族与宗教冲突以及社会动乱等，在非洲国家独立后相当长的时间里一直在各国频繁发生，以致“非洲大陆”在一定程度上成了战乱的代名词。21 世纪以来，随着政治民主化的深入推进和社会经济的快速发展，非洲的安全形势有了较大的改观。然而 2020 年新冠肺炎疫情突袭而至以来，在内外各种因素的影响下，非洲安全形势又有所恶化，这对非洲的政治稳定与经济发展等都产生了严重的不利影响。

一　非洲安全形势的发展态势

2020年以来，非洲安全形势发展不容乐观，尤其是恐怖主义形势持续恶化，且安全形势总体呈现出多点分布、热点频发的特征。此外，非洲安全形势仍延续了近年来传统安全问题热度下降、非传统安全问题凸显的态势。

（一）非洲恐怖主义形势持续恶化

恐怖主义是影响非洲安全最为严重的问题。2020年以来，受新冠肺炎疫情等因素的影响，全球恐怖主义形势总体好转，但非洲恐怖主义形势却呈持续恶化的态势。根据经济与和平中心（Institute for Economics and Peace）公布的《2020年全球恐怖主义指数》，在全球受恐怖主义威胁很高和较高的20个国家中，有10个为非洲国家，其中尼日利亚、索马里和刚果（金）位列前十，马里、布基纳法索、喀麦隆和莫桑比克与2019年相比排名均有所上升。[①]

"伊斯兰国"和"基地"组织快速扩张，正在使非洲成为全球恐怖主义新的中心。"伊斯兰国"虽在伊拉克和叙利亚遭到惨败，但在非洲却呈快速扩张之势。当前，"伊斯兰国"在北部非洲的分支有"伊斯兰国"利比亚省、"伊斯兰国"阿尔及利亚省和"伊斯兰国"西奈省，在撒哈拉以南非洲的分支有"伊斯兰国"西非省、"伊斯兰国"索马里省和"伊斯兰国"中非省。其中"伊斯兰国"西非省又可分为"伊斯兰国"西非省核心分支和"伊斯兰国"大萨赫勒分支，前者主要在尼日利亚、尼日尔、乍得和喀麦隆等国活动，后者主要在马里、尼日利亚和布基纳法索三国交界地带活动，"伊斯兰国"中非省则主要在刚果（金）和莫桑比克北部地区活动。[②]"基地"组织在非洲的主要分支包括伊斯兰马格里布"基地"组织和索马里青

① Institute for Economics and Peace, *Global Terrorism Index 2020: Measuring the Impact of Terrorism*, Sydney, November 2020, p. 8.

② Jason Warner, Ryan O'Farrell, Héni Nsaibia, and Ryan Cummings, "Outlasting the Caliphate: The Evolution of the Islamic State Threat in Africa", *CTC SENTINEL*, November/December 2020, pp. 18－31.

年党，其在萨赫勒地带的马里、乍得、布基纳法索和毛里塔尼亚也异常活跃。此外，“博科圣地”虽主要活跃在尼日利亚北部地区，但对尼日尔、乍得、喀麦隆和贝宁等国也有影响。

（二）非洲安全形势呈现多点集中分布、热点频发的特征

在“伊斯兰国”、“基地”组织和“博科圣地”等恐怖主义组织活动的影响下，非洲当前安全形势呈现出多点集中分布的特征，其中，马格里布地区、萨赫勒地带、非洲之角和大湖地区安全形势最为严峻。以尼日利亚为例，该国不但受到“伊斯兰国”西非省和“博科圣地”的恐怖主义威胁，二者之间的敌对行动还会进一步加剧尼日利亚的安全局势。萨赫勒地带也是如此，“伊斯兰国”和“基地”组织的扩展与敌对行动，已经使其成为非洲安全局势最为严峻的地区。

非洲安全局势在多点集中分布的情况下，还呈现出热点频发的特征，而其中引发国际社会广泛关注的，一是莫桑比克北部恐怖主义问题，二是几内亚湾海盗问题。莫桑比克北部恐怖主义问题始于2017年10月，当时激进武装团体“青年党”袭击德尔加杜角省滨海小镇莫辛布瓦，由此拉开莫桑比克北部恐怖主义活动的序幕。2018年1月，莫桑比克警方将“青年党”的相关袭击定义为恐怖主义活动。2019年6月，“青年党”宣布效忠“伊斯兰国”，与刚果（金）的“伊斯兰国”极端势力并称“伊斯兰国”中非分支。2020年以来，“伊斯兰国”极端势力加大恐怖主义活动的频率与烈度，尤其在2020年8月攻占莫辛布瓦、2021年3月攻占帕尔马镇，使莫桑比克北部安全局势进一步恶化。① 另外需要注意的是，恐怖主义活动不但危及莫桑比克北部地区安全，而且已经开始袭击东北部附近岛屿，如其在反恐压力下前往一些岛屿建立基地并从事海盗活动，将会严重威胁莫桑比克海峡航行安全。

几内亚湾海盗问题近年来日益严重，其影响已经超越盛极一时的索马里

---

① 关于“伊斯兰国”中非分支在莫桑比克的发展情况，可参见 Daveed Gartenstein - Ross etc.，“The Evolution and Escalation of the Islamic State Threat to Mozambique”，https：//www. fpri. org/article/2021/04/the - evolution - and - escalation - of - the - islamic - state - threat - to - mozambique/，2021 - 8 - 5。

海盗，成为国际航运安全的最大威胁之一，除尼日利亚、贝宁和喀麦隆等几内亚湾国家外，中国等与当地贸易往来频繁且严重依赖几内亚湾航线的国家也受到了严重影响。2020年新冠肺炎疫情突袭而至以来，几内亚海盗活动进一步呈显著上升之势，据国际商会下属国际海事局公布的信息，2020年全球共有135名船员被从船上劫走，其中95%发生在几内亚湾；2021年第一季度，全球共发生38起海盗事件，其中43%发生在几内亚湾，全球共有40名船员遭到劫持，全部都发生在几内亚湾。此外，几内亚湾海盗还是目前全球武装最好和最危险的海盗，国际海事局的数据表明，有超过80%的袭击者都装备有枪械。①

（三）传统安全问题热度下降，非传统安全问题凸显

2020年以来，非洲国家爆发的最引人瞩目的传统安全事件，一是埃塞俄比亚提格雷人民解放阵线（简称“提人阵”）与联邦政府之间的军事冲突，二是马里军事政变。埃塞俄比亚军事冲突始于2020年11月4日提人阵袭击埃塞国防军驻扎在提格雷州首府默克莱的北方司令部，联邦政府随后予以回击，迅速调集军队进入提格雷州并控制默克莱市。但此后提人阵采取游击战策略，由此导致双方的冲突直到目前仍然尚未结束。马里军事政变发生在2020年8月18日，这是马里继2012年军事政变后第二次发生政变。马里政变导致易卜拉欣·凯塔政府下台，政变军人成立权力过渡机构拯救人民国家委员会，并在9月21日任命前国防和退伍军人部长巴·恩多为过渡总统，在10月5日任命内阁并成立过渡政府。2021年5月24日，马里再次发生政变，过渡总统恩多辞职，过渡副总统阿西米·戈伊塔接任过渡总统，后在6月11日公布新一届过渡政府成员名单，马里由此重启为期18个月的政治过渡进程。

尽管埃塞俄比亚军事冲突和马里军事政变引人关注，但非洲传统安全问题的热度近年来一直在不断下降，与之相比，非传统安全问题则不断凸显，社会安全局势尤为动荡。南非是一个最为明显的例子，2020年上半年，南非因新冠肺炎疫情及由此导致的失业和物资短缺等问题，社会抗议事件急剧增

① 关于几内亚湾海盗的相关信息，可参见 https：//www. icc－ccs. org/。

加，从4月的54次增加到7月的232次，四个月内总数高达511次，平均每天达4.2次，创下近年来的峰值。[①] 2021年7月9日，南非因前总统祖马被捕而引发暴乱，暴乱自夸祖鲁－纳塔尔省起，后迅速蔓延到豪登省，普马兰加省和北开普省也有波及，其中港口城市德班、彼得马里茨堡和金融中心约翰斯内斯堡打砸抢烧等暴力活动最为严重。此次暴乱持续一周多的时间，给南非抗击新冠肺炎疫情和社会经济恢复与发展均造成了重大不利影响。[②]

无论埃塞俄比亚军事冲突还是南非暴乱，其导火索均与政治斗争或政党选举有关。事实上，因政治斗争或政党选举所引发的社会安全事件，2020年在多个非洲国家均有发生。几内亚2020年10月18日总统选举结束后，反对派支持者在多地与警察发生冲突，造成近10人死亡；科特迪瓦2020年10月31日总统选举结束后，反对派支持者游行示威并引发多起冲突，导致80多人死亡、400多人受伤和3000多人流离失所；加纳在2020年12月7日的总统选举前后，也有5人因选举引发的动乱死亡。

当然，非洲的非传统安全问题还包括粮食安全、公共卫生安全、就业安全和生态安全等，这些安全问题不但考验非洲国家的治理能力，而且一旦相互叠加和不断恶化，将有可能引发政治动荡乃至武装动乱。尤其是在当前新冠肺炎疫情肆虐的背景下。上述非传统安全问题有可能成为压垮非洲有些脆弱国家的最后一根稻草。

二　非洲安全形势恶化的原因

非洲安全形势，尤其是恐怖主义形势持续恶化是各种因素相互作用的结果，其中国家治理能力欠缺，民主政治发展尚不成熟，美西方国家减少对非

① Lizette Lancaster and Godfrey Mulaudzi, "Rising Protests Are a Warning Sign for South Africa's Government", https://issafrica.org/iss-today/rising-protests-are-a-warning-sign-for-south-africas-government, 2021-8-8.

② "South Africa Suffers R50 Billion Losses, 150000 Jobs at Risk, as Riots Hit 40000 Businesses", https://www.chronicle.co.zw/south-africa-suffers-r50-billion-losses-150-000-jobs-at-risk-as-riots-hit-40-000-businesses, 2021-8-10.

洲国家安全援助，以及新冠肺炎疫情负面影响等，是其中较为重要的因素。

（一）国家治理能力欠缺

当前非洲国家的国家治理能力普遍较为欠缺。在政治治理领域，多数国家均存在不同程度的吏治腐败和治理不善，部分国家和地区仍为政治不稳定、族群冲突和宗教矛盾所困扰，一些国家的中央政府甚至仅能控制国内部分地区，不少国土并不在其有效控制之下。[①] 在经济治理领域，无法制定符合本国国情的经济政策，或虽制定切实可行的政策但难以真正贯彻执行，由此所导致的结果，是经济发展滞后、地区发展不均衡、失业和粮食安全等问题严重，这些都为非洲安全形势恶化提供了温床。在安全治理领域，面临重大困难且受制于目标与手段的错配及意愿与能力的错配。一方面，非洲安全挑战正在从以结构性暴力为主转向以非结构性暴力为主，但其安全治理仍延续传统的军事逻辑；另一方面，非洲对主事权的强调与其资源匮乏的矛盾可能因“非洲崛起”而加剧，传统的机制能力与资源能力不足仍在延续。[②] 莫桑比克就是一个典型的例子，其北部地区恐怖主义之所以泛滥，一方面与其经济治理能力欠缺所导致的北部地区贫困问题严重，当地人没有从油气资源开发中获取多大收益有关；另一方面则与其安全治理能力不足，自身武装力量无法有效打击恐怖主义势力，但又因主事权等因素而迟迟不允许南部非洲发展共同体派兵反恐有关。

（二）民主政治发展尚不成熟

自 20 世纪 90 年代初多党民主化以来，非洲民主政治发展稳步推进且已经取得了较为丰硕的成果，这其中包括多党选举已经制度化，权力更替方式已从政变等暴力方式向通过选举而符合宪法的方式转变，民主质量也得到了显著提高。与此同时，非洲民主政治巩固的条件，如经济发展水平、政治竞争环境和民主政治观念等也有了显著的提升。尽管如此，由于腐败问题、族

① 罗建波：《非洲国家的治理难题与中非治国理政经验交流》，《西亚非洲》2015 年第 3 期，第 76～77 页。

② 张春：《非洲安全治理困境与中非和平安全合作》，《阿拉伯世界研究》2017 年第 5 期。

群政治、社会与安全问题和殖民遗产等因素的制约，非洲的民主政治发展仍然存在诸多问题，这其中包括威权主义的遗风并未根除，选举活动在许多非洲国家缺乏竞争性，民主化并未促使政权更迭频率加快，谋求长期执政仍是许多当权者的优先政治选项，选举事故或诉讼频仍在许多非洲国家普遍存在，族群意识仍在影响政治发展进程，庇护政治仍在不少非洲国家盛行，等等。[①] 正是这些尚不成熟的民主政治发展问题，导致非洲“输家政治”和“逢选易乱”现象仍在一定程度上存在，进而在一些非洲国家引发政治骚乱、社会动荡乃至军事冲突。

（三）美西方国家减少对非洲国家安全援助

由于自身安全治理能力，尤其是反恐能力薄弱，非洲国家长期依靠美西方来进行反恐和维持国内安全与稳定，其中美国和法国为主要援助方。然而近年来随着国际格局调整和美西方自身问题凸显，它们对非洲反恐的支持力度在不断下降，这也成为非洲安全形势恶化的一大诱因。美国自特朗普执政以来，为遏制中国而将战略重心放在亚太地区，在非洲奉行退出战略，不断缩减对非安全援助的力度，其中包括取消每年为帮助法国在西非地区打击基地组织而提供的4500万美元后勤援助，弃用在尼日尔首都尼亚美建成的无人机基地，将在索马里的600名驻军撤往肯尼亚和吉布提等。[②] 法国是萨赫勒地区反恐的主要力量，其自2014年8月以来开展的“新月形沙丘”行动一度有效遏制了当地反恐形势的恶化。法国2017年开始推动毛里塔尼亚、马里、尼日尔、布基纳法索和乍得五国成立联合反恐部队，并在2018年初与德国等欧盟国家共同承诺为此提供约1亿欧元的援助资金。然而受自身国内问题，尤其是新冠肺炎疫情的影响，这笔款项目前到位率不到25%。更为严重的是，法国总统马克龙2021年6月10日宣布，法国军队将结束“新月形沙丘”行动，改由包括地区国家在内组成的“国际部队”来完成在萨赫

① 张宏明：《非洲政治民主化历程和实践反思——兼论非洲民主政治实践与西方民主化理论的反差》，《西亚非洲》2020年第6期，第42~43页。

② Colin P. Clarke, “Jihadist Groups in Sub - Saharan Africa: Assessing the Threat”, https://www.fpri.org/article/2021/02/jihadist - groups - in - sub - saharan - africa - assessing - the - threat/, 2021 - 8 - 10.

勒地区的反恐任务，这一举措表明法国也在奉行“退出战略”。[①]

（四）新冠肺炎疫情负面影响

2020年，新冠肺炎全球大流行，非洲大陆也未能幸免。自2020年2月16日埃及确诊首个新冠病例起，到12月31日，共有275.8万人确诊，6.55万人死亡。进入2021年后，非洲新冠疫情进一步恶化，至2021年8月10日，共有703.6万人确诊，17.8万人死亡。新冠肺炎疫情不仅给非洲国家人民的生命健康带来重大威胁，还使非洲的社会经济发展遭受重大损失，根据世界银行公布的《2021年度非洲经济展望》，非洲经济增幅从2019年的3.3%骤降为2020年的-2.1%。[②] 在此背景之下，新冠肺炎疫情主要在三个方面对非洲安全形势产生了严重的负面影响：其一，新冠肺炎疫情导致非洲国家金融动荡、失业率高涨、粮食安全问题凸显、贫困问题严重、民生愈加困苦，这些社会经济问题不但加剧了民众对政府的不满，更为恐怖主义组织招募人员、巩固和扩展根据地提供了有利条件；其二，新冠肺炎疫情不仅导致非洲各国政府财政收入锐减，还迫使许多国家将部分国防预算开支转移到抗疫支出上，从而在一定程度上制约了政府维持安全局势，尤其是对恐怖主义活动进行军事打击的力度；其三，许多非洲国家的军队和警察系统因人员被感染而大幅减员，这也制约了它们应对安全局势恶化的能力。

三 安全形势恶化对非洲国家的影响

中国改革开放以来的发展进程表明，国家稳定是社会经济发展的重要前提，而国家安全则是国家稳定的重要保证。安全形势恶化不但加剧了非洲国家的人道主义灾难，更破坏了政治稳定、制约了经济发展。

---

① 《法国宣布将结束在非洲萨赫勒地区的“新月形沙丘”行动》，新华网，http：//www.xinhuanet.com/mil/2021-06/11/c_1211196569.htm，2021-7-10。

② African Development Bank Group, *African Economic Outlook 2021: From Debt Resolution to Growth: The Road Ahead for Africa*, p.38.

（一）加剧非洲国家人道主义灾难

安全形势恶化对非洲国家最直接的影响是导致人民的生命财产受到威胁，并因此而加剧了当地的人道主义灾难。《2020 年全球恐怖主义指数》的数据表明，2019 年非洲因恐怖袭击而死亡的人数占到了全球死亡人数的 20%；在死亡人数最多的 20 次恐怖袭击中，有 8 次发生在非洲；在恐怖袭击死亡人数增幅最大的 10 个国家中，有 7 个为非洲国家。[①] 根据联合国难民署公布的数据，截至 2020 年 12 月 31 日，“博科圣地”等的恐怖主义活动已经导致尼日利亚 30.5 万人沦为难民和 210 多万人在国内流离失所，喀麦隆、乍得和尼日尔三国无家可归的人也达到了 77.8 万；萨赫勒地区已经成为全球流离失所者增长最快的地区，截至 2021 年 1 月 30 日，该地区共有 200 多万人在国内流离失所，共有 85.8 万多人成为难民或寻求庇护，另外还有 66.6 万多人虽已返回家园但仍需要援助；截至 2020 年 7 月，南苏丹因国内冲突而导致的难民和寻求庇护者超过 220 万；埃塞俄比亚 2020 年 11 月的军事冲突爆发不到一个月，提格雷州便有 4.5 万多难民逃往苏丹，另有 10 万多人在国内流离失所；到 2021 年 1 月，莫桑比克北部的恐怖主义活动已经造成 2600 多人死亡和 60 多万人流离失所。[②] 所有这些数据背后，都是沉重的人道主义灾难。

（二）破坏非洲国家政治稳定

政治稳定与国家安全具有密不可分的关系。政治稳定可为国家安全提供有力的制度保障，国家安全则可为实现和维持政治稳定奠定良好的基础。反过来说，如果一个国家政治处于不稳定的状态，则国家安全很容易出问题；如果一个国家的安全形势出现恶化，则其政治稳定也很难得以维持。2020 年以来安全局势恶化破坏了非洲相关国家政治稳定的局面。马里是一个最为明显的例子，其自 2012 年军事政变以来，政治基本保持了相对稳定的局面，

① Institute for Economics and Peace, *Global Terrorism Index* 2020: *Measuring the Impact of Terrorism*, Sydney, November 2020, p. 8.

② 相关数据可查阅联合国难民署网站：https://www.unhcr.org/。

但日益猖獗的恐怖主义活动不但带来了严重的社会经济问题，而且政府应对不力且导致大量军人伤亡，再加上军队无法按时获得军饷，最终在2020年8月引发军事政变，马里政局因此出现大幅动荡且在2021年5月再次发生政变。乍得是另外一个例子，该国不仅是恐怖主义活动的重灾区，而且反政府武装自2008年以来不断发动叛乱活动。2021年4月20日，乍得总统代比在与反政府武装的战斗中亲临前线，因负重伤不治身亡，乍得政局也因此而受到波及。刚果（金）东部地区安全局势自2020年以来日趋紧张，尤其是意大利驻刚果（金）大使2021年2月23日遇袭身亡引发广泛关注。刚果（金）安全局势恶化，既与现任总统齐塞克迪与前总统卡比拉之间矛盾引发的政局动荡有关，又反过来进一步给保持执政联盟团结与稳定带来了严重的挑战。

（三）制约非洲国家经济发展

安全形势恶化对非洲国家经济发展的制约主要体现在三个方面。首先，导致非洲相关国家政府将执政重心放到反恐、打击反政府武装或维持社会安全与稳定方面，无法集中精力发展经济或将更多的资源投入到经济发展中。其次，使非洲国家遭受了严重的经济损失，根据经济与和平中心公布的《2021年度和平的经济价值》报告，撒哈拉以南非洲因暴力与冲突而导致的直接和间接经济损失高达4531亿美元，相当于该地区每个人损失433美元；按照国内生产总值来衡量，平均每个国家损失了近8.9%的国民生产总值，其中南苏丹、中非共和国和索马里三国经济损失占国民生产总值的比例高达46.3%、37.5%和35.3%，而尼日利亚和南非的损失额则分别高达1413亿美元和1326亿美元。[①] 最后，严重制约了非洲国家吸引外资的能力，以莫桑比克北部恐怖主义威胁为例，东北部近海地区天然气资源丰富，迄今已探明超过100万亿立方米储量，并因此而引起了法国、美国、日本、俄罗斯和印度等国油气公司的兴趣，法国道达尔公司甚至投资了总额200亿欧元的天然气开发项目。然而受恐怖袭击的威胁，2021年3月24日，道达尔公司被迫

① Institute for Economics and Peace, *Economic Value of Peace 2021: Measuring the Global Economic Impact of Violence and Conflict*, Sydney, January 2021, pp. 13, 21, 54 – 55.

暂停项目开发并撤离在阿丰吉半岛上进行的天然气勘探项目的工作人员。

结 语

非洲国家要想实现政治稳定和社会经济快速发展，摆脱在国际舞台上的边缘地位，就必须切实改善地区安全形势，尤其是在反恐和应对非传统安全问题上取得重大进展。然而，在新冠肺炎疫情等因素的冲击之下，短期来看绝大多数非洲国家都难以单纯依靠自己的力量来改善安全局势，因此需要非洲国家、非洲地区组织和国际社会共同的努力。就此而言，一方面需要加强非洲国家的安全治理能力，尤其是提升其反恐和应对突发性安全问题的能力；另一方面，也是更为重要的是，要助推非洲国家实现社会经济快速发展，以为其和平与安全打下坚实的基础。

非洲人当选 WTO 新总干事的重要意义与政策走向

吴　卡　金丽琴　刘邦钰

内容摘要：2020 年 5 月 14 日，世界贸易组织（WTO）总干事阿泽维多突然辞职。7 月，八位候选人获得参选 WTO 新总干事的提名。在当今世界面临百年未有之大变局的背景下，谁将成为 WTO 这一世界多边贸易核心机制的新掌舵人备受关注。按照 WTO 总理事会的规定，从 9 月 7 日开始，WTO 就新总干事遴选展开三轮磋商，逐步缩小了候选人范围，并于 2021 年 2 月 15 日最终确定尼日利亚人恩戈齐·奥孔乔－伊韦阿拉为新总干事人选。伊韦阿拉的上任将为 WTO 改革提供新思路和新能量，并有利于加快承认新兴国家在全球经济体系中的地位，赋予它们更大的发言权。

关键词：WTO　WTO 改革　总干事　非盟

作者简介：吴卡，男，法学博士，浙江师范大学法政学院教授，非洲法律与社会发展研究中心主任，主要从事非洲法、国际法的研究；金丽琴，女，浙江师范大学法政学院国际法专业硕士研究生，研究方向为国际法；刘邦钰，女，浙江师范大学法政学院国际法专业研究生，研究方向为国际法。

一　该届 WTO 总干事遴选的背景与过程

当前，世纪疫情和百年变局交织，公共危机与经济乱象共生，WTO 面临内忧外患的双重困境。对内，WTO 的谈判功能耗时长久且进展缓慢、贸易争端解决机制的上诉机构成员严重缺位导致争端解决功能近乎瘫痪，而前任总干事阿泽维多的辞职更是让原本就深陷泥潭的 WTO 雪上加霜。对外，逆全球化思潮的蔓延、各国冲突对抗的爆发，美国肆意采取单边保护主义更是严重破坏国际环境，毒化多边体系。① 在这风雨飘摇之际，国际社会要求抵制单边霸凌行径、摒弃冷战思维、弘扬多边主义、捍卫多边体系的呼声愈发强烈。各成员普遍承认 WTO 改革刻不容缓，并一致认为 WTO 需要一个强有力的总干事，同时也需要一个有新视角的改革者，一个能够帮助突破挑战的领导人，才能有效带领 WTO 应对当前困境，拯救多边贸易体制。

WTO 新总干事的遴选程序于 2020 年 6 月 8 日启动，自程序正式开始后一个月内，WTO 成员可以提交新总干事人选，根据成员提交顺序进行审查，总理事会主席于 7 月 9 日公布了全部 8 位候选人名单，他们分别是肯尼亚的阿米娜·穆罕默德（女）、尼日利亚与美国双重国籍的恩戈齐·奥孔乔－伊韦阿拉（女）、埃及与瑞士双重国籍的阿卜杜勒·哈米德·马姆杜赫、英国的利亚姆·福克斯、韩国的俞明希（女）、墨西哥的赫苏斯·塞亚德·库里、摩尔多瓦的都铎·乌里亚诺夫维奇、沙特阿拉伯的穆罕默德·马齐亚德·图瓦伊里。其中，3 人来自非洲，2 人来自欧洲，1 人来自美洲，2 人来自亚洲（东亚和中东）。8 人中有女性 3 人。

名单公布结束后，WTO 总理事会主席宣布，各成员一致同意给候选人两个月的时间推介自己。每位候选人都有时间致开幕词，分享他们对 WTO 发展愿景的观点，随后让各成员提问并进行回答。② 9 月 7 日起，WTO 三大委员会总理事会、争端解决机构和贸易政策审查机构的主席与 WTO 成员开始了三轮烦琐的磋商过程，以便了解其意向，并指出哪一位候选人更符合成员共识。三位主席在 9 月 18 日的代表团会议上宣布第一轮选举结束。其中，来自摩尔多瓦、埃及以及墨西哥的三位候选人落选，其余五位候选人进入下一回合。10 月 8 日的代表团会议宣布，在此轮选举中落选的是来自肯尼亚、英国及沙特阿拉伯的三位候选人，而伊韦阿拉与俞明希进入最后的角逐阶段。在 10 月 28 日的代表团团长会议上，三位主席宣布，在与所有代表团协

---

① 参见赵晋平《坚定践行多边主义 推动经济全球化健康发展》，《人民日报》2020 年 10 月 23 日，第 9 版。

② Terence P. Stewart, "WTO Director - General Selection Process—Next Steps", https://currentthoughtsontrade.com/2020/07/11/wto-director-general-selection-process-next-steps/, accessed 2021-3-3.

商的基础上，最终达成共识，即第七任总干事的候选人是伊韦阿拉。2021 年 2 月 15 日，总理事会以协商一致的方式推举她为 WTO 第七任总干事。[①]

二 三位非洲候选人的竞选主张与非盟立场

（一）三位非洲候选人的竞选主张

1. 伊韦阿拉（尼日利亚）

伊韦阿拉在竞选时提出，她的愿景是建立各成员围绕贸易诉求达成一致，以促进经济增长和可持续发展的 WTO；各成员之间互相信任，齐心协力解决问题的 WTO；一个符合各成员利益，而不论其规模大小或力量强弱的 WTO。她认为在应对国际新挑战时，仅靠一国的力量是远远不够的。正如尼日利亚的谚语"如果右手洗左手，左手洗右手，那么两者都变得干净"[②] 所言，只有各国团结一心，共同应对，才能真正解决当前问题。作为一名多边主义的坚定支持者以及具备丰富经验的多边机构管理者，她表示将为多边贸易治理注入新动能。

面对当前 WTO 所面临的困境，伊韦阿拉表明自己将会加深与相关机构的工作关系，建立协同效应，协调各成员采取协商一致的政策应对措施。她强调，在一个以规则为基础的组织中，必须存在一个就规则履行与否而进行仲裁的机构，所以恢复争端解决机制是当务之急。另外，她着重指出，还要提高成员贸易政策透明度，提高 WTO 常设机构和秘书处的工作效率，使其能够在谈判、执行、监测和解决争端方面更好地支持各成员。

2. 穆罕默德（肯尼亚）

穆罕默德在竞选中指出当前世界经济所面临的险峻形势，新冠肺炎疫情的大流行很可能引发自大萧条以来最严重的经济收缩，尤其是在贸易方面，预计在最坏的情况下，贸易将收缩多达 1/3。对此，她强调，应进一

① "WTO Director – General Selection Process", https://www.wto.org/english/thewto_e/dg_e/dg_selection_process_e.htm, accessed 2021 – 4 – 8.

② "Final GC Statement of Iweala", https://www.wto.org/english/thewto_e/dg_e/dgsel20_e/stat_nga_e.pdf, accessed 2021 – 5 – 5.

步提高贸易便利化程度，取消新冠肺炎疫情大流行初期实行的贸易限制。并表示尽快恢复贸易这一举措对复苏全球经济，促进可持续发展以及减轻疫情对社会经济的影响至关重要。同时她认为 WTO 必须重获其在全球经济治理中的中心地位。为此，必须对 WTO 进行改革，恢复其规则制定职能，将规则扩展到电子商务等新领域，并不断完善现有规则。各成员政府必须为 WTO 注入新的活力，以便其在克服经济危机和重建经济弹性方面发挥关键作用。

另外，穆罕默德还指出，更新贸易体系必须从近年来削弱 WTO 发挥作用的缺陷开始。其中，无法更新 WTO 规则手册以反映贸易方式不断变化的现实是关键因素。当前部分现行规则约束力较弱，且部分领域的规则尚未制定。必须确保制定强有力规则这一事项尽早提上日程，从而更有效地应对全球挑战，释放多边贸易体系蕴含的所有机遇与潜力。[①]

3. 马姆杜赫（埃及）

马姆杜赫在竞选中指出 WTO 存在重要职能失衡的现象。在他看来，解决争端职能的力量因程序固有的自动性而增强，但谈判职能已经崩溃，这使得 WTO 在履行这两项重要职能的过程中无法做到“齐头并进”。与此同时，国际贸易格局的巨大变化以及 WTO 规则体系的尚未更新，也对这一职能造成了不可持续的压力。而在透明度和审议职能中，通报义务遵守不佳导致了 WTO 缺失成员履行即有承诺的重要信息，也很大程度上导致了谈判缺乏进展。深入研究这种不平衡的根源后，他指出阻碍 WTO 运作的三个交叉现象：领导赤字、日益复杂的贸易政策和谈判问题以及对体系背后共同目标的模糊认识。

他赞同 WTO 迫切需要改革，但强调需要弄清改革的性质。WTO 的改革不同于其他组织，它不是关于行政结构或分配资源的项目计划上的调整，而是要改革 WTO 条约本身，该条约是各成员之间的合同的这一特殊性质，决定了对其改革只能通过谈判来进行。在改革 WTO 各项重要职能的进程中，最紧要优先的就是恢复其谈判职能。过去 25 年的谈判破裂导致了不少问题的积压，随着全球贸易的发展、新商业模式的出现以及监管机构的不同回

① “Final GC Statement of Mohamed”, https://www.wto.org/english/thewto_e/dg_e/dgsel20_e/stat_ken_e.pdf, accessed 2021-5-10.

应，对谈判的需求会上升。①

（二）非盟对三位非洲候选人的立场

在2019年7月的尼亚美峰会上，非盟邀请有关国家向其提交WTO总干事候选人名单。随后在执行理事会第三十六届常会上批准了尼日利亚提名的费德里克·阿加、贝宁共和国提名的埃洛伊·劳鲁以及埃及提名的马姆杜赫，并且要求提名委员会审议并报告第三十七届常会，以便商定一个非洲候选人。其中，马姆杜赫是最后唯一宣布参选的候选人，并在接受采访时称自己是唯一得到非盟支持的WTO候选人。②

2020年6月4日，尼日利亚撤回此前非盟已表示支持的提名，并在未经非盟批准的情况下直接向WTO提出将伊韦阿拉作为新的候选人。对此，非盟认为对伊韦阿拉的提名违反了非盟国际体系内候选人委员会议事规则以及大会其他相关决定，并于6月18日宣布取消伊韦阿拉的竞选资格。③ 但最终，WTO表示确认提名伊韦阿拉为候选人之一。在遴选程序结束前，肯尼亚于7月7日成功提名穆罕默德为WTO总干事候选人。至此，在本次WTO新总干事竞逐过程中正式产生了三位来自非洲大陆的候选人。

7月21日，非盟发表声明指出："目前，该职位尚无非盟认可的候选人。"④ 随着马姆杜赫、穆罕默德先后在第一、二轮选举中失利。非盟常驻瑞士代表团10月15日宣布正式支持伊韦阿拉。⑤ 非盟轮值主席拉马福萨更是通过社交媒体声援伊韦阿拉的竞选，强调非洲各国和地区应该团结并支持这位非洲候选人，并对这次竞选中涌现出的三位优秀非洲候选人予以肯定。

① "Final GC Statement of Mamdouh", https://www.wto.org/english/thewto_e/dg_e/dgsel20_e/stat_egy_e.pdf, accessed 2021-5-10.

② Egypt's Mamdouh, "I Am the Only WTO Candidate Supported by AU", https://www.theafricareport.com/32406/egypts-mamdouh-i-am-the-only-wto-candidate-supported-by-au/, accessed 2021-5-10.

③ "African Union Disqualifies Okonjo-iweala from Vying for WTO Director", https://www.nairaland.com/5934386/african-union-disqualifies-okonjo-iweala-vying, accessed 2021-5-20.

④ WTO DG, "African Union Speaks on Consensus Candidate", https://dailypost.ng/2020/07/21/wto-dg-african-union-speaks-on-consensus-candidate/, accessed 2021-5-22.

⑤ WTO, "Who Is Backing Ngozi Okonjo-Iweala's Bid?", https://www.theafricareport.com/46562/wto-who-is-backing-ngozi-okonjo-iwealas-bid/, accessed 2021-5-29.

三 伊韦阿拉当选后的政策主张与面临的挑战

（一）政策主张

在当选后，伊韦阿拉提出其上任之后的三大优先任务：解决新冠肺炎疫情相关问题、改革 WTO 争端解决机制、WTO 规则现代化。她特别强调，帮助应对疫情给健康和经济领域带来的双重冲击将是首要任务。伊韦阿拉致力于扩大世界各地的免疫接种和疫苗普及范围，特别是针对弱势人群的免疫接种和疫苗，并主张取消那些对所需药品和物资贸易出口的限制。她同时提出警告，各成员应拒绝奉行“疫苗民族主义”，否则将减缓新冠肺炎疫情结束的进程，并对各成员经济增长造成严重打击。[①]

上诉机制的停摆导致 WTO 争端解决机制在事实上陷入无法正常运转的境地，WTO 各成员积极提出改革方案，以挽救和维护自由开放的多边贸易体系。对此，伊韦阿拉主张参考“沃克进程”，并结合新世纪的实践案例来提出合理的解决方案。她将以斡旋在所有大国之间的一名“坦诚的中间人”身份来认真听取各成员意见，[②] 加强与各成员之间的合作并建立共识，以积极务实的态度来推动落实改革的各项工作计划。

在伊韦阿拉所有计划主张中，最引人注目的是“WTO 规则现代化”这一部分，她将紧跟时代步伐，制定符合 21 世纪发展趋势的规则。在新冠肺炎疫情大流行期间，2020 年全球电子商务零售额增长了 27.6%，总价值为 4.28 万亿美元。[③] 数字经济这一突飞猛进的发展将进一步推动电子商务对妇女和中小

---

① 《WTO 新任总干事：“疫苗民族主义”拖慢终结新冠肺炎疫情步伐》，环球网，https：//www. huanqiu. com/a/5e93e2/41x5aeGayON？p_a5490a26f5cf4bc9df0d6f943ba81cf6a，最后访问日期：2021 年 6 月 2 日。

② 《独家专访 WTO 总干事竞选人奥孔乔 - 伊韦阿拉：WTO 需要一个善用“软实力”的领导人和改革者》，第一财经网，https：//www. yicai. com/news/100732763. html，最后访问日期：2021 年 6 月 2 日。

③ Alexander Onukwue，“What Do African tech CEOs Expect from Okonjo – Iweala's WTO?”，https：//techcabal. com/2021/02/16/ngozi – okonjo – iweala – ecommerce – africa – tech – startups/，accessed 2021 – 5 – 28.

企业的包容性，为所有人创造一个更公平的经济环境。同时也侧面体现了急需 WTO 制定相关规则。伊韦阿拉主张必须加强 WTO 与各成员政府及其他组织的合作，从而使更多发展中国家能参与电子商务谈判的过程，弥合数字鸿沟。

（二）面临的挑战

伊韦阿拉在多事之秋临危受命，其履职将面临重重挑战和严峻考验。首先，面对新冠肺炎疫情严重冲击全球经济及国际贸易大幅下滑的局面，她该如何领导 WTO 有效应对疫情经济危机并推动国际贸易复苏？前任总干事阿泽维多离任前曾表示，全球经济在快速变化，对于其继任者来说，保证全球贸易自由流动、保证全球贸易环境的稳定性和可预测性、促进全球经贸尽快复苏等都将是重大挑战。WTO 此前预测，受新冠肺炎疫情的影响，2020 年全球货物贸易量将缩水 9.2%，同时，受未来疫情发展和各国可能实施的防控措施等影响，复苏前景仍存在高度不确定性。[①]

其次，她该如何尽快化解争端解决机制上诉机构的停摆难题，以恢复代表 WTO 三大功能之一的贸易争端解决功能？上诉机构常设 7 位成员，每起上诉案件应由 3 位成员组庭审理。自 2016 年起，美国开始蓄意阻挠并表示对其权力分配和运作程序感到担忧，从而导致该机构成员的连任和遴选进程步履蹒跚。2019 年 12 月 11 日，WTO 争端解决机制因上诉机构法官人数不足难以正常运转而陷入“停摆”，基于规则的全球多边贸易体制面临前所未有的危机。2020 年 11 月 30 日，WTO 上诉机构最后一位成员赵宏（中国籍）四年任期届满，正式离任。

最后，如何使 WTO 摆脱当前困境，包括解决改革停滞、威信受挫等问题。其中一个重点难题就是重启陷入僵局的贸易谈判。多年来，WTO 在重大国际贸易协定方面几乎没有取得任何进展。棉花和渔业补贴的谈判停滞不前，2019 年 1 月启动的电子商务等其他谈判艰难前行。这些都可能使 WTO 看起来像是一个发展速度缓慢，甚至是沉浸在过去的问题里垂死挣扎

① 《世贸组织“新掌门”揭晓　多边治理被寄厚望》，新华网，http://www.xinhuanet.com/world/2021-02/16/c_1127105914.htm，最后访问日期：2021 年 6 月 3 日。

的组织。①

此外，伊韦阿拉还面临如何维护基于规则的全球贸易体系、如何尽快解决饱受各方批评的机构内部工作效率不高等问题。面对诸多挑战，伊韦阿拉表示，这些挑战虽然棘手但并非无法克服，“只要通过各成员合作和共同努力，包括以透明方式建立信任、架起沟通桥梁、化解政治紧张并鼓励求同存异，我们就会看到隧道尽头的光明”。②

四　伊韦阿拉当选 WTO 新总干事的重要意义

（一）对 WTO 的意义

当前正是新冠肺炎疫情给世界贸易带来最严重影响的时刻。要将疫情影响减小到最低程度，克服贸易保护主义的干扰，就需要通过发挥 WTO 的作用，进一步强化全球经济治理。伊韦阿拉的上任有助于 WTO 正常运行并发挥作用，她拥有全球疫苗免疫联盟董事会主席、非盟为抗击新冠肺炎疫情动员国际财政支持特使等多重身份，她将代表 WTO 为解决新冠肺炎疫情问题及时提出相关措施，并在新冠疫苗分配问题上秉持公平公正的合作理念，发出有力声音，从而使 WTO 在国际社会形成积极正面的引导力量，推动防疫进程。

（二）对世界经济的意义

伊韦阿拉的上任有助于从全新的角度恢复并重塑 WTO，使其作为全球经济治理的重要支柱以及包容性经济增长的中坚力量。近年来，伊韦阿拉一直担任全球经济和气候委员会的共同主席，致力于将气候变化作为全球经济政策的核心考虑因素，她在 WTO 的任职将是大力推动这一努力的途径。她还

① “New World Trade Organization Chief's Pile of Problems”, https://www.iol.co.za/business-report/international/new-world-trade-organization-chiefs-pile-of-problems-acceea99-73b0-41e9-926d-e369585ae564, accessed 2021-6-10.

② 杨海泉：《世贸组织新掌门临危受命挑战重重》，https://m.gmw.cn/baijia/2021-02/19/1302118290.html，最后访问日期：2021 年 6 月 13 日。

在联合声明倡议中强调利用多边贸易体系中的新能源资源，特别呼吁征收碳税，将碳税视为增加收入的重要举措，鼓励在气候变化方面采取更好的经济行为方式来促进全球经济的发展，推动绿色复苏。

（三）对非洲及发展中国家的意义

伊韦阿拉的非洲裔背景及在美求学经历有利于她在发达国家与发展中国家之间发挥桥梁作用，推动 WTO 内部的南北对话，在当前新冠肺炎疫情大流行的背景下促进疫苗的生产、贸易及流通，并为发展中国家争取更多疫苗援助。她还在联合声明倡议中主张利用多边贸易体系中的新能源，吸引包括发展中国家在内的更多国际上的关注和支持，并使发展中国家能够从中受益，获得它们所需的技能、供应能力和与贸易有关的基础设施。

尼罗河流域水政治发展报告

张 瑾

内容摘要： 水资源是人类生存、社会福利和经济发展的重要资源，也是世界和平和安全的重要战略资源。尼罗河流域不同国家的水资源潜力差异很大，殖民历史上所留下的尼罗河水协议给流域国家带来了不同的历史遗产，在民族国家兴起后，带来了不同的水争议。2020～2021 年，埃塞俄比亚于 2011 年兴建的复兴大坝的第一次蓄水让流域国家的民族主义情绪高涨，政治交恶不断，甚至一度有军事化的可能。2021 年复兴大坝的二次蓄水争议，为本地区的发展平添许多不确定因素。

关键词： 非洲　尼罗河流域　水政治　复兴大坝

作者简介： 张瑾，女，上海师范大学非洲研究中心副教授，研究领域为非洲历史、非洲水资源问题和中非关系。

一 “复兴大坝”引发的尼罗河流域水危机

20 世纪下半叶，埃及利用与美国的良好关系，对尼罗河上游国家开发尼罗河的水利项目进行打压。当时上游各国独立不久，国力不强，埃及的阻扰政策成效明显，尼罗河流域水政治呈现单极稳定态势。随着近年来上游各国的发展，尤其是进入 21 世纪以后，尼罗河流域的水政治开始动荡。尼罗河水量主要发源于埃塞高原的青尼罗河，青尼罗河上“复兴大坝”的动工兴建和蓄水，使当前尼罗河水政治纷争趋于白热化。

自 20 世纪 50 年代，埃塞俄比亚就有在青尼罗河建大坝的想法，但囿于当时国内条件和国际形势一直无法动工。1991 年，埃塞俄比亚人民革命民主阵线主席梅莱斯·泽纳维出任新政府领导人，后连任国家领导人超过20年。在此期间，埃塞俄比亚国内政治基本稳定，经济状况逐步改善，2000年之后更呈现高速发展态势，成为1000万以上人口国家中人均国民生产总值增长第三快的国家。① 然而，尽管埃塞俄比亚雨量丰沛，号称“非洲水塔”，但水利开发利用率极低。2008年，埃塞俄比亚提出由各国共建大坝的计划，被埃及回绝，于是埃塞俄比亚决定自行建造，开始做筹建准备。2010年5月，尼罗河流域部分国家在乌干达拟定了重新分配尼罗河水资源的协议，但埃及和苏丹以危及水安全为由拒绝签署此协议。2011年1月，“阿拉伯之春”波及埃及，2月，埃及强权领袖穆巴拉克下台。埃塞俄比亚趁埃及国内政局动荡之际，于4月举行了大坝的奠基仪式，将之前修建计划中的“千年大坝”更名为“复兴大坝”，并将此作为实现第二个“增长与转型计划”的重要一环。苏丹可从复兴大坝获益颇多，并不反对建坝；埃及起初激烈反对，2014年塞西新任埃及总统后，为了改善埃及国内外环境，试图打破与埃塞俄比亚的外交僵局，开始同意谈判。

2018年流域复杂的政局把已经形成的良好谈判形势再次打乱：埃塞俄比亚、埃及和苏丹因为选举、政权更迭和国内局势动荡，谈判进程一再被延误，各方对地区不稳定的担忧再度升温。2019年9月，埃及总统塞西在联合国大会上发言时提出大坝问题，呼吁国际社会对埃塞俄比亚施加压力，这让复兴大坝的问题国际化。10月，埃及指责埃塞俄比亚阻碍了有关技术问题的最终协议，呼吁重塑《关于复兴大坝的原则宣言协定》第10条，其中规定，如果这三个国家无法找到解决这些争端的办法，它们必须要求调解。在索契举行的俄罗斯—非洲峰会期间，俄罗斯促成了埃及和埃塞俄比亚领导人同意恢复谈判。随后，两国接受了美国和世界银行的调解。从2019年11月6日至2020年2月27日至28日，美国在世界银行行长的出席下促成这三个国家的谈判。

2020年2月，埃塞俄比亚认为美国起草的草案对复兴大坝蓄水设置严格条件，本质上还是在维护1959年的协议，对本国不公，拒绝签字。6月起，非盟介入复兴大坝各方的谈判进程。不过，虽然非盟认为90%的问题已经解决，呼

① Logan Cochrane and Yeshtila W. Bekele, “Contextualizing Narratives of Economic Growth and Navigating Problematic Data: Economic Trends in Ethiopia (1999 - 2017)”, *Economies* 6 (4), 64, 2018, https://doi.org/10.3390/economies6040064.

吁尽快就蓄水和大坝运营签署协议，但埃塞俄比亚认为鉴于目前形势，不能签署约束性的协议，只接受指导性的协议。有学者因此认为“非盟没有在敏感问题上发声的先例”，最大的作用可能就是把大家拉在一起“谈”，而不可能“判”。[①]

二　白热化的2020年尼罗河流域水政治

尼罗河流域的水政治形势中，各方立场形成鲜明对立。埃塞俄比亚政府不惜倾全国之力，大举借债投入修建水坝的工程中；而埃塞俄比亚民众则通过购买债券、捐款的方式支持这个项目，以寄托“复兴”的希望。埃及真正担心的不仅是水量减少，更担心对“历史水权”背后的区域大国地位的撼动，是尼罗河流域地缘政治格局的改变。“复兴大坝”裹挟着国民自豪感等民族主义情绪，对流域各国的影响比经济、政治改革，或者解决民生问题来得强烈。不过，与官方马拉松式的谈判拉锯不同，“复兴大坝”各方利益纷争，很快在2020年掀起了非洲第一场“网络战争”。[②]

2020年1月14日，在一场新闻发布会上，埃塞俄比亚水务部长贝克尔被问及复兴大坝的事情，[③] 有一个问题是：大坝建成后，该由谁来控制和管理大坝？贝克尔觉得这个问题匪夷所思，他留下一句简短的回答：“这是我的大坝。”这句话迅速成为一句流行语，在埃塞俄比亚国内网络上热传，引发网友的共鸣。他们在社交媒体上声称，修筑大坝和蓄水是埃塞俄比亚人自己的权利，没有人可以阻止。

2020年7月，地缘政治分析网站（Stratfor）发表文章认为，埃及没有能力进行大规模的军事攻击，因其不具备经济和政治后勤保障[④]。同时，一次有埃及高层政治家参加的会议被错误地通过电视转播，显示出埃及高层正就“如何接受复兴大坝”集思广益。尽管埃及前总统穆尔西建议，如果埃及在

① 张瑾：《复兴大坝：“坝权”之下的水权之争》，《中国水利报》2020年9月10日。

② https：//www. huxiu. com/article/387782. html.

③ Dejen Yemane Messele，“GERD Talk Standoff and Ethiopia’s Need to Rally behind ‘It’s My Dam’”，Addis Standard，January 14，2020，https：//addisstandard. com/oped – gerd – talk – standoff – and – ethiopias – need – to – rally – behind – its – my – dam/.

④ Emily Hawthorne，“What to Make of Jordan，Egypt and Iraq’s New Alliance，” July 6，2021，https：//worldview. stratfor. com/article/what – make – jordan – egypt – and – iraq – s – new – alliance.

尼罗河中的份额减少一滴，那“鲜血”将是替代方案；埃及也曾私下支持埃塞俄比亚境内的军事组织破坏政府稳定，但随着5月青尼罗河支流的水源因复兴大坝改道，复兴大坝的建设进入了新阶段，埃及方面的“狠话”在国内或国际上都无法再“自圆其说”。

2020年6月29日非盟安全理事会首次讨论了复兴大坝争端，但正在讨论时，埃塞俄比亚就首次对复兴大坝进行了蓄水。2020年7月，埃塞俄比亚宣布完成了“复兴大坝”第一阶段蓄水后，埃塞俄比亚、埃及、苏丹定于8月3日在非盟斡旋下启动新一轮“复兴大坝”问题三方谈判，但仍无疾而终。2020年9月，美国国务院宣布除人道主义援助外，中止对埃塞俄比亚的其他援助，包括反恐和军事教育与培训、打击人口贩运项目、安全及发展援助资金等，涉及金额达1.3亿美元。随即引发网络热议，认为美国从2020年3月开始筹措的各种协议草案，不过是自以为是的“公平和平衡”，布鲁金斯学会甚至认为，在3月短短几周内，美国就消耗了与埃塞俄比亚建立的良好信誉。①

尽管埃及和埃塞捍卫各自立场各不相让，但基于复兴大坝开始蓄水，工程接近竣工，谈判的主动权已经转移到埃塞俄比亚手里。如协议签不下来，大坝项目会继续推进。如一定要签署协议，各方尤其是下游国家，必须以更包容的心态，权衡“面子”与“里子”，做出实质性的让步。近期，基于复兴大坝等话题的针锋相对开始趋于平缓。埃塞大部分的人民认为“梦想已经在启航”，而埃及方面更多主张“尊重历史”“和平共享”。

根据埃塞俄比亚计划，持续到2023年底，复兴大坝都处于快速蓄水阶段。在此期间，青尼罗河除了每年蒸发损失的100亿立方米水之外，会贡献埃及和苏丹共享的840亿立方米水资源中的485亿立方米水资源，补充则将面临严重不足，埃及南部的纳赛尔湖水也会有类似的短缺。当大坝蓄水湖蓄水量达到最大容量（740亿立方米）时，纳赛尔湖水位将降到海拔150米左右，这是阿斯旺高坝水轮机停止运转的蓄水位。② 对此，埃及提出应保持纳

① 美国之音，2020年3月3日信息，http：//www.mofcom.gov.cn/article/i/jyjl/k/202003/20200302942257.shtml。

② Ashok Swain，“Challenges for Water Sharing in the Nile Basin：Changing Geo－politics and Changing Climate”，*Hydrological Sciences Journal*，Vo.56，2011－Issue 4：Water Crisis：From Conflict to Cooperation，See also：https：//www.tandfonline.com/doi/full/10.1080/02626667.2011.577037.

赛尔湖水位在165米，从而维护阿斯旺高坝涡轮机保持运转并发电，但遭到埃塞俄比亚的拒绝，由此引发埃及的强烈反对。

在之前的复兴大坝外交拉锯战中，苏丹一直以国际观察员身份向国际社会发出呼吁，表明多方谈判意愿。直到2021年2月，苏丹与埃塞俄比亚发生关于法沙卡的边界争端。这次边界分歧是突然的，在此次争端之后，苏丹在复兴大坝上的立场发生了变化，认为自身利益与复兴大坝密切相关。不过，苏丹一直坚持自己的调解理念，当沙特阿拉伯外交部非洲事务组负责人表示其有志于对三国关系进行调解时，苏丹并不以为意，仍立志促成美国、联合国和欧盟与非洲联盟的四方合作。

2021年3月上旬，埃及总统塞西对苏丹进行了为期一天的访问，在此期间，他和苏丹领导人达成共识，拒绝埃塞俄比亚单方面实施复兴大坝第二阶段的计划。但埃塞俄比亚似乎没有将此事件放在心上，认为苏丹和埃及之间未达成任何协议，而自己引领的复兴大坝谈判已上升到一个新的水平。① 3月23日，埃塞俄比亚总理阿比·艾哈迈德表示，复兴大坝的第二次蓄水将如期在2021年7月的雨季期间进行。与此同时，他声称“我们不希望损害埃及和苏丹的水利利益”。这显然让流域国家再次焦虑了，他们认为，复兴大坝的第二次蓄水是对之前《关于复兴大坝的原则宣言协定》的再次违反。埃及外交大臣萨默斯（Sameh Shoukry）次日即表示，埃及希望埃塞俄比亚方面有政治意愿在有争议的复兴大坝问题上签署具有约束力的法律协议；埃及早已显示出达成协议的意愿，但在上年美国主持的谈判之后，埃塞俄比亚放弃了签署协议，这会给已有的协议基础带来新的挑战。② 同年6月，他前往卡塔尔，并希望在将召开的阿拉伯外长会议中谋求更多的支持。③

2021年9月由非洲联盟牵头，各方就“达成复兴大坝的蓄水和运行”，

---

① Yeheys Nardos Hawaz and Chen Xi, “What Does Sudan's New Negotiation Effort of GERD Imply?”, https://moderndiplomacy.eu/2021/03/28/what-does-sudans-new-negotiation-effort-of-gerd-imply/.

② Mohammed El-Said, “Ethiopia to Conduct 2nd Nile Dam Filling in July as Planned: Abiy Ahmed”, *Daily News Egypt*, March 23, 2021. https://dailynewsegypt.com/2021/03/23/ethiopia-to-conduct-2nd-nile-dam-filling-in-july-as-planned-abiy-ahmed/.

③ “Shoukry Heads to Doha for Talks on GERD Issue”, *Daily News Egypt*, June 14, 2021, https://dailynewsegypt.com/2021/06/14/shoukry-heads-to-doha-for-talks-on-gerd-issue/.

进行具有约束力协议的谈判。9月15日，非盟安理会发表了关于复兴大坝的主席声明（S/PRST/2021/18），呼吁恢复由非盟领导的谈判，以达成一项“具有约束力的协议”。目前可以看到的是，苏丹和埃及之所以呼吁国际社会的介入，无非是想借西方的力量向埃塞俄比亚施加压力，将事情带出非洲，而不是进行调解。但目前对复兴大坝的争议，似乎是扩大而不是缩小。

三 未来尼罗河流域水政治的走向

气候与人类工程，都对尼罗河流域的水资源管理与开发提出了新的挑战，同时，尼罗河流域人口的快速增长，将会对整个流域带来更严峻的水资源利用需求。随着尼罗河流域政治经济发展，各国围绕利用水权开展多边协商，争取对自己更有利的水资源制度。谋求建立稳定的对话机制和监管平台，从而加强对尼罗河的水治理逐渐成为各方共识。

1999年2月22日，9个尼罗河流域国家（布隆迪、刚果民主共和国、埃及、埃塞俄比亚、肯尼亚、卢旺达、苏丹、坦桑尼亚和乌干达）成立尼罗河流域倡议组织（NBI）。2010年5月14日，各方再次签署了旨在公平合理地使用水资源的《尼罗河合作框架协议》（尽管南苏丹的独立改变了尼罗河流域的地缘政治平衡）。南苏丹政府控制着尼罗河流量的28%，2011年7月独立两个月后，南苏丹开始寻求加入尼罗河流域倡议组织，并在将来有可能需要和苏丹进行新的水量分配谈判。但是，最根本的问题还是由于在具体的运作中，NBI几乎完全依赖外部资金来启动和运营，各方在水安全问题上又没有达成一致意见，因此无法完全解决尼罗河水资源分享的诸多争端问题。

从中短期来看，伴随着复兴大坝的蓄水问题，各方围绕复兴大坝形成的“水政治”仍会莫衷一是，为维护各自的民族国家利益进行激烈论战，甚至有可能上升到冲突、危机、热战的程度。不过，考虑到尼罗河流域已有的合作机制，从长远角度来看，复兴大坝不仅为流域带来了挑战，也提供了合作的机遇：没有一个流域国家不想增进自身的发展，协调管理水利基础设施，可以为区域带来更高的社会经济利益。这些改进将进一步帮助解决因气候变化给流域带来的不确定性。同时，在复兴大坝问题上流域国家的协调也可能被证明是“水以外”附加利益的催化剂，例如市场和贸易的更大整合①、相关国家法律和制度的协调②、“法律秩序的更新”③、“游戏规则改变”④，以及对环境和治理多个领域的公平发展⑤，等等。这些无疑都会带动尼罗河流域、非洲区域，乃至全球层面的能源、粮食生产、运输、工业发展、环境保护和其他相关开发活动的协同创新。国际合作是日益严重的尼罗河水政治博弈的唯一可行和和平的解决办法。

---

① C. Sadoff and D. Grey, “Beyond the River: The Benefits of Cooperation on International Rivers”, *Water Policy*, 4 (2002), pp. 389 - 403, doi: 10.1016/S1366 - 7017 (02) 00035 - 1.

② 沿岸国家在包括国际专家小组在内的专家研究的协助下，一直在寻求符合共同利益的合作之路。相关研究参见 DoP.,“Declaration of Principles between The Arab Republic of Egypt, the Federal Democratic Republic of Ethiopia and the Republic of the Sudan on the Grand Ethiopian Renaissance Dam Project (GERDP)”, *Horn Affairs*, March 25, 2015, Retrieved May 20, 2016, from http://hornaffairs.com/en/2015/03/25/egypt - ethiopia - sudan - agreement - on - declaration - of - principles - full - text/; International Panel of Experts, “Final Report on Grand Ethiopian Renaissance Dam Project (GERDP)”, May 31, 2013, Retrieved June 1, 2016, from http://www.internationalrivers.org/files/attached - files/international_panel_of_experts_for_ethiopian_renaissance_dam - _final_report_1.pdf; A. E. Cascão and A. Nicol, “GERD: New Norms of Cooperation in the Nile Basin?”, *Water International*, 41 (4), 2016, pp. 550 - 573, doi: 10.1080/02508060.2016.1180763。

③ S. M. A. Salman, “The Grand Ethiopian Renaissance Dam: The Road to the Declaration of Principles and the Khartoum Document”, *Water International*, 41 (4), 2016, pp. 512 - 527, doi: 10.1080/02508060.2016.1170374.

④ R. Tawfik, “The Grand Ethiopian Renaissance Dam: A Benefit - sharing Project in the Eastern Nile?”, *Water International*, 41 (4), 2016, pp. 574 - 592. doi: 10.1080/02508060.2016.1170397; A. E. Cascão and A. Nicol, “GERD: New Norms of Cooperation in the Nile Basin?”, *Water International*, 41 (4), 2016, pp. 550 - 573, doi: 10.1080/02508060.2016.1180763.

⑤ 在这些领域，国际河流组织和 MIT 等都有较多研究，参见 MIT, “The Grand Ethiopian Renaissance Dam: An Opportunity for Collaboration and Shared Benefits in the Eastern Nile Basin”, 2014, Retrieved June 1, 2016, from http://jwafs.mit.edu/sites/default/files/documents/GERD_2014_Full_Report.pdf; International Rivers, “The Grand Ethiopian Renaissance Dam Fact Sheet”, Retrieved June 1, 2016, from https://www.internationalrivers.org/resources/the - grand - ethiopian - renaissance - dam - fact - sheet - 8213。

南非疫情防控与国家治理报告

沈　陈

内容摘要：南非是非洲最早发现新冠肺炎病例的国家之一。新冠肺炎疫情突袭而至后，拉马福萨政府的初始应对较为果断，实施了非常严格的疫情防控措施。封锁措施一方面减缓了病毒的传播，另一方面也对社会经济活动造成了严重影响，拉马福萨政府处于疫情封锁和社会压力的双重困境中。尽管面临第二波新冠肺炎疫情等严峻的国家治理挑战，南非仍不失为非洲大陆治理水平最高的国家之一。

关键词：南非　新冠肺炎疫情　国家治理

作者简介：沈陈，男，法学博士，中国社会科学院世界经济与政治研究所助理研究员，主要从事南非发展、南南合作研究。

自1994年新南非成立以来，外界对执政党非国大的国家治理能力不乏质疑和诟病。2018年西里尔·拉马福萨当选总统，其给非国大和南非政府的外部形象带来了较大改观。新冠肺炎疫情突袭而至后，拉马福萨政府的初始应对较为果断，令人印象深刻。不过，随着变异新冠病毒出现以及由此导致的疫情反复，南非的国家治理能力面临比预期更大、更久的考验。

一　拉马福萨政府应对新冠肺炎疫情的防控措施

南非是最早发现新冠肺炎病例的非洲国家之一。2020年3月5日，夸祖鲁-纳塔尔省报告了第一例南非新冠肺炎确诊病例。10天后（3月15日），南非总统拉马福萨就新冠肺炎疫情发表全国讲话。根据2002年制定的《灾害管理法》，拉马福萨宣布全国进入“国家灾难状态”，政府将采取“紧急和严厉的措施来控制这种疾病，保护我们国家的人民，减少病毒对我们社会和经济的影响”。为了实现这一目标，南非政府制定了五级封锁策略以应对新冠肺炎疫情，具体步骤如下。

自 3 月 26 日午夜至 4 月 30 日，南非全国实施 5 级封锁，采取最严厉措施控制疫情传播。在 5 级封锁期间，南非全国的铁路、航空等公共交通服务全部暂停；南非还关闭了 53 个边境哨所中的 35 个，8 个海港中有 2 个将不再对旅客开放。暂时限制本地和海外旅行，禁止来自伊朗、意大利、德国、西班牙、韩国和美国等高风险国家的人前往南非。来自葡萄牙、新加坡等中等风险国家和地区的旅行者也将接受测试。他建议南非人不要前往高风险国家和地区，最近从高风险国家旅行的南非人必须接受病毒检测和自我隔离。拉马福萨还取消了所有政府出访。为了防止因人群聚集导致的病毒传播，超过 100 人的集会将不再被允许，原定于 3 月 21 日的“人权日”和其他国家节日、宗教集会（如复活节）等庆祝活动也被取消。学校从 3 月 17 日起关闭，高等教育和科学创新部部长将与大学和学院协商具体的疫情防控和学生安置计划。除购买基本物资或从事医疗等个别职业的人以外，所有人不得外出。根据《灾害管理法》法案，政府成立了一个由内阁部长组成的国家指挥委员会（NCC），拉马福萨是该委员会的主席，该委员会包括卫生、旅游、金融和教育部长。该委员会将每周召开三次会议，寻找防止疫情大规模扩散的方法。

按照拉马福萨的规划，南非 5 月后逐步降低封锁等级，直到 9 月基本恢复正常。自 5 月 1 日起，南非开始实施 4 级封锁。4 级封锁有限允许必要的社会活动，如部分公共服务和物流运输等。但在社区范围内，仍采取极端预防措施以限制疫情在本地的传播。自 6 月 1 日起，南非进一步放松管控，将封锁等级下降至 3 级。为了防止疫情反弹，政府将继续限制具有高传播风险的工作场所和社交场合，如酒吧等。对大部分工作和社会活动的限制则开始放松，逐步恢复正常的社会经济发展。自 8 月 18 日起，南非实行 2 级封锁等级。2 级封锁主要针对社交休闲活动，社会生产则基本恢复正常。这一阶段，酒吧、餐馆恢复营业，但民众需要继续保持社交距离，防止病毒死灰复燃。自 9 月 21 日起，南非开始实行 1 级封锁等级，社会生活基本恢复正常。在这一阶段，政府将取消对经济活动的其他限制，但全国各部门仍要时刻遵守卫生条例，公众要对提升防疫级别做好心理准备，以为社会恢复全面运作提供过渡。

南非的新冠肺炎疫情防控前期基本按照政府的规划发展。4月21日，拉马福萨宣布南非进入应对疫情的第二阶段，重点为稳定经济和就业，并推出5000亿兰特（约合人民币2000亿元）的经济扶持和社会救济计划。与此同时，南非政府决定适度放松封锁等级，将封锁等级从最为严厉的5级降为4级，这意味着部分商业机构将重新开业，人们也可以买到除食品药品外的“非必需品”。但是，酒吧、电影院、剧院等场所，仍在严令禁止营业之列。5月底，南非大部分地区开始实施3级封锁。个别高风险地区依旧实行4级封锁，但封锁的相关细则部分做了修改，健身运动、电子商务和零售业有所放宽。从8月17日午夜开始，南非封锁降至2级，大部分的商业和工业活动将恢复正常。餐厅、酒吧可以开始营业，但对人数和营业时间将进行限制；跨省旅行限制将被取消，但国际旅行仍被禁止。9月20日午夜起，封锁等级下调至1级，基本放开经济生活中的多项限制，并于10月1日起谨慎有序放松对出入南非的商务、休闲等国际旅行的限制。

然而，这种自由给了新冠肺炎病毒所需的传播空间，出现了比第一波疫情更猛烈、更快的第二波疫情袭击。受变异新冠病毒501Y. V2影响，南非在2020年末暴发了第二波疫情。[①] 由于501Y. V2病毒的传染性比其他新冠肺炎病毒高出50%，导致南非西开普、东开普和夸祖鲁－纳塔尔等省的抗疫形势急转直下，因变异新冠病毒致病的人数占第二波疫情病例总数的90%以上。12月27日，南非累计新冠确诊病例数量达到1004413例，首次突破百万关口。截至2021年1月，南非的全国确诊病例、住院和死亡人数是2020年7月该国第一波疫情的两倍。在此期间，有至少四位南非政府高官新冠检测呈阳性，其中总统府部长杰克逊·姆坦布因并发症去世。

来势汹汹的第二波疫情使本已不堪重负的南非医疗系统雪上加霜。仅2020年12月，南非就有多达4630名公共卫生工作者感染新冠肺炎，而累计感染的卫生工作者人数超过4.1万。在全国累计确诊病例数量突破百万的第二天，拉马福萨立即发表全国电视讲话，向民众介绍当前的疫情形势，特别

① 沈陈：《变异新冠病毒考验南非的治理能力》，《世界知识》2021年第4期，第62～63页。

是国内医疗系统超负荷运转的情况。为了遏制第二波疫情的蔓延，拉马福萨12 月 29 日宣布将防控等级从 1 级调回到 3 级。新的防控措施包括关闭与津巴布韦、莱索托和莫桑比克等邻国的边境；延长宵禁时间，从每日 21 时至次日 6 时；全国范围内禁止出售一切酒精饮料；民众外出必须全程佩戴口罩，否则可能面临起诉；推迟学校的开学时间等。南非第二波疫情引发了国际社会的广泛关注，包括美国在内的 40 多个国家都发现了这种南非出现的病毒新变种。英国、德国、瑞士、阿联酋等一些国家的航空公司宣布暂停或减少飞往南非的航班，以遏制变异新冠病毒的传播。拜登政府上台后，美国迅速收紧外国旅客入境限制，南非也被列入新的限制名单。

二　新冠肺炎疫情对南非的经济冲击

南非实施了非常严格的疫情防控措施，一方面封锁减缓了病毒的传播，另一方面也对社会经济活动造成了严重影响。根据南非统计局数据，该国2020 年国内生产总值（GDP）同比下降 7%。这是自 2009 年 GDP 下降1.5% 以来经济首次出现年度收缩，同时也是南非自 1920 年以来 GDP 最大跌幅。[①] 其中，南非制造业受到的冲击最大，2020 年全年下降 11.6%，导致GDP 下滑 1.4 个百分点；贸易、餐饮和住宿下降 9.1%，导致 GDP 下滑 1.3个百分点；运输、仓储和通信业务下降 14.8%，导致 GDP 下滑 1.3 个百分点。

实施五级封锁后，南非 GDP 在 2020 年第二季度骤降 16.4%，这也是南非 GDP 历史上首次连续四个季度萎缩。经通胀调整后，南非第二季度的经济规模倒退到 2007 年第一季度的水平。由于水果、坚果出口高于预期以及高于平均水平的冬季降雨量，农业在第二季度较第一季度增长了 15.1%。除农业外，其他行业均出现大幅萎缩。与 2019 年同期相比，南非第二季度矿业产值下降 73.1%，制造业下降 74.9%，建筑业下降 76.6%。

随着封锁措施逐步放宽，2020 年第三季度南非 GDP 出现大幅反弹，环比增长 13.5%。在社会经济限制逐步放松的背景下，与 2020 年第二季度相

① 1920 年，受第一次世界大战战后经济萧条影响，南非 GDP 下降幅度达 11.9%。

比，八个行业中的四个行业在 2020 年第三季度的就业机会有所增加。就业增加的部门首先是贸易行业，就业增加 31000 人，其次是社区服务行业，就业增加 26000 人，再次是建造业，就业增加 21000 人，最后是制造业，就业增加 8000 人。不过，与 2019 年同期相比，正式部门的工作岗位在第三季度仍然同比减少了 61.6 万个。

尽管经历了第二波新冠肺炎疫情和封锁限制升级，南非第四季度 GDP 仍然增长 6.3%。南非统计局的数据显示，有八个行业实现了正增长，对第四季度 GDP 增长贡献最大的主要是制造业（21.1%）、贸易业（9.8%）、运输业（6.7%）、建筑业（11.2%）和农业（5.9%）。第四季度制造业增长 21.1%，对国内生产总值增长贡献率为 2.4%。10 个制造部门中有 9 个在本季度实现了正增长。贸易饮食住宿业和运输仓储通信业分别增长 9.8% 和 6.7%。但与上年同期相比，南非经济萎缩了 4.1%，因此要达到疫情大流行之前的水平还需要很长时间。

为了应对疫情对经济的冲击，南非政府承诺大力增加对私营和公共部门的支持。南非储备银行通过大幅降低机构贷款利率，采取其他行动促进银行间贷款和增强市场流动性，并从私人卖家手中购买南非政府债券。南非储备银行在 2020 年将政策利率累计下调 300 个基点，从 6.5% 降至 3.5%。南非储备银行还为参与 110 亿美元公私贷款计划的私人银行提供部分潜在损失担保。该计划旨在重启因封锁而停止的经济活动，其中大约一半用于支持年营业额不到 3 亿兰特的企业。这 110 亿美元的刺激计划是总统拉马福萨于 2020 年 4 月宣布的 5000 亿兰特（约合 260 亿美元）复苏计划的一部分。除了刺激经济，该计划还寻求为抗击新冠肺炎疫情提供资金，减少粮食不安全和社会影响。其中 1300 亿兰特（68 亿美元）将通过重新利用现有的国家支出和开发其他当地资源来筹集资金，另有 10% 用于援助贫困和弱势群体。

南非预算赤字占 GDP 的比例大幅上升至 14%，这主要是由于防控疫情的支出压力所致。然而，由于黄金出口价格高企、燃料进口成本低以及农业出口增加，南非 2020 年实现经常账户盈余，规模约占 GDP 的 1%。尽管疫情大流行，实际私人投资在 2020 年第三季度仍增长了 33.2%。南非银行业依然健康，资本比率为 16.3%，高于 10% 的监管要求。2020 年 11 月，国内对私营部门的信贷达到 2800 亿美元。持续的经济疲软促使三大信用评级机构将南非主权信用评级下调至投资级以下。由于新冠肺炎大流行和其他流行病的影响，南非的社会发展基础仍然薄弱，在第三季度就业数据大幅反弹的情况下，全年总体就业水平仍在下降。自 2020 年 3 月以来，约有 260 万人失业，失业率从 2019 年 12 月的 23.3% 上升至 2020 年 9 月的 30.8%。

南非还向多个国际金融机构寻求贷款或赠款，为其应对行动提供资金。经过数月磋商，国际货币基金组织于 2020 年 7 月底批准了一笔 43 亿美元的优惠贷款，专门用于帮助南非应对新冠肺炎疫情。此外，南非还从非洲开发银行获得了一笔 3.04 亿美元的贷款，从金砖国家新开发银行获得一项 10 亿美元的贷款，用于资助南非的卫生保健资源和社会安全网。从多边银行获得的外国借款使南非的国际储备总额从 2020 年 3 月底的 524 亿美元略微增加到 2020 年 11 月底的 538 亿美元。不过，大规模向多边银行借款的努力是有争议的，南非工会大会担心国际金融机构可能会借助贷款向非国大强加一些危害本国利益的政策条件，甚至破坏南非的国家主权。

三　拉马福萨政府面临的困境及其应对

经济和社会双重压力是拉马福萨政府匆忙放松管控、尽快恢复社会经济生活的主要原因，但第二波疫情却使南非重新上调防控等级。不难发现，拉马福萨政府正处于疫情封锁和社会压力的双重困境中。

一是防控成本支出庞大。疫情防控措施的落实需要动员广泛的社会资源和人力，这对南非政府来说显然是一笔数额庞大的开支。事实上，即使第二波疫情得到较快控制，南非仍需要较长时间和大量资金来实现疫后经济社会发展。例如，疫情造成了医疗、养老、工伤、残疾、遗属和孤儿等与社会福利相关的问题，南非在疫情防控中已经支出巨额资金的情况下，能否继续拿出足够的福利开支将是一大挑战。此外，为解决疫情期间出现的企业破产和工人失业问题，政府还必须创造有利于产业复苏的政策环境，给民众创造适当的生活水平、保健机会、安全和公平的工作条件，这显然是未来拉马福萨政府面临的最棘手问题。

二是南非政府的疫情防控举措还面临较大的社会压力，不少民众反对过于严格的防控措施。有民众认为拉马福萨政府的封锁措施严重“侵犯自由”

和影响就业，于是上街抗议并与南非安全部队发生冲突，在此过程中甚至出现多起流血事件和多起抢劫杂货店和酒类零售商的事件。在数万名军人的支持下，南非警方增加部署以加强封锁和应对动荡。在封锁期间，出现至少10起流血事件的公开报道，还有数十万人因违反封锁而被捕。为了应对安全部队在封锁过程中的权力滥用，南非法院下令军队和警察改革行为准则，严惩违法乱纪人员。

三是资源不均衡问题。作为世界上最不平等的国家，南非最富有的1%的人拥有全国70.9%的财富。南非有3300台呼吸机，其中2/3在私立医院。对偏远农村地区的人来说，获得医疗服务仍然是一个紧迫的问题。一些公共卫生专家抨击拉马福萨政府抗击疫情的效果有限，尤其是在疫苗谈判上进展缓慢且缺乏透明度，致使南非绝大多数民众在整个2020年都没有得到疫苗。

四是贫困人口大幅增加。南非财政部预测指出，在隔离防控和产业萎缩的双重影响下，可能有多达700万人失去工作。由于该国70%的就业人员属于每天收入不足1.9美元的临时工人，这一人群几乎没有社会保障和个人储蓄，失业后将立即面临严峻的生存问题。本地贫困率上升导致排外主义思潮抬头。南非历史上曾发生数起严重的排外事件，因疫情产生的失业和贫困问题导致外国移民再次成为替罪羊。2020年下半年，反移民团体在南非最大城市约翰内斯堡和首都比勒陀利亚举行了多次示威游行，要求政府优先考虑南非人的经济利益。

2020年10月，在疫情有所好转的情况下，拉马福萨宣布经济重建和恢复计划，通过稳定加强数字基础设施、能源供应、推进改革、简政放权等措施恢复经济和创造就业，以期在未来十年内实现约3%的年均经济增长。该计划具体包括四大举措：第一，未来十年在全国范围内推进总投资2.3万亿兰特的大型基础设施项目；第二，计划在2022年前新增发电量11800兆瓦，其中一半为可再生能源发电；第三，在未来三年拨款1000亿兰特用于公共和社会机构创造就业，计划在未来数月内增加80万个就业岗位；第四，每年进口的约1.1万亿兰特商品中的1/10实现本地化生产，预计拉动GDP年均增长2%。

除了制定长期的经济刺激计划，南非政府还实施了短期的经济救助计划。为了减轻与封锁有关的收入削减和商业限制的影响，拉马福萨政府一直在向国内最脆弱的人群提供小额收入补助和食品。自 2020 年 5 月以来，共有 1850 万份新冠肺炎补助金发放给了 600 万人，这是基于 900 多万份申请筛选后的结果。考虑到新冠肺炎补助金的资格标准和规模预算，预计该补助金最终有可能惠及 1000 万人。另外，已有 1300 万儿童和 800 万医护人员获得了专项补助金，另有 500 万人获得了其他形式的赠款。按照拉马福萨提出的一揽子计划，南非最终将有大约 3600 万人（占南非人口的 61%）会得到与抗击疫情相关的资金支持。

以全球标准衡量，南非政府的刺激方案规模很大，在支持穷人和弱势群体方面取得了令人印象深刻的成果。信贷担保计划占经济刺激计划的 2/5，其要求私人银行系统向陷入困境的企业提供贷款。不过，这一支付过程一直很缓慢，而且受到南非金融机构严格的信贷标准制约。此外，信贷担保计划是以财政赤字大幅增加为代价的。南非政府 2020 年末债务占 GDP 的比重超过 100% 的国际警戒线；预计 2021 年债务余额会进一步从 3.97 万亿增至 5.54 万亿兰特，债务的主要来源是失业救济补贴和医疗用品采购支出的大幅增长。[①] 从债务指标来看，任何进一步的刺激方案都将被证明在财政上是不可持续的，并且以外部融资作为解决经济刺激计划的资金来源还将导致政府政策空间相对有限，这就为未来数年南非政府的经济刺激和救助计划蒙上阴影。对拉马福萨政府来说，现在的挑战是如何在税收和支出两方面找到工具，使国家走上一条经过深思熟虑的、最优的财政巩固之路。

① 李涛、焦芃：《疫情对新兴市场的影响及相关应对措施——基于南非样本的研究》，《国际金融》2021 年第 4 期。

南苏丹和平进程、安全形势及经济发展报告

金 博 谷红军 林 晨

内容摘要：2020年南苏丹和平协议执行取得新进展，但和平进程推进艰难而缓慢，军队融合与统一尚未完全实现；政府与各反对派之间仍有冲突发生，财政危机和新冠肺炎疫情对南苏丹和平进程产生负面影响；和平协议的延迟执行造成地区权力真空，严重威胁南苏丹的和平与稳定。总体而言，2020年南苏丹和平进程推进现状与新冠肺炎疫情、现实经济状况、安全形势、国际社会和地缘政治影响等密切相关，未来军队能否真正完成融合统一决定着和平进程的走向；国际社会和地缘政治影响和平进程的执行进度；经济发展是和平进程顺利实施的基础；传统与非传统安全风险阻碍和平进程落实；推迟至2023年的大选能否如期举行将直接检验和平进程的最终结果。南苏丹和平进程未来走向谨慎乐观，存在不确定性，有待进一步观察。

关键词：南苏丹 和平进程 政治安全形势 经济发展

作者简介：金博，男，地质资源与地质工程博士，就职于中油国际尼罗河公司，长期从事海外油气技术管理及商务工作；谷红军，男，安全工程硕士，就职于中油国际质量健康安全环保部，长期从事海外安保和HSE管理工作；林晨，女，浙江师范大学非洲研究院博士生，从事非洲发展及中非合作研究，专注于南苏丹发展研究。

一 南苏丹和平进程进展情况

2020年南苏丹和平进程取得一定新进展，但在和平协议具体执行时，各

方仍存在政治分歧且军队融合统一尚未实现，同时因面临财政危机和资金困难等一系列挑战，和平进程艰难缓慢且任重道远。

（一）和平协议执行取得一定新进展，但和平进程推进艰难而缓慢

2019 年，南苏丹各方已两次延长过渡前时期。2019 年 5 月，因主要反对派领导人马夏尔提出需更多时间实施安全安排，过渡前时期延长了 6 个月。在 6 个月结束时，过渡前期限又延长 100 天。2020 年 2 月，总统基尔任命马夏尔为第一副总统，同时任命了其他四位副总统，标志着 3 年过渡时期开始。和平协议规定团结过渡政府有义务在过渡时期结束前 60 天举行大选，以通过民主选举产生政府。该和平协议一旦得到执行，将有助于恢复南苏丹的长期和平、安全与稳定。和平协议签署各方一致同意，过渡期将在 2023 年结束。南苏丹反对派联盟在罗马谈判中坚持宪法公投，认为应通过普选而非在政府占主导地位的立法会议上进行，同时反对派联盟内部就琼莱州州长提名存在分歧。总统基尔和第一副总统马查尔在上尼罗河州州长的提名人选问题上陷入僵局。

2020 年，南苏丹和平进程取得一定新进展，但过渡议会、新宪法起草和选举委员会等重要议题有待进一步解决。南苏丹和平协议各方缺乏政治意愿，存在政治分歧，受内部权力分配方案、军队融合统一、国内经济危机、新冠肺炎疫情蔓延、洪水泛滥、社区间及社区内部暴力冲突、各级地方政府政治和权力真空等因素影响，南苏丹和平协议执行与和平进程进展缓慢。

（二）政府和反对派冲突不断，军队融合与统一尚未实现

根据最终和平协议，南苏丹计划改组过渡时期国家立法机构，统一军事武装力量，建立州政府和宪法制定进程，实施安全安排和经济改革。南苏丹各武装团体与南苏丹政府军的统一融合必须在和平协议签署后的过渡期的前 6 个月内实现。南苏丹政府原计划于 2020 年 11 月完成武装部队的融合统一，但在全国各地不同训练地点派驻的各方部队由于普遍存在资金短缺等问题，相关部署无法真正实现。2020 年，南苏丹经济困难缺乏资金，国际社会对和平进程的财政支持不足，军队训练统一无法真正完成且实际推进过程艰难。和平协议要求各方应自签署和平协议时从各自发生冲突区域脱离接触并停止

冲突。尽管政府与和平协议各签署方已承诺遵守停火协议，但事实上政府军与各反对派的冲突仍频繁发生。南苏丹政府军与反对派军队在上尼罗河州、中赤道州等地区发生冲突，南苏丹政府军与苏丹人民解放军－反对派互相反击并指责对方违反停火协议，破坏和平进程；政府军和南苏丹救国阵线之间的武装冲突时有发生。南苏丹各方军队及武装力量无法完成真正的整编并最终组建统一的南苏丹国防军部队，是阻碍团结过渡政府真正全面组建的关键原因之一。

（三）财政危机和新冠肺炎疫情对和平进程产生负面影响

由于全球石油价格走低，2020 年南苏丹政府石油税收比 2019 年减少 40%，财政赤字进一步上升，约占其 GDP 的 4.9%。[①] 南苏丹财政部 2020 年报告显示，重振民族团结过渡政府运营成本为 600 亿南苏丹镑。2020 年南苏丹外汇储备严重不足，无法阻止南苏丹镑进一步贬值。2020 年，南苏丹的大部分地区遭受严重洪灾，造成大规模的流离失所，7 月至 10 月间，有 50.4 万人被迫迁徙。[②] 2020 年南苏丹生产谷类 87.44 万吨，略高于 2019 年 81.85 万吨的产量。[③] 由于财政困难，政府无法为受灾人民提供足够的食物和住所。

2020 年，新冠肺炎疫情在一定程度上影响了南苏丹的和平进程，对南苏丹和平协议的执行产生负面影响。停火与过渡期安全安排监督与核查机制是负责南苏丹和平监督机构的多国机构，但由于封锁和旅行限制，它无法及时跟进监测和核查永久停火和过渡期安全安排，新的国际观察员无法及时到达南苏丹停火监督机构总部，全国各地的监测和核查小组无法及时开展工作，过渡政府中一些负责执行和平协议的领导人在新冠肺炎核酸检测中呈阳性导致其工作暂时停止。南苏丹新冠肺炎疫情不仅严重打击了早已陷入危机的

① African Development Bank Group, "South Sudan Economic Outlook", https://www.afdb.org/en/countries/east-africa/south-sudan/south-sudan-economic-outlook.

② FAO, "2020 FAO/WFP Crop and Food Security Assessment Mission (CFSAM) to the Republic of South Sudan", May 13, 2021, p. 6, http://www.fao.org/3/cb4498en/cb4498en.pdf.

③ FAO, "2019 FAO/WFP Crop and Food Security Assessment Mission (CFSAM) to the Republic of South Sudan", May 27, 2020, p. 7, http://www.fao.org/3/ca9282en/CA9282EN.pdf.

经济和高度脆弱的卫生系统，还消耗了原本计划用于执行和平协议的部分资金，使得本就匮乏的资金出现更大缺口，对南苏丹和平进程产生负面影响。

（四）和平协议的延迟执行造成地区权力真空，严重威胁和平与稳定

南苏丹和平协议延迟执行导致各州县权力真空，造成各地社区暴力冲突频发，主要表现为报复性杀戮和性暴力犯罪。自 2020 年 2 月开始，南苏丹政府军和武装反对派之间、社区武装民兵与南苏丹政府军之间武装冲突频发，琼莱州和大皮博尔行政区发生了一系列有组织的武装冲突，穆尔武装分子与盟军丁卡和努尔民兵发生武装冲突。在琼莱州乌洛尔县皮耶里地区，至少有 2800 间房屋被穆尔武装分子摧毁。2020 年 6 月以来，在中赤道州、琼莱州、团结州、西加扎勒河州和瓦拉普州持续的武装冲突和暴力已造成数百名平民伤亡，8 万多人流离失所。数百名妇女和儿童被绑架，并遭受多种形式的性暴力。在琼莱州、湖泊州和瓦拉普州主要为社区间的武装冲突和报复性杀戮。2020 年 8 月，南苏丹 10 个州中的 6 个州以及整个大皮博尔行政区域的暴力升级，造成南苏丹 160 万民众流离失所并面临新冠肺炎感染的高风险。和平协议延迟执行造成南苏丹地区权力真空，使得社区部族冲突频发，而社区部族冲突进一步阻碍和平协议执行。

二　南苏丹安全形势

（一）党派之间的武装冲突逐渐演变为社区部族冲突

南苏丹独立后，国家财富和权力分配问题一直未能妥善解决。南苏丹执政党和国家军队成员按照各自部族身份划分成立不同派系，各派系各部族有不同的利益诉求，由此引发各党派部族尖锐矛盾和系列冲突，未能在实现国家稳定与和平、开展经济建设方面形成合力，发挥应有作用。长期战乱和武装冲突造成枪支泛滥，各部族习惯于以武力解决部族间矛盾。南苏丹和平协议签订至今，南苏丹各方仍然没有实现武装部队的统一。南苏丹安全部署和

军队统一进程的推进和执行缓慢，一定程度上助长了南苏丹暴力事件的上升。由于和平协议进程推进迟缓，南苏丹国家治理能力提升缓慢，地方政府机构治理和权力真空，党派间的武装冲突逐渐演变为社区部族暴力冲突，具有不同政治利益背景的地方部族武装之间的暴力冲突频发，造成地方政府社会管控能力进一步弱化，给南苏丹社会安全带来极大威胁。

（二）部族社区暴力冲突和犯罪案件不断，安全形势严峻

南苏丹部族之间或部族内部常因争夺牲畜、牧场或土地而爆发流血冲突，在瓦拉普州每年因牛群放牧引起的牧民和农民的冲突时有发生，并导致严重人员伤亡。据不完全统计，2020 年，超过 2400 名南苏丹人死于部族间的暴力和武装袭击，其中 80% 的人死于族群间暴力和报复性武装袭击。相关暴力案件中，发生在加扎勒河地区的占 43%，上尼罗河地区的占 37%，赤道地区的占 20%。

联合国驻南苏丹代表团发布的 2020 年度暴力犯罪影响平民的报告显示，2020 年，南苏丹受暴力影响的平民达 5800 人以上，是 2019 年的 2 倍多。其中，因暴力死亡的有 2421 人，比 2019 年增加 114%；因暴力受伤的有 1531 人，比 2019 年增加 77%；被绑架人数由 2019 年的 391 人上升至 1655 人，比 2019 年增加 3 倍多；因性暴力受伤的有 193 人，比 2019 年降低 21%。79% 的暴力事件集中发生在全国 72 个乡，78% 的暴力事件由民事防护组织和社区民兵组织内部或之间的冲突引发。①

三　南苏丹经济发展情况及形势

2020 年新冠肺炎疫情、国际油价低迷及南苏丹镑持续贬值等，使得南苏丹脆弱不堪的经济更是困难重重，政府在短时间内难以通过货币汇率改革等措施来缓解和阻止经济进一步恶化，经济恶化同时又导致犯罪率上升和社会

① UNMISS, "Annual Brief on Violence Affecting Civilians (January - December 2020)", https://unmiss.unmissions.org/sites/default/files/unmiss_annual_brief_violence_against_civilians_2020_final_for_publication.pdf.

治安形势恶化。外资普遍对南苏丹市场稳定缺乏信心，投资和营商环境持续恶化。南苏丹政府采取多种举措，试图恢复和发展经济，以期走出经济困境，具体措施包括通过南苏丹央行提高利率，以稳定物价和控制通胀；开展经济改革并加强政府财政收入管理；加强对苏丹的经济合作；加强招商引资；开展石油新区块招标；建立炼油厂和积极开展公路和桥梁等基础设施建设等。

（一）央行提高利率，以稳定物价，控制通货膨胀

2020 年 7 月，南苏丹央行采取各种措施试图缓解新冠肺炎疫情对经济的严重冲击，并就新冠肺炎疫情对南苏丹财政和金融系统的负面影响进行评估，试图努力稳定并提升南苏丹镑价值，同时加强市场汇率监控，支撑南苏丹渡过经济难关。2020 年 11 月，南苏丹镑快速贬值和普遍通货膨胀，新冠肺炎疫情等外部因素及国际市场低油价，导致南苏丹发生严重的财政危机，经济和金融业受到重创。政府采取收紧货币政策，南苏丹央行将商业银行的贷款利率提高到 15%，调整商业银行的存款准备金率并提高到 20%，[①] 提高现金比率等，努力解决该国失控的通货膨胀。同时加强商业银行现金等监管，南苏丹央行与财政部和其他伙伴密切合作，确保宏观经济形势平稳。

（二）成立经济改革委员会，加强政府财政收入管理

2020 年 7 月，南苏丹经济管理委员会对南苏丹税务局所有税收征管点进行了调查，在评估征收金额和收入汇入公共账户情况时，发现进口税和其他税款被转入私人银行账户，随后要求对非石油收入挪用资金案进行彻查。根据南苏丹法律，非石油收入要汇入国家税收局的银行账户。南苏丹政府上述举措显示在财政危机情况下，政府试图减少对石油收入的依赖，加强非石油部门收入，加强实现短期财政紧缩目标所需的支出控制，进一步加强财政收入管理以获取必要资金。2020 年 8 月，在油价下跌和新冠肺炎疫情严重的情

---

① Radio Tamazuj, "Central Bank Increases Interest Rate to Stabilize Prices", *Check Inflation*, November 6, 2020, https://radiotamazuj.org/en/news/article/central-bank-increases-interest-rate-to-stabilize-prices-check-inflation.

况下，南苏丹成立经济危机管理委员会，该委员会由负责经济的第二副总统瓦尼领导，加强政府对非石油收入和税务管理，在对国家收入进行数周评估后，将继续推进经济改革议程，以更好地应对经济危机。① 和平协议中要求南苏丹进行公共财政管理改革，并授权财政部确保新的团结政府的所有公共财政和预算透明公开，以符合国家法律和国际惯例。

（三）与苏丹进一步加强经济合作，试图摆脱经济困境

2020 年，南苏丹和苏丹签署涉及贸易和运输贸易的协定，以加强两国之间贸易关系。苏丹在朱巴举行首次贸易展览会，推销苏丹主要工业产品，南苏丹展示包括芝麻、高粱和柚木在内的产品。南苏丹已制定计划，将苏丹港用作从国际市场进口货物的进口途径。南苏丹从肯尼亚的蒙巴萨港口通过乌干达和部分纳达帕尔可获得大部分进口，但成本较高，而通过苏丹进口货物可降低运输成本，因此两国政府计划修建巴巴努萨 - 瓦乌等连接两国的边境道路，以便利货物运输。

2020 年 9 月，南苏丹与苏丹成立联合技术委员会以恢复团结州的石油生产并增加石油产量，现已开始相关油田的作业。2019～2020 年，南苏丹和苏丹一直合作计划实现团结州五区油田复产，并努力增加上尼罗河州各油田的产量。在南苏丹团结州的油田复产过程中，苏丹为南苏丹提供了部分技术帮助。南苏丹和苏丹具有摆脱各自国内经济困境的共同利益，南苏丹进一步加强与苏丹在石油等各方面的经济合作，可取得苏丹技术等帮助，从而提高石油产量和收入，以期走出经济困境。

（四）试图建立炼油厂，健全石油上下游工业体系并实现成品油自给和出口

作为东非地区最大的石油出口国之一，南苏丹财政收入的 90% 主要依赖石油，其余收入来自海关税、市场税、公路税、所得税和许可证等。但由于没有炼油厂，其成品油主要依靠进口。南苏丹每月进口大约 4000 万升燃料，

① Radio Tamazuj，“President Kiir Forms Economic Crisis Management Committee”，August 26，2020，https：//radiotamazuj. org/en/news/article/president - kiir - forms - crisis - management - committee.

其中约80%是柴油，20%是汽油。

2020年，南苏丹政府宣布，计划在该国的本提乌（Bentiu）、帕洛赫（Paloch）、塞格瑞尔（Thiangrial）和帕加克（Pagak）建4座炼油厂，期望到2022年通过培训当地工程师实现炼厂建设和运营。其中三一能源有限公司（Trinity Energy Limited）宣布计划在南苏丹上尼罗河州法鲁济地区建设一个加工原油能力4万桶/天的炼油厂并为东非地区提供精炼石油产品。凯美斯（Chemex）公司预计将在朱巴郊区尼穆勒公路沿线的奈西图建设石油储存设施，通过公路向肯尼亚、乌干达、坦桑尼亚和刚果民主共和国销售精炼石油产品。2020年南苏丹在建的炼油厂有2家：一家在团结州的本提乌地区，设计炼油能力为3000桶/天，计划扩大本提乌炼油厂，将其产能提高到5000桶/天；另一家是上尼罗河州的塞格瑞尔地区炼厂，设计炼油能力为1万桶/天。

（五）积极开展公路和桥梁等基础设施建设

2020年，南苏丹启动朱尔河大桥（Jur River Bridge）修建项目。该项目是落实中非合作论坛北京峰会提出的“八大行动”之“设施联通”的重要内容，由基尔总统在访问北京期间与中国方面达成初步协议。[①] 原桥建于1973年，年久失修。[②] 新建大桥跨越朱尔河，起点与第二大城市瓦乌已有道路连接，终点与原桥东侧道路连接，全长1480米，双向两车道。该大桥建成后将是保障西加扎勒河州南部地区人道主义援助物资运输、日常生活物资供给、当地交通贸易的唯一通道，将为地区经济发展发挥重要作用。[③] 桥梁和公路等基础设施建设对刺激经济增长和吸引外国直接投资具有重要意义。2020年12月，朱巴至伦贝克的公路（全长392公里）在停工6个月后重新恢复建设。该公路连接了南苏丹首都朱巴和湖泊州首府伦贝克等行政中心以

① Xinhua News Ageny，“China，South Sudan Ink Deal to Construct Key Bridge”，September 25，2020，http：//www.xinhuanet.com/english/2020-09/25/c_139394728.htm.

② Radio Tamazuj，“South Sudan，China Sign Deal to Renovate Jur River Bridge”，September 25，2020，https：//radiotamazuj.org/en/news/article/south-sudan-china-sign-deal-to-renovate-jur-river-bridge.

③ 中华人民共和国商务部：《筑梦路上：援南苏丹朱尔河大桥项目疫情中开工》，2021年4月16日，http：//www.mofcom.gov.cn/article/i/jyjl/k/202104/20210403053221.shtml。

及周边的城镇和村庄，是连接南苏丹南部与北部的一条重要通道。这条公路的建设对提升南苏丹路网结构、促进区域经济和基础设施的发展起到重要推动作用，同时也对当地居民生活改善、农（牧）业和旅游业的发展提供强有力的基础支持，对完善南苏丹全国及东非公路网的建设，加强经济、文化交流，实现沿线城镇的发展起到重要作用。南苏丹政府计划将石油收入进一步用于在全国各地建设更多的基础设施，以改善贸易和流动性。同时南苏丹政府积极推动世界银行就南苏丹发展的关键项目开展为期 2 年的战略合作计划，以加快南苏丹的经济发展。

四 南苏丹和平进程面临的挑战和未来走向

（一）南苏丹和平进程的挑战：政治分歧、经济危机、财政困难

南苏丹和平进程尽管在2020年取得了一定进展，但仍在政治权力分享、军队统一、政府治理、经济改革、过渡议会和政治选举等方面存在分歧。南苏丹经历了长期政治纷争、部族冲突和持续的政治不稳定，政府与各政治派别虽签署了和平协议，但琼莱、皮博尔和瓦拉普等州的部族间暴力仍在继续。和平协议各方尚未统一军队等武装力量，和平进程的执行脆弱而不稳定。南苏丹经济疲软、暴力冲突和政府对石油收入的严重依赖，导致在新冠肺炎疫情期间政府财政收入大幅缩水，南苏丹经济陷入危机。政府治理能力不足，腐败频发；经济政策的执行效率低下且监管不力，和平协议的执行面临财政危机和严重资金困难。

2020 年，由于全球油价低迷、新冠肺炎疫情肆虐、洪水泛滥，政府收入锐减，南苏丹陷入经济困境和财政危机，政府运行、新冠疫情防控与和平协议执行等存在资金困难。随着和平协议的逐渐推进，和平协议各方需通过在各政党、国家和州政府层面的真正和解来实现政治上的共识。目前，军队的融合与统一是和平协议能否真正实现的关键因素，也是面临的最大困难与挑战。面对经济困境和资金困难，南苏丹自身难以提供和平进程执行所需的必要资金，需国际社会提供政治支持和经济援助。

（二）南苏丹和平进程未来走向：谨慎乐观

根据南苏丹和平进程推进情况、面临的挑战、现实经济困难、安全形势、国际社会和地缘政治影响等，南苏丹和平进程未来走向谨慎乐观。未来军队能否真正完成融合统一决定着和平进程的走向；国际社会和地缘政治影响和平进程的执行进度；经济发展是和平进程顺利实施的基础；传统和非传统安全因素给南苏丹带来持续的挑战；推迟至2023年的大选能否如期举行直接检验和平进程的最终结果。和平协议的顺利执行和实施需要南苏丹各方从国家利益和人民利益出发，着眼于南苏丹未来发展，凝聚政治共识，统一政治意愿，实现政治和解，相向而行，在国际社会的支持下，完成军队的融合统一、政府治理能力的逐步提升，进而实现南苏丹的长期和平与稳定发展。

美国“繁荣非洲倡议”：实质、举措与评估

马汉智

内容摘要：“繁荣非洲倡议”是特朗普时期美国对非洲政策的战略框架，于2018年12月推出，旨在扩大美非双向贸易和投资。尽管“倡议”力图突破制约美非经贸合作的桎梏，推动美非经贸合作再上台阶，但倡议的实质是“美国优先”，削弱并遏制中国在非洲的影响力。特朗普将非洲视为对抗中国工具的做法遭到非洲普遍反感。美国国际发展金融公司、美国总统非洲经商咨询委员会等制度设计成为美国推进“倡议”的重要抓手。美国政府所作所为与“繁荣非洲倡议”的初衷背道而驰，导致“倡议”本身实施效果打了折扣。

关键词：特朗普非洲政策　“繁荣非洲倡议”　美国国际发展金融公司

作者简介：马汉智，男，中国国际问题研究院发展中国家研究所助理研究员，主要研究方向：非洲发展问题、中非关系。

“繁荣非洲倡议”（以下简称“倡议”）是特朗普时期美国对非政策的战略框架，于2018年12月推出。倡议旨在扩大美非双向贸易和投资，在五年内将双边贸易与投资规模扩大1倍。“倡议”被视为美国对非政策的一种“全新方式和框架”。[①] 自2019年6月以来，“倡议”已直接支持在30多个非洲国家完成280项交易，总价值超过220亿美元。[②] 根据预算，2021财年

---

① USAID，“USAID Administrator Mark Green's Remarks on Prosper Africa at the Corporate Council on Africa Conference”，https：//www. usaid. gov/news – information/press – releases/jun – 19 – 2019 – mark – green – remarks – prosper – africa – corporate – council，最后访问日期：2020年10月10日。

② Prosper Africa，“Prosper Africa Fact Sheet”，https：//prosper – africa – assets. s3. us – gov – east – 1. amazonaws. com/wp – content/uploads/2020/09/02095323/Prosper – Africa – Fact – Sheet. pdf，最后访问日期：2020年10月10日。

美国国务院和国际开发署计划投入 7500 万美元用于“倡议”。[①]

一 “繁荣非洲倡议”的实质

特朗普政府的所谓对非新战略本质上就是完全单方面追求美国利益，要求包括非洲在内的全世界为此买单的利己路径。[②] 在推进“倡议”过程中，美国极力丑化中国在非洲的形象，以零和姿态与中国在非洲全面竞争，“倡议”背后的战略意图备受诟病。

（一）为美国增加就业和出口是倡议的核心目标

自奥巴马政府以来，推动美国企业投资非洲增加美国对非出口一直是美非经贸合作的重要内容，尤其考虑到《非洲增长与机遇法案》的优惠贸易安排已无法适应快速发展的非洲和美非关系。特朗普时期，美国更重视美非经贸合作是否有利于“美国优先”的总体目标。以美国贷款塞内加尔农村电力化项目为例，在“倡议”框架下，2020 年 3 月，美国进出口银行（EXIM）批准了一项价值 9150 万美元的贷款担保，以支持塞内加尔 415 个村庄的电力化。[③] 作为条件，项目必须使用美国 Weldy Lamont LLC 公司提供的设备和服务。塞内加尔国家电力公司是这笔贷款的借方和这家公司设备和服务出口的买方。塞内加尔经济、计划与合作部将为融资提供主权担保。摩根大通是牵头银行和受托贷款人，EXIM 提供 81.5% 的资金。此项融资为美国带来可观就业和出口。EXIM 预计此项融资将为美国提供 500 个工作岗位。EXIM 总裁兼董事长金伯利 · A. 里德表示，该交易表明塞内加尔愿意考虑替代性融资和进口，包括来自美国的融资和出口，以满足中国资金来源以外的基础设

---

① USAID，“Congressional Budget Justification：Department of State，Foreign Operations，and Related Programs Fiscal Year 2021”，https：//www.state.gov/wp-content/uploads/2021/05/FY-2022-State_USAID-Congressional-Budget-Justification.pdf，最后访问日期：2020 年 10 月 10 日。

② 刁大明：《通过非洲繁荣自己，美国新非洲战略下了好大一盘棋》，http：//www.bjnews.com.cn/opinion/2018/12/18/531507.html，最后访问日期：2020 年 10 月 15 日。

③ 项目计划沿着通往乡村的现有道路铺设低压电线，通过建立一个由独立太阳能装置和有限的低压电线组成的小型电网，为更偏远的乡村提供电力服务。项目完成后，将使塞内加尔农村柴油发电减少，并将连接数百个村庄的电网。

施建设需求。

（二）遏制中国在非洲影响力是“繁荣非洲倡议”的重要目的

特朗普政府极力污名化中非合作。特朗普政府美国国际开发署署长格林指出，“繁荣非洲倡议”为非洲领导人提供美国的替代方案，并帮助非洲摆脱“债务陷阱”。“债务陷阱”是“独裁资助者”在非洲大陆太多地方埋下的地雷。① 特朗普政府美国国家安全顾问罗伯特·奥布莱恩称，中国使非洲深陷对自己的依赖，而美国则提倡非洲实现自力更生的发展。②

美国利用“全政府手段”与中国竞争在非洲经贸机会。以美国进出口银行的业务为例。EXIM 指出，2015～2019 年，中国官方中长期出口信贷至少等于所有 G7 国家提供的出口信贷的 90%。鉴于中国出口信贷的迅猛发展，EXIM 推出“中国和转型出口计划”。该计划是“EXIM 86 年历史上最重要的举措之一”。③ 根据计划，EXIM 提供的信贷可在利率、期限、条款和其他条件上与中国或其他适用国家（美国财政部长指定）提供的信贷相匹配，提高美国贷款的竞争力。

二　“繁荣非洲倡议”的具体举措

“倡议”推出了许多新举措，尤其是成立了美国国际发展金融公司。拜登政府继承这一“制度遗产”，继续推进美非经贸合作。

（一）成立美国国际发展金融公司

2018 年 10 月，美国根据《善用投资促进发展法案》（简称 BUILD 法

① USGLC，“Five Questions for Prosper Africa”，https：//www. usglc. org/blog/five－questions－for－prosper－africa/，最后访问日期：2021 年 3 月 4 日。

② Atlantic Council，“The US Government Makes Its Big Push for Investment in Africa”，https：//www. atlanticcouncil. org/blogs/new－atlanticist/the－us－government－makes－its－big－push－for－investment－in－africa/，最后访问日期：2021 年 1 月 10 日。

③ EXIM，“China and Transformational Exports Program”，https：//www. exim. gov/who－we－serve/external－engagement/program－on－china－and－transformational－exports，最后访问日期：2021 年 1 月 10 日。

案），将海外私人投资公司和美国国际开发署下的发展信贷管理局（DCA）合并为一个新机构——美国国际发展金融公司（DFC）。DFC 是美国推进“倡议”重要的战略工具。英国《金融时报》援引观察人士的话说，这是50年来美国对发展中国家商业贷款的最大规模调整。美国与非洲建立更牢固伙伴关系战略的一个关键组成部分是通过新建立的国际发展金融公司刺激投资和经济增长。罗伯特·奥布莱恩指出，“倡议”最重要的新工具是国际发展金融公司，它利用其独特融资工具，从债权融资、股权融资到政治风险担保及技术援助，再到推动私营部门投资并提供发展融资解决方案，以应对当今发展中国家面临的最关键挑战。DFC 首席执行官亚当·伯勒表示，国会批准DFC 成立表明，在美国盟友和新兴国家投资不只是民主和共和两党的意愿，也是全体美国人的意愿。①

（二）充分发挥美国国际开发署的作用

作为美国政府领导的国际发展和人道主义援助机构，美国国际开发署在非洲具有广泛影响力。2019 财年，美国国际开发署和美国国务院计划为撒哈拉以南非洲 47 个国家和 8 个地区提供 83 亿美元的援助。② 自 2019 年 6 月启动“倡议”以来，美国国际开发署已帮助非洲和美国公司完成了超过 15 亿美元的新出口和投资。③ 2020 年 11 月，美国国际开发署支持十多家肯尼亚当地养老基金组成了肯尼亚养老基金投资财团，该财团计划在未来五年内与美国投资者一道，向肯尼亚的基础设施项目投资 2 亿多美元。2020 年 11 月，美国国际开发署宣布将于 2021 年启动一项新的全大陆贸易和投资计划，该计划将为美国企业提供定制服务，内容包括商业咨询、交易便利化服务和有针对性的政策干预等。该计划将在未来五年提供 5 亿美元以及新服

① Atlantic Council, “The US Government Makes Its Big Push for Investment in Africa”, https: //www. atlanticcouncil. org/blogs/new – atlanticist/the – us – government – makes – its – big – push – for – investment – in – africa/，最后访问日期：2021 年 1 月 10 日。

② USAID, “Bureau for Africa”, https: //www. usaid. gov/who – we – are/organization/bureaus/bureau – africa，最后访问日期：2021 年 1 月 10 日。

③ USAID, “Acting Deputy Administrator John Barsa’s Remarks at Concordia Africa Initiative”, https: //www. usaid. gov/news – information/speeches/nov – 17 – 2020 – acting – deputy – administrator – john – barsa – remarks – concordia – africa – summit，最后访问日期：2021 年 1 月 10 日。

务，用于大幅增加非洲与美国之间的双向贸易和投资。5亿美元中80%的资金将用于向私营企业提供分包合同和赠款，将美国国际开发署的资金与私营部门资本挂钩，将降低交易风险，扩大机会，并吸引企业进入非洲市场。

（三）建立一系列平台，助力美国企业走进非洲

为推进美国企业进入非洲，美国在各驻非洲使馆建立跨部门的“交易便利化小组”，旨在为美国企业进入非洲提供一站式服务。交易团队模式已经被复制到美国在全球的所有使馆。“交易团队可以帮助揭开在特定国家开展业务的神秘面纱。”① 非洲事务助理部长蒂博·纳吉表示，“美国正在使自己驻非洲的大使馆武装化，以与中国对抗”。②

美国政府首次设立“一站式服务平台”，帮助美国企业进军非洲。平台提供涵盖交易全过程的服务，如识别、评估、组织、实施。特朗普政府认为当前美国的融资工具利用不足，许多美国中小企业并不知道政府的出口、投资和风险缓释工具。“一站式服务平台”扩大了美国公司获取信息的渠道，并为私营部门不愿在非洲投资的领域提供融资支持。在人事安排上，特朗普选择了具有丰富经商经验的国际发展金融公司首席执行官亚当·伯勒担任“倡议”执行主席，其任务是协调和动员美国各政府机构的工具和资源，统筹推进“倡议”。美国国际开发署为此成立了一个跨机构秘书处，负责协调参与机构之间的交易便利化。美国国际开发署前战略与传播高级主管维多利亚·惠特尼，担任秘书处首席运营官。

（四）继续发挥美国总统非洲经商咨询委员会职能

美国总统非洲经商咨询委员会（PAC－DBIA）由奥巴马政府在2014年成立，行政命令规定由不超过15个私营企业成员构成。2016年，为扩大美

① USAID,“Advances the U.S. Government's Prosper Africa Initiative”, https：//editorials.voa.gov/a/the－u－s－government－s－prosper－africa－initiative/5522364.html，最后访问日期：2021年1月10日。

② USGLC,“Five Questions for Prosper Africa”, https：//www.usglc.org/blog/five－questions－for－prosper－africa/，最后访问日期：2021年3月4日。

非经贸，修订的行政命令要求委员会成员不超过26名，[①] 委员会通过商务部长就加强美国与非洲之间的商业合作向总统提供建议。特朗普上任以来，委员会继续发挥原有职能。2019年，美国宣布将总统非洲经商咨询委员会的任期延长至2021年。未来两年，PAC－DBIA将继续充当美国与非洲之间对话的重要平台，特别着重于促进“倡议”的目标。[②] 2020年7月，PAC－DBIA就如何实施繁荣非洲向总统提出建议：疫情导致的新常态要求美国政府迅速、协调和集中努力，进一步强化与非洲建立长期经济伙伴关系的基础。下一步美国应注重在以下六大领域加强与非洲经贸联系，即金融、技术和数字经济、公共采购、人力开发、贸易便利化和基础设施、中小型企业和培育非洲女企业家。[③] PAC－DBIA的主席由UPS全球公共事务总裁劳拉－兰尼及GE非洲首席执行官法里德·费祖阿共同担任，辉瑞新兴市场全球总裁苏珊·西尔伯曼任副主席。

三 “繁荣非洲倡议”进展评估

虽然美国使出浑身解数，但由于“倡议”本身自私自利的实质和与中国竞争的战略目的，导致“倡议”并未收获如期效果。

（一）美国未能成为非洲的“首选伙伴”

美国国际开发署非洲代理助理署长克里斯·马洛尼指出，非洲领导

① White House, “Executive Order—Amending Executive Order 13675 to Expand Membership on the President's Advisory Council on Doing Business in Africa”, https://obamawhitehouse.archives.gov/the－press－office/2016/08/03/executive－order－amending－executive－order－13675－expand－membership，最后访问日期：2021年1月5日。

② AJOT, “Secretary of Commerce Ross Appoints New Members of the President's Advisory Council on Doing Business in Africa”, https://www.ajot.com/news/secretary－of－commerce－ross－appoints－new－members－of－the－presidents－advisory－council－on－doing－business－in－africa，最后访问日期：2021年1月5日。

③ The President's Advisory Council on Doing Business in Africa, “Recommendations for Implementing Prosper Africa”, https://legacy.trade.gov/pac－dbia/docs/PAC－DBIA%20Prosper%20Africa%20Report%20－%20July%202020%20－%20FINAL%20（signed）.pdf，最后访问日期：2020年9月15日。

人认识到与美国建立伙伴关系的好处，美国希望成为“首选伙伴”。然而，各项数据表明，特朗普政府大力推动的“倡议”进展缓慢，无法从根本上扭转美非经贸合作的颓势。美国战略与国际研究中心非洲项目主任贾德·德弗蒙特认为，自2018年倡议启动以来，有关“繁荣非洲”的信息非常稀少，发布零零碎碎，“由于推出速度非常慢，已经失去了很多动力”。①

美国对非直接投资持续萎缩。2018年美国对外直接投资为906.2亿美元，2019年美国对外直接投资为1250亿美元。美国对非直接投资存量从2014年的690亿美元下降到480亿美元。同一时期，中国对非直投投资存量从320亿美元上升到460亿美元。美国对非洲绿地投资从2018年的105.65亿美元极速下降到2019年的32.26亿美元。中国对非洲的绿地投资从2018年的119.07亿稳定增长到2019年的119.15亿美元。②

美非贸易持续在低位徘徊。2017～2019年，美国对非商品出口额从2017年的220.66亿美元上升到2018年的260.58亿美元，再到2019年的267.22亿美元。美国对非商品进口额从2017年的334.10亿美元上升到2018年的358.04亿美元，然后下降到2019年的302.13亿美元。双方总贸易额从2017年的554.76亿美元上升到2018年的618.62亿美元再下降到2019年的569.35亿美元。③

（二）政策自相矛盾，效果大打折扣

“倡议”一方面声称要让美国企业改变对于非洲风险的错误认知，推动企业大胆赴非洲投资；另一方面，对尼日利亚、坦桑尼亚、苏丹和厄立特里亚实行旅行禁令。显然，这只会增强美国投资者对整个非洲大陆的风险意识。“倡议”一方面为美国企业和产品进入非洲创造一系列便利条件，哪怕

① Adva Saldinger, “Taking Stock of the Trump Administration's Africa Policy”, https://www.devex.com/news/taking-stock-of-the-trump-administration-s-africa-policy-97386，最后访问日期：2020年11月9日。

② World Bank, *World Investment Report 2020*, p. X.

③ International Trade Administration, “Global Patterns of U.S. Merchandise Trade”, http://tse.export.gov/tse/TSEReports.aspx? DATA=NTD&39.1183579&-77.211762&false，最后访问日期：2020年11月9日。

是干涉非洲国家内政，或者逼迫非洲在中美间选边站；另一方面，特朗普呼吁大力削减对非援助，言语上侮辱非洲领袖和非洲国家。上述做法既不尊重非洲，也与“倡议”声称构建平等的美非商业关系不相符。倡议强调扩大美非间的贸易，但“美国优先”的政策与扩大从非洲进口是矛盾的；美国追求所谓贸易平衡的结果是美国对非出口持续增加，而美国从非洲的进口下降。另外，“倡议”声称促进美非间的双向投资和贸易，但是关于“倡议”如何支持非洲出口美国的报道寥寥无几。

（三）“倡议”无力解决制约扩大美非经贸合作的结构性障碍

首先，非洲从来不是美国的战略重点，更不是美国的重要经贸合作对象。美非贸易和投资在美国整体的贸易和投资中占比非常低，且还在持续恶化。以贸易为例，美国自页岩气革命以来，基本实现了能源自主。美国对从非洲进口原料的动力进一步下降，这也是导致 2014 年以来美非贸易急剧下滑的重要原因。其次，美国企业对非洲投资兴趣不大。维多利亚·惠特尼指出，“倡议”的核心挑战在于，一些美国公司忌惮于非洲的投资风险望而却步。美国政府想承担一些负担，替企业降低风险、提高企业对非投资的兴趣。美国政府正在优先考虑与非洲的贸易和投资。[①] 长期来看，美国企业对在非洲进行投资和贸易非常谨慎。美国政府对扩大在非洲的参与支持有限，而且美国决策者对非洲大陆日益重要的认识严重不足。[②]

---

① U. S. Department of State, “Digital Press Briefing about the U. S. Government Prosper Africa Initiative”, https://www.state.gov/digital-press-briefing-about-the-u-s-government-prosper-africa-initiative/, 最后访问日期：2020 年 10 月 10 日。

② John Campbell, “U. S. Africa Policy Needs a Reset”, *Foreign Affairs*, October 16, 2020.

第二篇
经济与民生发展态势

津巴布韦经济社会发展报告

王　婷　林梦圆

内容摘要：2020 年津巴布韦整体发展状况向好。政治层面，津巴布韦国内政局较为平稳，执政党集中精力进行国内政治改革与社会治理，但官员腐败作风仍是民主治理的一大弊病。经济层面，虽然从 3 月起受到新冠肺炎疫情的冲击，津巴布韦经济呈现低迷走势，但政府积极采取诸如调整财政拨款、推行外汇拍卖系统、严格管控移动支付平台等一系列举措稳定本国货币汇率和商品价格。社会层面，政府采取较为严格的封锁政策管控疫情，修订并颁布了新的法律法规以完善本国法治环境，并持续推进文教及城市建设工程。外交层面，津巴布韦政府继续秉持"参与，再参与"的外交理念，将经济外交视为重心，与非洲域内外国家重建友好睦邻关系。

关键词：津巴布韦　反腐倡廉　经济改革　经济外交

作者简介：王婷，女，法学博士，北京外国语大学非洲学院讲师，主要从事非洲法律研究；林梦圆，女，语言学硕士，北京外国语大学非洲学院师资研究生，主要从事非洲语言学研究。

曾被称为非洲"面包篮子"的津巴布韦，从 2000 年起遭遇恶性通货膨胀，社会经济发展陷入危机。[①] 直至今日，津巴布韦仍在寻求改革的道路上，谋求实现提振本国经济，提高国民生活水平，逐步加强在国际舞台上的话语权。

---

① Food and Agriculture Organization of United Nations, "Country Fact Sheet on Food and Agriculture Policy Trends - Zimbabwe", http://www.fao.org/3/i6022e/i6022e.pdf, accessed 2021 - 8 - 12.

一　政治局势

总的来说，2020年津巴布韦政局较为平稳，未出现大规模动荡和暴力事件。

（一）积极推行反腐倡廉工作

津巴布韦的政府腐败现象是导致其政治制度持续动荡的一大因素。据统计，在2020年全球清廉指数180个国家排名中，津巴布韦位列第157名。[①]津巴布韦每年因腐败行为而导致国家损失高达18亿美元，[②] 社会经济发展长久受腐败行为掣肘。姆南加古瓦总统在2017年的就职演讲中强调，“津巴布韦政府在专注于复苏经济的同时，必须杜绝过去的不良作风和腐败行为”，并承诺将颁布一系列反腐倡廉的政策。

2005年成立的津巴布韦反腐败委员会是津巴布韦反腐行动的一大举措。2019年7月，姆南加古瓦总统改组重建，赋予委员会独立的地位和逮捕权。[③]现任主席莫约表示，委员会反腐行动原先受制于法院的低定罪率，政府高级官员和执政党官员涉案被捕后，常因无法定罪而释放。“反腐败委员会此次的改革，旨在解决反腐行动中的‘逮捕－释放’综合征。”[④] 改革后的委员会反腐初见成效。例如，2019年7月25日，反腐委员会以滥用职权罪逮捕环境部部长姆富米拉，涉案金额达9500万美元。[⑤] 两周后姆南加古瓦总统解除其职务，2020年6月案件开庭，11月最高法院驳回姆富米拉要求撤销其指控

① Transparency International, “Corruption Perceptions Index – Zimbabwe”, https://www.transparency.org/en/cpi/2020/index/zwe, accessed 2021-8-12.

② Evans Mathanda, “US $2bn Lost to Graft Annually”, https://www.theindependent.co.zw/2020/01/24/us2bn-lost-to-graft-annually/, accessed 2021-8-12.

③ Shi Yinglun, “Zimbabwe's Mnangagwa Swears in Eight Anti-corruption Commissioners”, http://www.xinhuanet.com/english/2019-07/15/c_138229018.htm, accessed 2021-8-12.

④ Evans Mathanda, “US $2bn Lost to Graft Annually”, https://www.theindependent.co.zw/2020/01/24/us2bn-lost-to-graft-annually/, accessed 2021-8-12.

⑤ Nyore Madzianike, “Zimbabwe: Fraud, Money Laundering Charges for Mupfumira”, https://allafrica.com/stories/201908060126.html, accessed 2021-8-12.

的上诉。[①] 这是新政府上任后首位被逮捕的政府高官。

在政策制度层面，根据《联合国反腐败公约》的要求，津巴布韦政府于7月通过了《2020年至2024年国家反腐败战略》。这是津巴布韦首部国家反腐败战略报告规划，为国内反腐败工作提供战略指导蓝图。[②] 反腐败委员会还相继推出反腐举报手机客户端，公开化政府政策内容，不仅让公众了解国家政策，也在个人层面鼓励工众参与对政府腐败行为的有效监督。[③]

（二）着重改善国内低水平工资困境

高通货膨胀率加剧国内低水平工资困境，进而引发社会动荡和公众反感。2020年6月，首都哈拉雷最大中心医院帕里雷尼亚图瓦和布拉瓦约市三大医院的医护人员因为薪资过低和个人防护服短缺举行罢工游行。虽然政府表示将为医护人员提供每月75美元的免税疫情津贴并加薪50%，[④] 但由于高通胀率，医护人员的工资仍面临大幅贬值。罢工持续一个多月，全国超过15000名医护人员加入抗议行动，也将津巴布韦医疗系统推向崩溃边缘。[⑤]

为稳定社会环境，政府作出提高各行业薪酬水平的努力。医护人员6月开始罢工之后，财政部在对财政预算进行评估后发布声明，所有公务员薪酬上涨50%，并获得每月75美元的疫情补贴。8月，副总统奇温加接替因新

---

① Nyore Madzianike, "Zimbabwe: Supreme Court Dismisses Mupfumira Appeal", https://allafrica.com/stories/202011060790.html, accessed 2021-8-12.

② Transparency International Zimbabwe, "The Success of The National Anti-corruption Strategy Requires a Coordinated Approach in The Fight against Corruption", https://www.tizim.org/2020/12/the-success-of-the-national-anti-corruption-strategy-requires-a-coordinated-approach-in-the-fight-against-corruption/, accessed 2021-8-12.

③ ZTN News, "Anti-corruption Fight Goes Digital", https://ztn.co.zw/stream/2020/09/anti-corruption-fight-goes-digital/, accessed 2021-8-12.

④ New Zimbabwe, "Zim Health Situation in Distress after Doctors, Nurses Down Tools", https://www.newzimbabwe.com/zim-health-situation-in-distress-after-doctors-nurses-down-tools/, accessed 2021-8-12.

⑤ Lancet, "Covid-19 Worsens Zimbabwe's Health Crisis", https://www.newzimbabwe.com/covid-19-worsens-zimbabwes-health-crisis/, accessed 2021-8-12.

冠贪污丑闻被罢免的莫约，兼任卫生部部长，并公开表示将改善医疗卫生工作者的服务环境和薪酬。[①] 此外，公务员委员会与政府协商签订新的一揽子提薪计划，包括基本薪资及各类补贴。例如，公务员最低月收入 14500 津元，教师最低月收入 18000 津元，该计划于 11 月 1 日生效。[②] 矿业工人也在矿业工会与全国就业委员会签署协议后获得加薪，最低工资由每月 7000 津元涨至 14750 津元。[③]

二　经济形势

津巴布韦经济发展形势不容乐观，面临国内外债务高（约 110 亿美元）、落后基础设施、不稳定政治环境、腐败和低产能利用率（约 45%）等诸多问题。[④] 2020 年，津巴布韦经济遭到新冠肺炎疫情、干旱及飓风等不可抗力的巨大影响。疫情期间必要的封锁政策导致国内市场需求低迷，国内生产总值增速持续下降（－4.1%），出口量、生产量及产能利用率也相继滑落；矿业、手工业、旅游业、建筑业、零售业受政府紧缩政策的影响。农业夏季收成受疫情影响较小。财政赤字方面，2019 年 1 月起，津巴布韦财政赤字降至 3%以下，低于南部非洲发展共同体所规定的最高值，2020 年全年赤字约为国内生产总值的 0.5%。[⑤]

① Mukudzei Chingwere, "Nurses Call off Strike, Back Govt Efforts", https://www.herald.co.zw/nurses-call-off-strike-back-govt-efforts/, accessed 2021-8-12; Pindula, "JUST IN: Govt Reviews Civil Servant Salaries by 50%, Offers USD Allowances", https://news.pindula.co.zw/2020/06/17/just-in-govt-review-civil-servant-salaries-by-50-offers-them-usd-75-additional-income/, accessed 2021-8-12.

② Pindula, "Civil Servants Finally Accept 41% Pay Rise", https://news.pindula.co.zw/2020/11/17/civil-servants-finally-accept-41-pay-rise/, accessed 2021-8-12.

③ Ishemunyoro Chingwere, "100pc Salary Increment for Mine Workers", https://www.herald.co.zw/100pc-salary-increment-for-mine-workers/, accessed 2021-8-12.

④ Bertelsmann Stiftung, "BTI 2020 Country Report - Zimbabwe", Gütersloh: Bertelsmann Stiftung, 2020.

⑤ Mthuli Ncube, "Zimbabwe - The 2021 National Budget Statement", http://www.zimtreasury.gov.zw/index.php?option=com_phocadownload&view=category&download=343:2021-national-budget-statement&id=65:2021-budget&Itemid=790, accessed 2021-8-12.

（一）维持紧缩政策，调整预算拨款

2020 年，津巴布韦政府颁布的《过渡时期稳定计划》，采取紧缩节流的财政政策。根据计划规定，未来财政赤字将控制在可持续水平，量入为出，减少财政支出，并相应调整财政预算拨款。根据财政部发布的 2021 年预算报告，未来在节流层面有以下重要措施：津巴布韦储蓄银行（以下简称“津储行”）将不再使用透支手段；仅出于预算目的发行国库券；将公务员工资支出在国家总收入中占比由 92% 降至 50% 以下；公务员职位合理化，除关键部门外停止纳新；严格监管国家及地方层面的公共财政。

为应对新冠肺炎疫情的影响，政府第一时间拨款 182 亿津元的一揽子刺激政策，主要有：60 亿津元用于粮食安全；40 亿津元用于 Pfumvudza/Intwasa 项目，在弱势家庭推广智慧农业战略；拨款 26 亿津元用于刺激工业发展；矿业、旅游业、手工业、建筑业等产业将从刺激政策中获益，另有 10 亿津元用于资助中小型企业、青少年及妇女赋权和文体事业。此外，津巴布韦鼓励以矿业为抓手，推进经济快速发展。津巴布韦具有矿产优势，矿业占国内生产总值的 8% 。① 姆南加古瓦政府成立后，积极召开矿业投资大会，将矿业列入优先发展领域，在疫情时期提出了矿业发展战略以刺激经济发展。②

（二）推行本国货币，稳定本币汇率

为了提高国家竞争力，津储行在 2019 年 6 月出台第 142 号法定文书，重新引入津元作为唯一合法货币。③ 但是考虑到津巴布韦长久以来形成了非正式美元化经济，新政颁布后的一年内，美元在平行市场仍大量流通。银行间市场与平行市场间的差价使津元在民间黑市投机活动中的价值暴跌，例如

① Ministry of Mines and Mining Development, “Mining in Zimbabwe”, http://www.mines.gov.zw/, accessed 2021-8-12.

② Mthuli Ncube, “Zimbabwe - The 2021 National Budget Statement”, http://www.zimtreasury.gov.zw/index.php?option=com_phocadownload&view=category&download=343:2021-national-budget-statement&id=65:2021-budget&Itemid=790, accessed 2021-8-12.

③ Newsday, “Analysis of Statutory Instrument 142 of 2019”, https://www.newsday.co.zw/2019/07/analysis-of-statutory-instrument-142-of-2019/, accessed 2021-8-12.

2020年通货膨胀率一度飙升至765%。此外，外汇持续短缺，加之高失业率（超80%），津巴布韦人民仍面临缺乏购买基本生活必需品的支付能力的问题。[①]

2020年3月起，津政府依次发布第85、185及196号法定文书，规定美元外币作为自有资金支付商品和服务费用，以解决经济持续低迷、外汇短缺等负面经济发展问题。[②] 首都哈拉雷市议员表示，在外汇短缺的情况下，市议会无力进口公共工程所需的关键材料，这将导致社会服务进一步恶化。他认为，当局应采用允许外币用于征收市政费用的相关政策以解决这一困境。

在稳定津元汇率和商品价格、遏制货币供应量激增的基础上，外汇拍卖系统为87%的进口提供了外汇资金，刺激了国内生产。在允许津元与美元并行的情况下，津储行取消25∶1的固定汇率，于6月推出外汇拍卖系统及适用于中小企业的迷你系统。该系统取代了银行间市场交易，进口商每周通过透明的银行竞标获得出口商或离岸机构的外汇，商家必须以该官方通用汇率标价。12月，津元兑美元汇率维持在81∶1，银行外汇账户存款增至921.1亿津元。[③]

（三）严格管控移动支付平台

近年来，移动支付在津巴布韦呈现快速发展的趋势，国内移动营业公司纷纷推出诸如EcoCash、Telecash和OneMoney等电子支付平台。2020年12月，移动平台交易额占全国支付系统交易总额的24.7%，[④] 全国移动支付账

① Reuters, "Zimbabwe President Says Currency under Attack as Prices Spiral", https://www.reuters.com/article/zimbabwe-economy-idINKBN23H2K3, accessed 2021-8-12.

② Tawanda Musarurwa, "Dollarisation Was Our Biggest Mistake", https://www.herald.co.zw/dollarisation-was-our-biggest-mistake/, accessed 2021-8-12.

③ Alois Vinga, "Foreign Currency Deposits Hit $92 Billion as RBZ Auction Pays Dividends", https://www.newzimbabwe.com/foreign-currency-deposits-hit-92-billion-as-rbz-auction-pays-dividends/, accessed 2021-8-12.

④ Reserve Bank of Zimbabwe, "Monthly Economic Review-December 2020", https://www.rbz.co.zw/documents/monthly_review/2020/Monthly-Economic-Review-December-2020.pdf, accessed 2021-8-12.

户总量为7457622人（约占总人口的51.8%）。[①] 由此可见，移动支付在国民生活中占据重要地位。但是，不法分子和机构滥用移动支付平台等行为，造成津元在平行市场快速贬值。为阻止大笔款项流入市场造成负面经济影响，津储行对移动支付平台特别是领先平台 EcoCash 实施各项严厉管制，推出一系列管控手段，包括降低转账额度、吊销代理商、整合交易行为至官方平台等。

三 社会发展

2020年，政府对新冠肺炎疫情反应迅速，通过严格管控措施，在民众的配合及国际社会的帮助下，津巴布韦较为平稳地度过了第一波新冠肺炎疫情。针对国内存在的诸多社会问题，政府颁布、修订相应的法律法规，以完善法治环境。政府有针对性地推进了文教改革，以解决社会上62%的职业人才缺口困境。[②] 此外，津巴布韦升级了旅游名城，提升社会面貌，打造国家名片。

（一）实行严格管控政策，稳定社会和平环境

抗击新冠肺炎疫情是津巴布韦政府2020年实现构建和平稳定的社会环境目标的重点关注领域。3月20日，津巴布韦出现首例新冠肺炎确诊病例，此后全国进入紧急抗疫状态。3月30日起，总统宣布实施全国严格封锁状态，包括封锁边境、中小学和大学，禁止城际旅行并限制公民出行，关闭非粮食物品交易市场等一系列举措。在疫情最严重时期，政府实施4级和3级封锁级别，全国共有19317人因违反“禁足令”被捕。[③] 由于严格的封锁措施，津巴布韦第一波疫情较为平稳，死亡率较低。截至12月1

① Postal and Telecommunications Regulatory Authority of Zimbabwe, “Abridged Postal & Telecommunications Sector Performance Report – Second Quarter 2020”, http: //www. potraz. gov. zw/?ddownload = 1407, accessed 2021 – 8 – 13.

② Bertelsmann Stiftung, “BTI 2020 Country Report – Zimbabwe”, Gütersloh: Bertelsmann Stiftung, 2020, p. 27.

③ The Herald, “Police Ready for Increased Movement”, https: //www. herald. co. zw/police – ready – for – increased – movement/, accessed 2021 – 8 – 13.

日，共确诊10034例，死亡277例。但是，抗击疫情过程中也暴露了津政府存在的公共卫生医疗基础设施匮乏、隔离中心管理不善、官员腐败等诸多问题。①

津政府通过颁布惠民政策以稳定民心。疫情期间，大量群众由于封锁状态而收入来源被切断，生活受到沉重打击。4月起，政府通过移动支付平台向津巴布韦社会福利署认定的100万户弱势家庭发放每月每户300津元的救助金。② 6月，政府为包括医护人员在内的全体公务员提供每月75美元疫情补助并提薪50%，抗疫前线医疗人员获特殊津贴。③ 10月，在此前疫情津贴的基础上，政府再次将公务员的生活津贴提高40%。④

（二）修订政策法规，改善社会法治环境

政府执行《过渡时期稳定计划》，针对不同领域颁布、修订了一系列政策和法规，旨在营造稳定的法治环境，为社会可持续发展提供制度保障。例如，政府颁布《权力下放和分权政策》，赋予人民地方治理权，加强人民参与行使国家政策的权利；推进建成民主、高效、透明、负责和协调一致的津巴布韦政府；维护并促进津巴布韦的和平、民族团结和统一性；承认社区有权管理自身事务；鼓励并确保公平分配地方和国家资源；将地方财政资源和管理职责从中央转移至地方政府，以便各地方当局建立健全的财政基础。⑤

① Lancet, "Covid－19 Worsens Zimbabwe's Health Crisis", https://www.newzimbabwe.com/covid－19－worsens－zimbabwes－health－crisis/, accessed 2021－8－13.

② The Sunday Mail, "Cash Disbursements to Resume", https://www.sundaymail.co.zw/cash－disbursements－to－resume?, accessed 2021－8－13.

③ Pindula, "JUST IN: Govt Reviews Civil Servant Salaries by 50%, Offers USD Allowances", https://news.pindula.co.zw/2020/06/17/just－in－govt－review－civil－servant－salaries－by－50－offers－them－usd－75－additional－income/, accessed 2021－8－13.

④ Taboka Ncube, "Civil Servants Get 40% Cost of Living Adjustment", https://www.zbcnews.co.zw/civil－servants－get－40－cost－of－living－adjustment/, accessed 2021－8－13.

⑤ Urban Councils Association of Zimbabwe, "Devolution and Decentralisation Policy", https://ucaz.org.zw/wp－content/uploads/2019/08/DEVOLUTION－AND－DECENTRALISATION－POLICY－pdf－min.pdf, accessed 2021－8－13.

此外，曾被姆南加古瓦总统称为“旧津巴布韦标志”的《公共秩序与安全法》和《信息获取与隐私保护法》已被废止，并由《维护和平与秩序法》《信息自由法》《津巴布韦媒体委员会法》《网络安全与信息保护法》取代并推行。新法规规定了公民和媒体从业者的信息访问权，为创建合法、透明的国家媒体环境奠定了司法基础。[①]

（三）积极推进文教改革发展

疫情期间，中小学教育部为了实现包容、高质量和安全的全民教育，根据新冠肺炎防控指南扩大了教师招聘规模，保障小学教育服务。[②] 3 月，修订的《教育修正法》正式生效，规定所有适龄儿童必须接受学前至高中的12 年义务教育，凡剥夺子女受教育权利的家长将面临罚款或最高两年的监禁。[③]

为了如期实现《津巴布韦 2030 愿景》，高等教育和科技发展部贯彻推行教育 5.0 改革。此次改革针对津巴布韦公立大学，在教学、科研、社会服务三项传统使命上增加了“创新”和“推进国家工业化”两项培育人才任务。在教育 5.0 改革进程中，公立大学设立了创新中心，大学以取得成果、创造价值为目标开展活动，提升国家竞争力，推进现代化和工业化发展。[④] 目前，津巴布韦大学和中部省大学的创新中心已投入使用。[⑤]

对学术创新的重视体现在对国家发展有建设性意义的学术研究给予政策

---

① The Sunday Mail, “TSP: Storm Is over Now”, https: //www. sundaymail. co. zw/tsp – storm – is – over – now?, accessed 2021 – 8 – 13.

② Manicaland Bureau, “Teachers Cannot Hold Govt to Ransom, Says President”, https: //www. herald. co. zw/teachers – cannot – hold – govt – to – ransom – says – president/, accessed 2021 – 8 – 13.

③ The Herald, “Education Goes Compulsory, Non – compliant Parents Face Jail”, https: //www. herald. co. zw/education – goes – compulsory – non – compliant – parents – face – jail/, accessed 2021 – 8 – 13.

④ Ministry of Higher and Tertiary Education, Innovation, Science and Technology Development, “Education 5. 0 – towards Problem – solving and Value Creation”, http: //www. mhtestd. gov. zw/?p = 3501, accessed 2021 – 8 – 13.

⑤ Ministry of Higher and Tertiary Education, Innovation, Science and Technology Development, “Launch of Innovation Hub at National University of Science and Technology”, http: //www. mhtestd. gov. zw/? p = 3486, accessed 2021 – 8 – 13.

扶持。2020年2月，已有15位博士研究生、15位哲学硕士研究生和25位经济研究项目学生获得政府拨款资助。同时，高等教育和科技发展部进一步严格把控学位颁发和学术质量，并以引领经济复兴为目标，尝试进行高等教育课程的一系列改革举措。[①]

① Leroy Dzenga, "Government Introduces Research Scholarships", https://www.herald.co.zw/government-introduces-research-scholarships/, accessed 2021-8-13.

非洲债务发展报告

黄梅波　于广鑫

内容摘要：2020 年，新冠肺炎疫情席卷全球，严重冲击了世界经济，使大多数经济活动陷入瘫痪，造成全球性经济停摆。受疫情的冲击，加之近年来全球贸易摩擦升级、国际经济市场不景气、大宗商品价格下降以及非洲国家货币大幅贬值等，非洲在 2020 年遭遇了 25 年来首次经济衰退，债务负担进一步加重，债务风险爆发概率大大上升。非洲作为世界上最贫穷的发展中大陆，债务问题一直是制约非洲经济发展的一大障碍。本文通过最新经济数据，对非洲 2020 年经济发展以及债务问题进行分析，并借助负债率、债务率、偿债率、外汇储备占比等代表性指标，对 2020 年非洲爆发债务危机的可能性进行客观衡量。近年来，面对世界经济形势不确定、债务负担高企以及新冠肺炎疫情的冲击，非洲的经济复苏势头并没有改变，但仍存在一定挑战。非洲各国应加强债务管理、积极调整自身经济结构、通过与其他国家及世界组织合作，以推进其债务可持续，避免发生债务危机。

关键词：非洲　债务　债务风险　债务负担

作者简介：黄梅波，女，经济学博士，上海对外经贸大学国际发展合作研究院教授，博导，主要从事国际发展援助、国际发展融资、中国对非洲援助贸易投资关系等领域的研究；于广鑫，女，上海对外经贸大学国际经贸学院硕士研究生，研究方向：国际商务、国际发展合作。

非洲 2020 年经历了半个世纪以来最严重的经济萎缩，尽管非洲开发银行公布的各项数据都表明非洲经济将在 2021 年重启，但疫情下非洲经济复苏之路将充满困难及不确定性。同时，非洲国家高企的债务[①]风险也在攀升，非洲国家要想避免债务危机、长期低增长和高债务陷阱，需要国际社会的进一步支持。

一　非洲的宏观经济形势及总体债务情况

2020年，非洲宏观经济总体情况下滑。国内生产总值（GDP）、通货膨胀率、储蓄投资占GDP比重、国际收支、汇率是分析宏观经济的主要指标。国际货币基金组织（IMF）公布的数据显示，2019年撒哈拉以南非洲GDP实际增速3.22%，2020年GDP实际增速-3.04%，迎来25年来首次经济衰退，IMF预计2021年GDP增速将达3.08%，实现平稳经济复苏。[②] 近年来，非洲的通货膨胀率一直居高不下，2020年撒哈拉以南非洲的通胀率为10.62%，较2019年的8.54%略有上升，预计2021年将降至7.91%。非洲开发银行在《非洲经济展望2021》中，对近年来非洲通胀率居高不下现象做出解释：近年来非洲实行宽松货币政策以及非洲国家货币大幅贬值、非洲农业产量低导致食品价格上涨、新冠肺炎疫情导致的国际供应链中断使得生产和分销成本增加，一系列综合因素导致非洲近年来承受着高通胀[③]。非洲开发银行认为，由于进口石油价格下跌、新冠肺炎疫情带来的未来经济形势的不确定性增加导致非洲各经济体预防性储蓄增加，以及货币联盟国家提出的可靠的锚定通胀预期，以上因素将在2021年导致非洲通胀率下行。国民总储蓄占GDP比重近年来一直保持相对平稳趋势，2019年占比为20.17%，2020年为18.08%，预计2021年为18.8%。而国内投资占GDP比重近年来也维持相对稳定，约为23%左右，2020年占比为23%，预计2021年达22.92%。可见，近年来非洲的国民总储蓄相较于国内投资稍显不足，非洲仍需大量借助国际融资来弥补国内资金缺口。由于新冠肺炎疫情影响，外部经济条件恶化，但非洲开发银行预计短期内会恢复。2020年，非洲的总

① 本文中的“债务”专指主权外债，但为行文需要，个别处特别使用“外债”。

② IMF，世界经济展望数据库，2020。

③ African Development Bank Group，*Africa Economic Outlook 2021*，p. 15.

体经常账户赤字占 GDP 的 4.78%，较 2019 年的 3.63% 有所上升，但 2021 年和 2022 年将分别缩小至 4.06% 和 3.69%。预测经常账户赤字收窄很大程度上反映了预期的国内生产和非洲主要商品出口的复苏，而疲软的国内需求和较少的资本投资项目预计将会降低进口需求。近年来，非洲国家货币大幅贬值可归因于资本流动的突然停止和逆转。在依赖旅游业的经济体（如毛里求斯和塞舌尔）和资源密集型经济体中，汇率波动尤其严重。高额的外债偿还义务、不断减少的外汇储备和不断上升的财政问题将加重大多数非洲货币的贬值压力。

非洲大多数国家都面临高额债务负担，并逐年递增。根据 IMF 公布的数据，撒哈拉以南非洲的债务总额逐渐激增，占 GDP 的百分比也越来越高。2015 年至 2020 年，撒哈拉以南非洲外债总额由 4480.61 亿美元上升至 7057.38 亿美元，占 GDP 百分比也由 2015 年的 31.64% 增长至 45.93%，远远高于 20% 的安全线。预计 2021 年债务总额将达 7460.42 亿美元，占 GDP 比例下降至 44.02%。债务占 GDP 比例的逐年上升，主要是由于近年来非洲经济增速逐渐放缓，同时受国际市场不景气、非洲国家货币大幅贬值、大宗商品价格暴跌、新冠肺炎疫情出现等一系列不利因素影响，使得非洲大多数国家债务风险陡升。

二　非洲国家债务负担与债务风险分析

债务问题是许多非洲国家经济发展过程中所面临的一大瓶颈。早在 20 世纪 80 年代末至 90 年代初，非洲（特别是撒哈拉以南非洲）就在外部经济波动以及自身对于债务管理不力等多重因素作用下，债务问题不断恶化，最终酿成债务危机。这不仅严重影响非洲各国的经济发展，而且直接威胁到主要债权国乃至整个世界经济的稳定。为此，国际货币基金组织和世界银行分别于 1996 年、1999 年和 2005 年共同推出“重债穷国减债计划”、“加强版重债穷国减债计划”和“多边减债动议”，以帮助非洲债务国共同加强债务管理，非洲的债务问题有了明显改善。直到 2008 年国际金融危机以来，受世界经济波动、大宗商品价格下跌、国际需求下降、非洲国家货币贬值以及在低利率时期急速借贷等一系列因素影响，非洲债务负担进一步增加。

自新冠肺炎疫情大流行以来，公共资金需求激增。非洲各国政府宣布了一系列财政刺激措施，投入大量资金以减轻新冠肺炎疫情带来的社会经济后果，其投入资金占 GDP 的比重，从南苏丹的 0.02% 到南非的 10.4% 不等。世行估计，非洲各国政府在 2020 年需要额外的资金总额约为 1250 亿至 1540 亿美元，以应对危机。同时，新冠肺炎疫情对世界经济造成重创，使非洲面临一个十分不利的外部经济环境，陷入债务危机的可能性大大提高，非洲债务问题再一次引起世界关注。

从债务违约的实践来看，发展中国家出现债务清偿困难，主要表现为外债清偿困难。① 在研究非洲国家债务问题时通常说的外债和政府债，主要指的是政府对外借款。债务管理首先是对债务规模的管理，其核心在于使债务规模在符合债务国经济发展需求的同时，不超过国家的承受能力。债务承受能力取决于两个方面：一是债务国的负债能力，决定债务国能否消化、吸收借入的债务；二是债务国的偿债能力，决定债务国能否偿还债务。国际上通常用负债率、债务率、偿债率、外汇储备占比这些指标来衡量一个国家的负债能力和偿债能力。其中，负债率是反映一国负债能力和衡量一国经济增长对政府外债依赖程度的代表性指标；债务率、偿债率和外汇储备占比则是衡量一国偿债能力的主要指标。接下来，笔者从负债能力和偿债能力以及创汇能力三方面，借助负债率、债务率、偿债率、外汇储备占比四大指标工具，来对非洲国家目前的债务负担及债务风险进行分析。

表 1　负债能力及偿债能力各指标的计算方式及安全线

单位：%

指　标	计算公式	安全线
负债率	年末外债余额/当年 GDP	20
债务率	年末外债余额/当年出口收入	100
偿债率	当年外债还本付息/当年出口收入	20
外汇储备占比	外汇存量/外债余额	30

① 黄梅波、张晓倩、邓昆：《非洲国家的债务可持续性及其对策分析》，《国际经济评论》2020 年第 4 期。

（一）非洲国家债务负担总体上升

负债率（年末外债余额/当年 GDP）是反映一国负债能力的代表性指标。根据世界银行数据，2005 年之前，非洲国家负债率高于 30%，远高于安全线（20%）；2008 年，非洲国家负债率降至 17.8%，此后一路上升，2017 年攀升至 30.16%，此后仍保持继续上升的趋势。

IMF 统计数据显示，撒哈拉以南非洲国家整体负债率已从 2019 年的 50.4% 升至 2020 年的 56.6%，目前的债务水平比 2000 年前后“重债穷国”框架下免债时的水平还要高。作为非洲地区两大经济体的尼日利亚和南非，其负债率均在 50% 左右；如果不将这两个国家计算在内，那么撒哈拉以南非洲负债率甚至已攀升至 60.4%。有 6 个国家的负债率超过 100%，分别是安哥拉、佛得角、刚果共和国、厄立特里亚、莫桑比克和赞比亚。另有 15 个国家的负债率介于 65% 和 100%，处于债务危机高风险范围。这些国家中包含许多较大规模的经济体，如中等收入的加蓬、加纳、肯尼亚、毛里求斯、纳米比亚、塞内加尔、塞舌尔和南非等。花旗环球金融公司旗下的花旗研究部于 2020 年 11 月 2 日发表报告指出，撒哈拉以南非洲债务问题的症结在于，这些国家能否在未来几年控制住其债务的快速增长，如果其负债率在未来几年持续突破 100% 的关口，则必然会爆发债务危机。报告还指出，赞比亚负债率已达 120%，2020 年底前可能发生“欧洲债券”违约。可见，非洲国家债务问题日益严峻，债务风险也趋于上升。

（二）非洲国家偿债能力大幅下降

衡量一国偿债能力的主要指标为债务率（年末外债余额/当年出口收入）、偿债率（当年外债还本付息/当年出口收入）和外汇储备占比（外汇存量/外债余额）。债务率常常用于衡量一国外债负担的大小，一般认为不能超过 100%。根据世界银行的数据，非洲国家 2000 年的平均债务率为 191.02%。此后多边减债倡议的实施使部分符合债务减免条件的国家外债得到大幅减免，2008 年债务率达到最低值 52.84%。但其后国际市场需求疲软引致非洲国家出口规模大幅萎缩，加之各国为推进工业化而在国际市场上大举借债，非洲国家的平均债务率 2015 年再度超出安全范围，达到 136.09%，

2016年高达162.59%，2017年达到155.2%，三年均超过安全线（100%）。2017年非洲国家有38个国家平均债务率超过国际安全线：佛得角最为严重，达到3523%；圣多美和普林西比达到1637%；吉布提达到1448%。其余35个国家均超过100%。根据《国际债务统计2021》的数据，撒哈拉以南非洲的债务率2019年高达153%，较2018年的137%进一步上升。[①] 显然非洲国家承担了过重的外债负担。

偿债率也常被用来衡量债务国偿债能力的高低，发展中国家偿债率的警戒线为20%，危险线为30%。联合国非洲经济委员会2018年统计年鉴报告显示，近5年来，非洲国家的平均偿债率总体呈上升趋势，其中，2017年平均偿债率达到24.1%，较2012年的12.4%将近增加1倍，处于危险线内，但不断上升的趋势同时意味着还本付息压力逐渐加大，引发的风险程度上升。根据IMF公布的数据，撒哈拉以南非洲国家偿债率2017～2020年逐年递增，由23.4%增长到36.7%，预计2021年将有所回落，偿债率达31.1%。

发展中国家的外债是以外币计价的，一国年末外汇存量占其外债余额的比重即外汇储备占比可作为反映一国面临外部冲击时自我调整能力强弱的代表性指标。非洲国家的外汇储备占比自2008年以来一直在30%的安全线之上，但总体呈下降趋势，由2008年的146.82%跌至2017年的60%。特别是2014～2016年，大宗商品价格大幅下跌，同时外债总额上升，外汇储备占比呈现下降趋势。经联合国非洲经济委员会统计，2017年有18个非洲国家外汇占比跌破30%。因此，非洲国家在调节国际收支、保证对外支付、干预外汇市场、稳定本币汇率等方面的功能受到抑制。

由以上四个衡量债务风险的指标来看，非洲国家整体、平均都已超过安全值，部分国家已大大超过警戒线，且有进一步恶化的趋势。也就是说，从趋势上看，非洲国家总体债务负担在加重，消化、吸收债务的能力在下降。而且随着时间的推移，特别是部分国家的债务风险在加大，非洲国家债务危机爆发的可能性在上升。

① 《国际债务统计2021》，第31页。

（三） 非洲国家吸收外汇资金能力减弱

非洲开发银行发布的《非洲经济展望2021》报告显示，新冠肺炎疫情大流行使得非洲资金流入渠道中断。非洲的资金流入主要包括：外国直接投资（FDI）、组合投资、汇款和官方发展援助。这几项内容在2019年至2020年期间均有所下降（见图1）。据估计，非洲在此期间外国直接投资流量下降了18%，从2019年的453.7亿美元降至2020年的372.0亿美元，主要原因是投资环境的不确定性加剧。外商直接投资的下降，广泛影响到非洲所有部门，包括旅游、休闲、能源、航空、酒店和制造业等。2020年，随着投资者将投资变现撤离非洲市场，非洲组合投资从2019年的230亿美元净流入完全逆转为2020年的270亿美元净流出。据估计，2020年流入非洲的官方发展援助也减少了10%，从2019年的528.8亿美元减少到2020年的475.9亿美元。

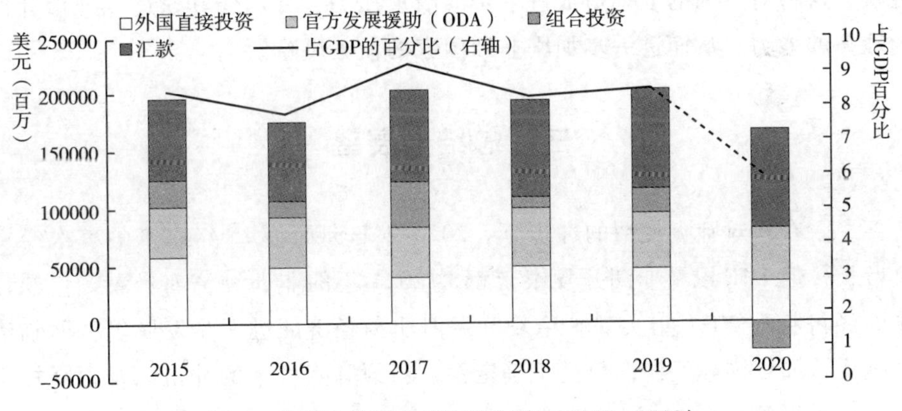

图1 非洲各类资金流下降幅度（2015～2020）

资料来源：非洲开发银行数据和国际货币基金组织世界经济展望数据库。

侨汇是外部资金流入非洲的最重要来源，在2020年新冠肺炎疫情大流行之前一直在增加。但对非洲的汇款额从2019年的858亿美元下降到2020年的783亿美元。汇款下降最明显的国家是莱索托、莫桑比克和塞舌尔。报告指出，造成汇款减少的原因是新冠肺炎疫情对经济产生的冲击，包括停工、失业和企业倒闭，导致许多非洲移民工人（尤其是从事低技能和兼职工作的人，如工作在旅游业、医院和零售业等人员接触密集的部门）遭受失业打击，从而影响到这些非洲外出务工的移民工人工作和寄钱回家（非洲）的能力。此外，国际移民在2020年减少，这在近几十年是没有出现过的，表明在国际劳动力流动完全恢复之前，未来移民汇款将有所降低。

疫情期间，外部经济环境恶化，但非洲开发银行预计短时内经济将会恢复。据估计，2020年，非洲的总体经常账户赤字将占国内生产总值的5.5%，2021年和2022年将分别缩小到4.1%和2.7%。[①] 经常账户赤字的收窄很大程度上反映了预期的国内生产总值和非洲主要商品出口的复苏。然而，经常账户余额的预期改善对于旅游、酒店、娱乐和交通等接触密集型行业的国家来说尤其不确定。在非洲，经常账户主要由贸易逆差和国外要素净支付（外国投资收益减去对外国投资者的支付）驱动，并由经常转移（包括汇款流入和外国援助）显著支撑。由于许多非洲国家几乎耗尽了外汇储备以应对与流行病有关的支出，外汇储备所能覆盖的进口月数有所减少。根据2019年至2020年的可用数据，52个非洲国家中有31个国家可能面临外汇短缺，这将对一国的汇率造成进一步的贬值压力，并削弱其偿还以外币计价的债务的能力，从而进一步加剧非洲国家的债务风险。

三　总结与展望

尽管在新冠肺炎疫情的冲击下，2020年非洲面临25年以来的首次经济负增长，但IMF以及非洲开发银行都对2021年的非洲经济前景看好，预计非洲经济将在2021年实现平稳复苏。但非洲经济的进一步发展仍将面临诸多挑战，如：国际经济形势的不确定性、新冠肺炎疫情的冲击以及不断加重的债务负担等。

在经济全球化的时代，各国之间已逐步成为你中有我、我中有你的经济共同体，自身的经济发展都会受到外部世界的影响，非洲则尤其如此：撒哈拉以南非洲区内贸易仅占其全部贸易的12%，大大低于其他地区区内贸易的比例，其经济发展主要依靠对外贸易。由于全球经济危机余波的冲击以及逆全球化的挑战，近年来，世界经济一直不景气，同时2020年席卷全球的新

① African Development Bank Group, *Africa Economic Outlook 2021*, p. 19.

冠肺炎疫情更是对世界经济造成重创，一系列不利因素共同作用，致使非洲经济发展面临一个十分不确定的外部环境。在疫情影响下，国际市场对石油等大宗商品的需求萎靡，原油期货价格一度暴跌至 -37 美元，导致依赖大宗商品出口的非洲国家收入锐减。同时，疫情更是阻碍了旅游业的正常发展，导致非洲作为外汇收入重要来源的旅游业收入大幅下降。为阻止新冠肺炎疫情的蔓延，非洲不得不采取封锁等防疫措施，导致非洲在疫情影响下出现严重失业问题。世界银行的报告指出，由新冠肺炎疫情引发的经济危机可能会使非洲多达 3900 万人陷入极端贫困。每天生活费不足 1.90 美元的人口总数达到 4.653 亿，占非洲大陆人口的 34.4%。最后，为了防止经济衰退，许多非洲国家宣布了重大经济刺激计划，非洲国家在财政收入大幅减少的情况下，大幅增加财政支出，无疑导致 2020 年非洲大多数国家债务负担进一步加重，债务危机爆发的可能性进一步上升。

由此可见，非洲接下来的经济复苏面临较大的挑战，其中高企的债务负担问题则是非洲政府乃至全世界都应时刻防范的最大危机。为防止债务危机，就非洲债务国角度而言，应积极调整自身经济结构、加强债务管理。如，推动非洲经济多元化发展，加快非洲大陆自由贸易区的建设，推动贸易和投资增长，实现由“依靠输血”向“自我造血”转变；审慎借贷，加强自身债务管理，建立债务可持续性分析框架，实现对政府债务的实时监控；大力发展国内债券市场，减少对外币债务的依赖，减轻外部冲击和货币错配的风险。从国际组织角度来看，则应充分发挥国际金融组织宏观审慎调控作用，如 IMF、世界银行、非洲发展银行等国际组织，应充分发挥其作为世界经济稳定器的职能，尽量关注非洲各债务国状况，特别是陷入债务危机的国家，审慎对其进一步贷款，同时继续支持和帮扶非洲国家建立债务可持续分析框架，帮助其对债务风险进行甄别和管理。

尼日利亚外债分析报告*

黄玉沛　吴维纳

内容摘要： 新冠肺炎疫情突袭而至以来，尼日利亚外债存量呈现明显上升趋势，对该国经济发展造成了一定的困扰。但是，尼日利亚总体债务风险可控，并没有形成债务危机。尼日利亚债务高企受到多种因素的影响，包括依赖石油等大宗商品出口的单一经济结构自身债务管理问题等。

关键词： 尼日利亚　外债　石油　疫情

作者简介： 黄玉沛，男，浙江师范大学经济与管理学院、中非国际商学院副教授，主要从事非洲债务问题、中非经贸合作等方面的研究；吴维纳，女，浙江师范大学经济与管理学院、中非国际商学院科研助理。

一　尼日利亚债务现状

新冠肺炎疫情出现之前，尼日利亚经济增长速度已经开始出现放缓的迹象。近年来，尼日利亚政府采取反周期的财政扩张政策，加大在公共服务领域的投资。然而，由于国际油价持续下跌，尼日利亚以石油出口为主的资源密集型经济发展模式受到严重冲击，政府税收收入大幅减少，财政赤字不断增大。尼日利亚政府奉行扩张性的财政政策，依靠举借外债刺激经济发展。据统计，2011 年至 2019 年，尼日利亚外债存量年均增速保持在 12.82%，2019 年政府外债存量达 548.32 亿美元；同期，外债占 GDP 的比重大幅增

* 本报告系 2019 年国家社科基金青年项目“当代非洲国家债务可持续问题及对中非关系的影响与对策研究”（项目编号：19CGJ025）的阶段性成果。

长，在 2019 年达 12.24%。[①] 尼日利亚外债存量的增长速度超过了经济增长速度，对政府债务偿还产生了严重的影响。

（一）尼日利亚债务存量概况

2020 年，尼日利亚外债存量以多边债务为主，多达 179.34 亿美元，占政府全部外债总额的 53.78%。尼日利亚主要多边贷款来自世界银行、国际货币基金组织、国际开发协会、国际复兴开发银行、非洲共同成长基金、非洲发展基金、伊斯兰开发银行和国际农业发展基金等。其中来自世界银行的贷款占尼日利亚全部外债存量的 34.58%，相比 2019 年下降了 1.92%。

2020 年，尼日利亚双边债务达 40.59 亿美元，占全部外债总额的 12.17%，双边贷款主要来自中国进出口银行、法国开发署、日本国际协力机构、印度进出口银行与德国复兴信贷银行。除德国复兴信贷银行外，各双边机构在 2020 年的外债总存量均有所上升。其中，尼日利亚对法国开发署的外债总存量上升 36.46%，对印度进出口银行的外债总存量上升 15.63%。

2020 年，尼日利亚还有相当一部分数额的外债来自欧洲债券、散居侨民债券等商业债务，共计 113.55 亿美元，约占全部外债总额的 34.05%。

（二）尼日利亚外债变化趋势

世界银行预测的数据显示，与 2020 年相比，预计 2021 年尼日利亚新增外债本金将增加 141.34%，但是因债务产生的利息将减少 1.88%。

在本金方面，预计 2021 年尼日利亚共需偿还 10.87 亿美元。其中主要偿还国际开发协会 2.41 亿美元、中国进出口银行 1.9 亿美元和商业债务 5 亿美元的本金。

在利息方面，预计 2021 年尼日利亚共需偿还 10.69 亿美元。其中 8.24 亿美元（77.12%）为欧洲债款产生的利息。尼日利亚在 2011 年 1 月发行票面利率为 6.75% 的 5 亿美元欧洲债券在 2021 年 1 月 28 日到期，这可能导致尼日利亚外汇储备面临压力，并可能会影响到外汇市场上的

① World Bank, "Nigeria", https://data.worldbank.org/country/nigeria, accessed 2021-3-26.

稳定性。

尽管尼日利亚政府外债持续增加，但是该国外债整体形势可控，没有超过世界银行制定的债务危机的警戒值。根据世界银行债务国报告系统的统计，截至2020年12月21日，尼日利亚全部还本付息额为3480.7万美元，外债整体水平可控。[①] 尼日利亚也没有在国际货币基金组织发布的“低收入国家债务可持续分析框架”列表中，[②] 并没有参与二十国集团提出的“缓债倡议”。

二　尼日利亚外债快速增长的原因

尼日利亚外债快速增长受多方面综合因素影响，主要包括尼日利亚单一的经济结构、西方国家主导的不合理的国际经济秩序、尼日利亚自身债务管理问题以及新冠肺炎疫情所带来的不利影响。

（一）以石油出口为主的单一经济结构

尼日利亚出口产品结构单一，主要为石油等大宗商品。尼日利亚目前已探明的石油储量高达362亿桶，天然气储量5.22万亿立方米，是尼日利亚经济的主要组成部分。据尼日利亚国家统计局2021年初最新公布的数据统计，尼日利亚联邦税务局2020年实现税收收入4.9万亿奈拉，其中石油税收1.50万亿奈拉，占30.6%。[③]

根据国际贸易数据统计库提供的尼日利亚2019～2020年进出口数据，尼日利亚总出口额为536.25亿美元，其中矿物燃料等出口额为466.75亿美元，占比87.04%（见表1）；此类出口额占世界出口份额2.3%，居世界出口排名第13位。

---

① World Bank Debtor Reporting System, “Debt Service Payments Due: Nigeria”, https://datatopics.worldbank.org/dssitables/monthly/NGA, accessed 2021-3-31.

② IMF, “List of LIC DSAs for PRGT-Eligible Countries, As of February 28, 2021”, https://www.imf.org/external/pubs/ft/dsa/dsalist.pdf, accessed 2021-3-31.

③ Nigeria Federal Inland Revenue Service, “Tax Statistics/Report 2020”, https://www.firs.gov.ng/tax-statistics-report/, accessed 2021-3-29.

表 1 尼日利亚商品出口概况（2019～2020 年）

HS 编号	商品名称	出口额（亿美元）	贸易差额（亿美元）	占世界出口份额（%）	世界出口排名
	全部	536.25	62.37	0.3	50
27	矿物燃料、矿物油及其蒸馏产品；沥青物质；矿物蜡	466.75	393.00	2.3	13
89	船舶和浮式结构物	31.81	24.17	2.6	9
83	贱金属及杂件	20.97	19.83	2.9	8
18	可可和可可制剂	3.11	2.95	0.6	27
12	油籽和含油水果；杂粮、种子和水果	3.00	2.69	0.3	34
31	肥料	1.52	1.13	0.3	44
08	可食用的水果和坚果；柑橘类水果或瓜皮	1.13	0.62	0.1	77
24	烟草和手工烟草替代品	1.04	-0.42	0.2	55
41	生皮、兽皮（毛皮除外）和皮革	0.75	0.26	0.4	41

资料来源：Trade Map，“List of Products Commercialized by Nigeria”，https：//www.trademap.org/Product_SelCountry_TS.aspx？nvpm－1%7c566%7c%7c%7c%7cTOTAL%7c%7c%7c4%7c1%7c1%7c3%7c2%7c1%7c1%7c1%7c1%7c1/，accessed 2021－3－26.

其中，印度、荷兰与西班牙分别为尼日利亚大宗商品的主要出口地，出口额分别为78.60亿美元、50.33亿美元和19.64亿美元。尼日利亚对法国、南非、美国与意大利的大宗商品出口额从20亿美元到35亿美元不等，中国并不是尼日利亚石油出口的主要目的地。

从2018年4月至2020年2月，尼日利亚石油价格稳定在0.47美元/升。2020年3月开始下滑，并在后续三个月维持在0.34美元/升。随后开始波动上升，2021年3月维持在0.46美元/升。[①] 石油作为尼日利亚的大宗商品，其价格波动影响尼日利亚经济宏观发展，同时也会影响到资本的短期流动性，以及政府的债务偿还能力。

① Trading Economics，“Nigeria Gasoline Prices”，https：//tradingeconomics.com/nigeria/gasoline－prices，accessed 2021－3－26.

尼日利亚作为依赖石油等自然资源出口的非洲国家，大宗商品价格波动对国家财政收支平衡产生重要影响。当大宗商品价格处于低位时，国际贸易形势严峻，利用同样商品换回的外汇收入更少，尼日利亚政府经常性账户难以实现平衡，政府不得不举借外债，利用国际资本收入来维持财政收支平衡，这会导致国家主权担保的政府债务增加，外债还本付息风险随之上升。反之，在大宗商品价格居于较高水平时，该国债务负担则相对较轻。

（二）尼日利亚政府自身债务管理问题凸显

债务问题是尼日利亚经济发展中不可回避的问题。从 20 世纪 70 年代开始，尼日利亚饱受债务问题困扰，国际石油危机导致政府财政收入锐减、多边贷款与双边贷款大幅增加。尽管尼日利亚在 2005 年获得巴黎俱乐部的债务减免，使外债总额减少至 204.78 亿美元，但是债务总体仍然处于较高水平。[①] 不可否认，尼日利亚自身债务管理问题凸显，这是该国外债高企的重要原因。

一方面，政府缺乏有效措施规范债务规模和债务结构。近年来，尼日利亚政府对基础设施建设加大了投资力度，通过举借大量外债用于铁路、公路、机场等交通设施建设。然而，基础设施建设耗资巨大，一大批重点项目的上马导致外债规模日趋扩大。同时，债务结构呈现较大的差异性，长期的商业债务增多。大量贷款投入基础设施建设及其他生产性领域，而对涉及民生类的项目投资则相对较少，导致通过基础设施投资带动经济增长和社会发展的预期在实际发展过程中并没有实现。

另一方面，尼日利亚政府对经常性账户资金的管理存在疏漏，导致腐败问题凸显。殖民主义长期的历史遗留问题导致尼日利亚现行政府管理体制出现种种弊端，政府对官员权力的监督约束较为滞后，导致权力寻租等腐败现象时有发生，尤其是涉及国家主权债务方面，所牵涉的利益团体之间的冲突异常激烈。“透明国际”发布的 2020 年国际清廉指数排名中，尼日利亚的整体得

---

① Nigeria Debt Management Office，“Nigeria's External Debt Stock”，https：//www. dmo. gov. ng/debt－profile/external－debts/external－debt－stock/1118－external－debt－stock－as－at－31st－december－2005/file，accessed 2021－3－26.

分为 25，在被调查的 180 个国家中列第 149 位，较 2019 年下降了 3 位。①

（三）新冠肺炎疫情的冲击

新冠肺炎疫情出现以来，国际人员流动受阻，尼日利亚石油等大宗商品出口受到直接冲击，尼日利亚政府在健康领域支出大幅增加，其他行业领域所受到的负面影响伴随疫情发展而逐步显现。据国际货币基金组织统计，全球贸易在 2020 年上半年下降 3.5%，石油价格相比 2019 年下降 32%，其他大宗商品价格均有不同程度下跌。尼日利亚出口高度依赖原油，原油价格与需求市场的降低对该国经济产生较大的负面影响。据统计，尼日利亚在 2020 年第二季度净汇款流入减少了 40%，导致债务可持续性问题凸显以及违约、资本外流、货币贬值压力等。②

尼日利亚政府为缓解新冠肺炎疫情带来的经济冲击和油价大幅下跌的严重经济影响，在疫情出现后多次向多边金融机构、双边金融机构、商业债权人申请贷款。其中，世界银行与国际货币基金组织提供援助的条件包括但不限于要求尼日利亚统一汇率、提高增值税等一系列不利于经济发展的措施，反而恶化了债务状况。

① Transparency International, "Corruption Perceptions Index, 2020 Rank", https://www.transparency.org/en/cpi/2020, accessed 2021-3-29.

② IMF, "Regional Economic Outlook for Sub-Saharan Africa", https://www.imf.org/en/Publications/REO/SSA/Issues/2020/10/22/regional-economic-outlook-sub-saharan-africa, accessed 2021-3-29.

非洲大陆自由贸易区发展报告*

孙志娜

内容摘要：本文介绍了2020年非洲大陆自由贸易区的建设进展、产生的预期经济影响、面临的问题以及未来的发展方向。截至2020年底，非洲批准非洲大陆自由贸易区协议的国家数量稳步上升，第二和第三阶段的谈判进程持续推进，协议下的货物贸易已开始交易。非洲大陆自由贸易区的建立预期将显著地提高成员国的收入、贸易、产出和就业，但是各国以及行业之间的收益存在显著的差异。该自由贸易区还面临新冠肺炎疫情带来的负面冲击、原产地规则未严格执行、成员国之间收益分配不均以及非关税壁垒增加等问题。未来，非洲大陆自由贸易区将沿着缓解新冠肺炎疫情的负面影响、继续推进后续谈判进程以及消除非关税壁垒等方向发展。

作者简介：孙志娜，女，经济学博士，浙江师范大学中非国际商学院讲师，主要从事非洲经济一体化及中非自由贸易区研究。

2018年签署的非洲大陆自由贸易区协议，于2021年1月1日正式启动，这一事件将加快非洲大陆经济一体化的发展。在新冠肺炎疫情冲击以及国际贸易格局变革的背景下，非洲大陆自由贸易区建设的进展如何？产生什么经济效应？运作过程中存在哪些问题？未来建设的重点是什么？本文将对这些问题进行解答。

* 本文系国家社会科学基金一般项目“全球价值链视角下中非建立深度自由贸易区的动力机制与模式选择”（项目编号：19BJY190）的阶段性成果。

一　非洲大陆自由贸易区的建设进展

（一）批准协议的国家数量稳步上升

自2018年3月非洲44个国家签署了《建立非洲大陆自由贸易区的框架协议》之后，陆续有国家签署或批准了协议。2019年5月30日，协议获得了22个国家的批准，达到了生效所需的最低标准。2019年7月7日，非洲联盟召开非洲大陆自由贸易区特别峰会，正式宣布非洲大陆自由贸易区成立。截至2021年2月底，非洲联盟55个成员国中54个国家签署了协议，其中36个国家已经向非洲联盟提交了协议批准书，占签约国总数的比例达到2/3（见表1）。

表1　截至2021年2月底非洲大陆自由贸易区协议签署或批准国家的情况

签署并批准协议的国家	安哥拉、布基纳法索、喀麦隆、中非、刚果（布）、科特迪瓦、吉布提、埃及、赤道几内亚、斯威士兰、埃塞俄比亚、加蓬、冈比亚、加纳、几内亚、肯尼亚、莱索托、马拉维、马里、毛利坦尼亚、毛里求斯、纳米比亚、尼日尔、卢旺达、西撒哈拉、圣多美和普林西比、塞内加尔、塞拉利昂、南非、多哥、突尼斯、乌干达、津巴布韦、赞比亚
签署但没有批准协议的国家	阿尔及利亚、利比亚、贝宁、马达加斯加、博茨瓦纳、摩洛哥、布隆迪、莫桑比克、佛得角、塞舌尔、科摩罗、索马里、刚果（金）、几内亚比绍、利比里亚、南苏丹、苏丹、坦桑尼亚
没有签署和批准协议的国家	厄立特里亚

资料来源：Trade for Development，"New Trade Agreement Involves Country and Regional Economic Community Actions"，https：//trade4devnews. enhancedif. org/en/op - ed/implementing - afcfta - 2021. assessed 2021 - 3 - 16。

（二）后续阶段的谈判进程持续推进

非洲大陆自由贸易区谈判分为三个阶段：第一阶段有关货物贸易、服务贸易以及争议解决规则和流程；第二阶段有关投资、竞争政策、知识产权；第三阶段关于电子商务，它是2020年2月非洲联盟在第三十三届首脑会议上新增的议题。[①] 截至2020年底，第一阶段谈判遗留下来的关税减让表、原产地规则以及服务部门开放承诺等重要议题取得了较大的进展。在关税减让方面，非洲联盟成员国确定了非洲大陆自由贸易区的关税减让模式，成员国同意在5年（非欠发达国家为10年）内实现90%税目（非敏感商品）的零关税，10年（非欠发达国家为13年）内实现7%税目（敏感商品）零关税，3%税目被允许列为除外商品。截至2020年底，已经有41个国家以及4个关税同盟（南部非洲关税同盟、东非共同体、西非国家经济共同体、中部非洲经济与货币共同体）提交了关税减让表，90%商品的原产地规则已经达成一致，预计这些议题的谈判将于2021年7月结束。第二阶段谈判最初设定的截止到2020年12月，第三阶段谈判于第二阶段结束后开始，但是由于新冠肺炎疫情的影响，非洲联盟将第二和第三阶段谈判的截止日期设定为2021年12月31日。[②]

表2　非洲大陆自由贸易区关税减让模式

	非敏感商品（90%税目）	敏感商品（7%税目）	除外商品（3%数目）
非欠发达国家	5年逐步降低	10年逐步降低	不降
欠发达国家	10年逐步降低	13年逐步降低	不降

资料来源：AU，“AU Decision on the African Contiental Free Trade Area Assembly/AU/Dec. 714 (XXXII)”，https：/ /au. int /en/commission，assessed 2021－3－10。

（三）协议下的货物贸易已开始交易

由于新冠肺炎疫情的影响，非洲大陆自由贸易区协议从原计划的2020

① Tralac，“AfCFTA Phase II and III Negotiations－Update”，https：//www. tralac. org/blog/article/15090－afcfta－phase－ii－and－iii－negotiations－update. html，assessed 2021－2－10.

② Trade for Development，“New Trade Agreement Involves Country and Regional Economic Community Actions”，https：//trade4devnews. enhancedif. org/en/op－ed/implementing－afcfta－2021，assessed 2021－3－16.

年7月推迟到2021年1月1日正式启动。对此，企业已经采取了行动，埃塞俄比亚航空公司、DHL和非洲电子贸易集团结成伙伴关系，负责运送非洲大陆自由贸易区开启后的首批货物。2021年1月1日，非洲电子贸易集团将在斯威士兰生产的货物运往签署和批准非洲自由贸易协定的国家，包括南非和埃塞俄比亚。1月4日，一批饮料和化妆品根据非洲大陆自由贸易区的单据和规则从加纳出口到南非和几内亚。[①] 为了支持非洲大陆自由贸易区运作，非洲联盟还设立了五个工具，包括：（1）原产地规则，确保在市场内享受关税优惠待遇的交易产品均来自非洲大陆内部；（2）关税谈判线上平台，促进各国、关税同盟和区域集团之间关于贸易自由化的谈判；（3）检测、报告和消除非关税壁垒的在线系统；（4）泛非支付和结算系统，使非洲公司能够以本国货币结算非洲内部贸易；（5）非洲贸易观察站，它向利益相关者提供最新和可靠的贸易数据。[②]

二 非洲大陆自由贸易区的经济影响

非洲大陆自由贸易区旨在非洲大陆建立一个单一的商品和服务市场，实现区域内贸易自由化，从而为加快建立大陆关税同盟进而为非洲经济共同体铺平道路，它建成后将成为一个覆盖非洲联盟55个国家（厄立特里亚尚未签字）、13亿人口和3.4万亿美元国内生产总值的大市场。就参与国家数量而言，该自由贸易区是世界贸易组织成立之后世界上最大的自由贸易区。为了具体描述非洲大陆自由贸易区产生的经济影响，本文采用世界银行(2020)[③] 利用全球可计算一般均衡模型的评估数据，分析非洲大陆自由贸

① Trade for Development, "New Trade Agreement Involves Country and Regional Economic Community Actions", https://trade4devnews.enhancedif.org/en/op-ed/implementing-afcfta-2021, assessed 2021-3-16.

② AU, "Decision on the Launch of the Operational Phase of the African Contineteal Free Trade Area", https://au.int/en/pressreleases/20190707/launch-operational-phase-african-continental-free-trade-area-afcfta-through, assessed 2021-4-7.

③ World Bank, "The African Contiental Free Trade Area: Economic and Distributional Effects", Washington DC: World Bank Group, https://www.gtap.agecon.purdue.edu/resources/download/9747.pdf, 2020.

易区成立15年后成员国收入、贸易、生产、关税收入、贫困和就业的变化。

（一）对真实收入的影响

非洲大陆自由贸易区将提高非洲国家的真实收入。到2035年，非洲大陆的真实收入将增加7%，约等于4.5万亿美元。不过，非洲国家之间真实收入的变化存在显著的差别。科特迪瓦和津巴布韦的收入增长最高，达到14%；马达加斯加、马拉维和莫桑比克的收入增长最低，仅2%。此外，非洲真实收入的变化与非洲大陆自由贸易区贸易政策改革的类型存在紧密的关系。如果仅涉及关税减让，非洲大陆真实收入只增加0.2%；如果涉及关税减让和非关税壁垒，非洲大陆真实收入增加2.4%；如果涉及关税减让、非关税壁垒和贸易便利化，非洲大陆真实收入增加7%。这说明非关税壁垒和贸易便利化的改革对于非洲真实收入的提高具有非常重要的作用。

（二）对国际贸易的影响

非洲大陆自由贸易区将显著地促进非洲国家区域内和区域外贸易发展，不过其对区域内贸易的促进作用大于对区域外贸易的影响。到2035年，非洲大陆整体的出口将增加29%，其中区域内出口增加81%，区域外出口增加19%。在国家层面，区域内出口增加最快的包括喀麦隆、埃及、加纳、摩洛哥、突尼斯，这些国家多属于西部和北部非洲国家。在行业层面，出口增长最为显著的是制造业，达到62%，其中非洲区域内出口增长110%，区域外出口增长46%。其次是农业，区域内出口增长49%，区域外出口增长10%。服务业的增长幅度最小，出口增长仅为4%，区域内出口增长14%。由此可见，非洲大陆自由贸易区将显著地促进区域内的制造品流动，这对于非洲实现工业化以及建立制造业区域价值链意义重大。

（三）对生产的影响

非洲大陆自由贸易区将显著提高区域的产出和生产率，促进资源在部门和国家之间有效分配。到2035年，整个大陆的生产规模将增加2120亿美元。其中，自然资源和服务业的产出增长幅度最大，为1.7%；其次为制造业，增长幅度为1.2%；农业的产出则下降0.5%。从绝对值来看，服务部门增加1470亿美元，制造业增加560亿美元，自然资源增加170亿美元，农业下降80亿美元。在国家层面，90%的国家服务业的产出实现了增加，60%的国家农业和制造业的产出实现了增加。随着非洲经济的增长，各国对服务业的需求激增。

（四）对税收的影响

由于非洲大陆自由贸易区成立后，成员国之间将消减关税，这将对它们的税收收入产生影响，不过这种影响在短期和中长期存在差异。从短期来看，非洲大陆自由贸易区对大多数成员国的税收影响较小。在54个国家中，49个国家关税收入下降不超过1.5%，50个国家税收收入下降不超过0.3%。之所以产生这样的现象，三个原因可以解释：（1）非洲存在诸多的区域经济共同体，这些组织已经成立自由贸易区、关税同盟或共同市场，成员国之间的关税水平普遍较低；（2）非洲国家仅有小部分的关税收入是来自于从其他非洲国家的进口；（3）非洲大陆自由贸易区中少量的除外商品占据了大部分的关税收入，这部分商品的关税不用取消。在中长期内，由于区域外进口的增加，成员国的关税收入将增加3%。

（五）对贫困和就业的影响

根据世界银行2020年统计，2015年共有4.15亿非洲人处于极端贫困水平（每天的生活费不足1.9美元），这种情况在非洲不同地区和国家存在较大的差别。在地区层面，撒哈拉以南非洲的贫困率达到41.1%，北部非洲不到3%。在国家层面，中非的贫困率达到77.7%，阿尔及利亚和埃及不到0.4%。[①] 非洲大陆自由贸易区成立有助于非洲国家实现减贫。到2035年，约有3000万人脱离极端贫困，其中西部非洲1200万人，中部非洲930万人，东部非洲480万人。另外，约6790万人脱离中等贫困（每天的生活费不足5.5美元）。此外，非洲大陆自由贸易区将有助于增加就业机会、非熟练工人的工资，缩小性别工资差距。到2035年，非熟练劳动的工资将增加

---

① World Bank, “An Analysis of Issues Shaping Africa's Economic Future”, *Africa's Pulse* 21, 2020, https: // www. gtap. agecon. purdue. edu/resources/download/9747. pdf, assessed 2021 - 4 - 9.

10.3%，熟练劳动的工资增加9.8%。随着女性劳动密集型产业的扩张，女性工资增加将快于男性工资，前者将增加10.5%，后者增加9.9%。

总之，非洲大陆自由贸易区显著地提高了成员国的收入、贸易、产出和就业，有助于他们融入全球经济，降低贫困以及实现包容性增长。

三 非洲大陆自由贸易区运行存在的问题

（一）新冠肺炎疫情抑制了非洲大陆自由贸易区贸易促进效应的发挥

非洲是新冠肺炎疫情出现较晚的大洲。非洲疾病预防控制中心数据显示，截至2021年3月21日，非洲累计新冠确诊病例达到410万例，死亡近10万例。新冠肺炎疫情主要通过三个渠道对非洲大陆自由贸易区的贸易促进效应产生影响：一是新冠肺炎疫情期间各国不同程度地采取了封国断航的措施防止疫情输入，商品的生产和人员的流通均受到了阻碍。二是新冠肺炎疫情导致非洲国家经济增速放缓，人均收入下降，消费者购买力下降。2019～2020年，至少22个非洲国家的公共收入削减10%，国民储蓄减少18%，侨汇收入减少25%。三是新冠肺炎疫情增加了非洲国家的债务负担，进而导致部分国家无法有效执行非洲大陆自由贸易区协议。这些影响导致非洲区域内贸易急剧下降，2020年非洲区域内出口总额为305亿美元，比2019年775亿美元下降了60%。即使非洲大陆自由贸易区已经开始运行，但是由于新冠肺炎疫情的后续影响，其对区域内贸易的推动作用在短期内不会明显改善。

（二）原产地规则尚未确定，如不严格实施会导致贸易偏转现象的发生

原产地规则是指一国根据国家法令或国际协定确定的原则制定并实施的，以确定生产或制造货物的国家或地区的具体规则。[①] 原产地规则对于自由贸易区非常重要，因为它可以避免贸易偏转的发生，即区域外国家利用自

① 厉力：《自由贸易区的原产地规则问题研究》，复旦大学出版社，2013。

由贸易区成员国对外关税体制的差别，将货物从最低关税的国家进入到自由贸易区内，然后在区域内自由流通。目前，非洲大陆自由贸易区的原产地规则议题尚未完全确定，并且未来存在不能严格实施的情况，这将不可避免地导致非洲大陆自由贸易区开始运行之后产生贸易偏转现象。以尼日利亚为例，尼日利亚国家统计局数据显示，近一年来该国制造品的贸易赤字持续增加，2019 年第四季度为 0. 58 万亿奈拉，2020 年第一季度为 1. 22 万亿奈拉，第二季度为 2. 53 万亿奈拉，第三季度为 3. 29 万亿奈拉，第四季度为 3. 70 万亿奈拉。[①] 因此，尼日利亚担心由于非洲大陆自由贸易区的原产地规则不能严格实施，区域外国家会通过关税较低的邻国将制造品出口到本国，进而对国内的制造业造成负面冲击，导致成员国之间的利益冲突，影响非洲大陆自由贸易区的顺利运行。

（三）成员国较大的收入水平差异导致自由贸易区的收益分配不均等

非洲国家之间的经济结构存在显著的差异，2019 年尼日利亚、南非和埃及是该地区经济规模最大的三个国家，三者占非洲整体 GDP 的比重接近 50%，其余国家或经济总量较小，或属于欠发达国家，这种情况将导致非洲大陆自由贸易区实施后产生的成本和收益在成员国之间不均等分配。一方面，非洲大陆自由贸易区实施的消减关税和非关税壁垒、提高贸易便利化等贸易政策将引起成员国调整成本的上升，比如关税收入下降、失业人口增加、部分部门的经济活动减少等，那些资金实力和机构能力不足的国家由于不能有效处理自由贸易区给本国劳动力和小企业带来的负面影响，将面临较高的调整成本；另一方面，非洲大陆自由贸易区将有助于扩大区域内贸易，吸引区域外投资的流入。但是，那些经济多样化的国家（比如南非）从大陆自由贸易区获得的收益倾向高于经济结构单一的国家，前者在制造业存在竞争力，能够利用大陆自由贸易区将制造商品出口到其他成员国。并且，区域

① Vanguard, “AfCFTA: Concern over Dumping Mounts as Trade Deficit Widens”, https: //www. vanguardngr. Com /2021/04/afcfta – concern – over – dumping – mounts – as – trade – deficit – widens/, assessed 2021 – 4 – 5.

外投资倾向于流向基础设施较好、经济规模较大的国家，并将这些国家作为打开邻国市场的门户。毋庸置疑，成本和收益的不平等分配将延长非洲大陆自由贸易区谈判的进程，阻止其顺利实施。[①]

（四）非洲国家实施的非关税壁垒引起的贸易成本依然较高

虽然非洲大陆自由贸易区的大部分成员国已经提交了关税减让表，但是该地区大部分国家还实施了种类多样的非关税壁垒，比如配额、特殊的单据和包装要求、符合性认证、边境检查等，这些壁垒属于限制性条例和程序，增加了成员国之间贸易的难度和成本。非关税壁垒引起的贸易成本在非洲国家之间存在显著的差别。根据 Doing Business 报告，为了保障进口时单据合规，花费时间最短的国家为莱索托，仅 1 小时，最长的国家为南苏丹，高达 360 小时；花费成本最低的国家为莫桑比克，为 60 美元，最高的国家为布隆迪，为 1025 美元；为了保障进口时边境合规（例如清关和商检），花费时间最短的国家为斯威士兰，仅 3 小时，最长的国家为坦桑尼亚，高达 402 小时；花费成本最低的国家为博茨瓦纳，仅 98 美元，最高的国家为刚果（金），高达 3039 美元。这些非关税壁垒给非洲区域内贸易带来的成本往往高于关税。

结　语

当前，在新冠肺炎疫情全球大流行以及逆全球化大背景下，区域经济合作是各国寻求可持续发展、应对经济挑战的必然选择。非洲国家通过在整个大陆建立自由贸易区，消减区域内的关税和非关税壁垒、实施贸易便利化措施，并积极探索在服务、投资、竞争、知识产权和电子商务等方面开展深度合作，目的是降低贸易成本，发挥各国的比较优势，促进资源的优化配置，进而构建区域价值链，加快其融入全球价值链的步伐。不可否认，非洲大陆

① Théophile Albert, "The African Continental Free Trade Agreement Opportunities and Challenges", Cuts Interna - tional, Geneva, https://www.proshareng.com/news/Trade%20Investment/The-African-Continental-Free-Trade-Agreement-Opportunities-and-Challenges-/54707. 2019.

自由贸易区的建立对于非洲的区域经济一体化具有里程碑意义。但是，由于它涉及的国家数量众多，且这些国家在政治、经济和文化等方面存在巨大差异，其在执行过程中不可避免地面临诸多困难。未来，非洲大陆自由贸易区运行后的实施效果仍需要进一步追踪和研究。

西非统一货币的进展、问题及应对

王　萌

内容摘要： 早在1983年，西非国家经济共同体为解决域内国家在经贸发展中遇到的支付难题，提出了创立统一货币的设想。如今，近40年过去，西非统一货币的推出历经波折，虽然近乎成形，却仍未能落地。个中缘由是多方面的：域内绝大多数国家的宏观经济发展水平达不到趋同标准、内部贸易需求不足、各国政策协调存在困难、新冠肺炎疫情冲击以及法国的干预等。鉴于此，西非国家应着力打造多元经济和高附加值经济，促进经济的可持续发展，以满足域内推行统一货币对内部贸易维度的考量和对宏观经济层面的要求。此外，西共体还可通过循序渐进的方式渐次完成对不同发展水平国家的经济和货币融合，加强政策互信。同时，推行与人民币结算、数字货币等也为西非货币一体化的实现提供了更多可能。

关键词： 西非货币一体化　埃科　西非法郎

作者简介： 王萌，女，中国国际问题研究院助理研究员，主要从事西非国家研究。

根据西非国家经济共同体①（简称“西共体”，ECOWAS）的计划，2020年本该是西非区域统一货币“ECO”（音译“埃科”）正式推出的节点。然而，2019年12月的一则消息却为这一美好愿景蒙上阴影——科特迪瓦总统瓦塔拉和法国总统马克龙宣布改革西非法郎，并抢用“ECO”命名。由于此版埃科并未按照西共体此前设计的“与欧元脱钩、采用浮动汇率”，因而

① 成员国包括贝宁、布基纳法索、多哥、佛得角、冈比亚、几内亚、几内亚比绍、加纳、科特迪瓦、利比里亚、马里、尼日尔、尼日利亚、塞拉利昂、塞内加尔。

在一定程度上仍要受到法国的管制。这与西非国家通过推出统一货币争取货币主权、经济独立和政治自决的初心相悖，2020 年伊始便遭到尼日利亚、几内亚、塞拉利昂、加纳、利比里亚和冈比亚等六国的谴责和抵制。船迟又遇打头风，随后新冠肺炎疫情突袭而至无疑又给西非统一货币进程一记重创。2021 年 1 月，西共体国家元首举行视频会议，认为 2020 年成员国宏观经济趋同情况持续恶化，加之地区经济总量一改 2019 年增长 3.9% 的良好势头转而萎缩 1.7%，因此不得不制定新的统一货币时间表。①

一　埃科与西非法郎的主要区别

西非法郎创建于 1945 年，是法国在其西非殖民地推出的区域内统一货币。最初，西非法郎系与法郎挂钩，欧元诞生后，改同欧元保持固定汇率。使用西非法郎的国家须将外汇储备的 50% 存入法国中央银行，兑换其他外币须向法国提出申请，向法国提供每笔交易明细、汇报国际收支及储备盈余情况，在市场分配上秉承“法国优先”原则。② 凡此种种规定，从本质上说明，西非法郎是法国对其前殖民地进行经济钳制和剥削的一种手段。

与西非法郎相比，埃科最大区别在于其去殖民主义色彩，具体表现在三个方面：一是货币名称剔除与法国的关联。“埃科”一名来源于西共体英文缩写“ECOWAS”的前三个字母，强调的是“经济共同体”，而西非法郎的全称从“非洲法兰西殖民地法郎”到“非洲法兰西共同体法郎”再到“非洲金融共同体法郎”，无一不凸显法国作为殖民时代宗主国在其中的分量。二是摆脱汇率捆绑。根据 2019 年 6 月西共体阿布贾峰会的决定，埃科将与欧元脱钩，实行浮动汇率。三是脱离法国的监管。西共体计划在联盟体系框架内设立中央银行，对域内统一货币进行管理，而非经由法国进

① Joël Té - Léssia Assoko, “Cedeao: la réforme CFA/eco, victime collatérale du Covid - 19”, https: //www. jeuneafrique. com/1098082/economie/la - reforme - franc - cfa - eco - victime - collaterale - du - covid - 19/, accessed 2021 - 3 - 2.

② François Fabregat, “Du Franc CFA à l’ECO: Évolution et renforcement de la servitude volontaire”, https: //blogs. mediapart. fr/francois - fabregat/blog/020120/du - franc - cfa - l - eco - evolution - et - renforcement - de - la - servitude - volontaire, accessed 2021 - 3 - 2.

行各项监管。[①] 由此可见，西非国家推出埃科的一大目标在于消弭前宗主国的殖民遗祸，争取货币主权和经济独立。也正因如此，在科特迪瓦和法国抢用“ECO”一名，强推仍需与欧元挂钩的改革版西非法郎后，西非多国不满其中残存的不平等关系而表示反对和抵制。

二　取得现有进展的动因

西非统一货币概念自提出到成形，已将近40年。共识版埃科虽然未能于2020年如期问世，但在曲折中从抽象走向具象，已取得重要进展，究其原因，主要有以下四点。

（一）解决域内贸易支付难题、降低交易成本的现实需求

据联合国最新数据，2020年，西共体国家人口估约4.02亿，约占非洲大陆人口的30%，[②] 这体现出域内国家拥有广阔的内部贸易市场。“最优货币区”理论显示，单一货币能够消除汇率波动的风险和货币兑换费用，促进生产要素流动和域内国家间贸易往来，降低交易成本。[③] 然而西共体十五国中，西非经济货币联盟8个成员国统一使用西非法郎，其余7个国家各自拥有独立货币。复杂多样的货币兑换体系不仅给内部贸易支付带来诸多难题，而且推高了域内贸易的交易成本，这也是西非地区内部贸易增长乏力的原因之一。

（二）争夺货币主权的决心

1945年，法国为维护其在西非殖民地经济利益创立西非法郎，并确立西

① Stéphane Ballong avec Diawo Barry, “Autour de l’eco, la guerre pour le leadership dans la sous-région ouest-africaine”, https://www.jeuneafrique.com/mag/893347/economie/autour-de-leco-la-guerre-pour-le-leadership-dans-la-sous-region-ouest-africaine, accessed 2021-3-4.

② African Development Bank, “West Africa Regional Integration Strategy Paper 2020-2025”, https://www.afdb.org/en/documents/west-africa-regional-integration-strategy-paper-2020-2025-0, accessed 2021-3-5.

③ Jeffrey A. Frankel and Andrew K. Rose, “The Endogeneity of the Optimum Currency Area Criteria”, http://faculty.haas.berkeley.edu/arose/ocaej.pdf, accessed 2021-3-5.

非法郎与法国法郎间的固定汇率兑换制度。此后，法国还设立西非国家中央银行，掌控相关国家的货币政策，并对西非法郎的汇兑采取严格管制。可见，不论是货币的创立、汇率和兑换制度方面，还是货币政策、外汇管制方面，西非法郎都暴露出法国对西非国家货币主权的剥夺。因此，西非国家决意借助推出统一新货币这一手段改变货币与主权剥离的现状。

（三）消除经济剥削的意愿

对法国而言，西非法郎是其剥削西非经济货币联盟成员国的经济工具，法国通过运作西非法郎赚取巨额财富。有关“外汇储备集中化”的规则，迫使西非有关国家将外汇储备的50%存入法国银行，由法国自由支配，据刚果（布）经济学家斯特凡·康达·曼博测算，仅2014年，法国占用西非法郎区国家的财富金额高达143亿美元。有关“自由转让”规则规定，自西非有关国家向欧洲汇款没有限制，导致大量利润回流欧洲，据塞内加尔经济学家登巴·穆萨·登贝莱估计，1970年至2008年，西非资本向欧洲的外流达8500亿美元。有关“固定汇率制度”的规定，剥夺了西非有关国家自身的经济和货币政策工具，导致这些国家经济晴雨锚定法国，生产和出口商品在国际市场上竞争力不足。[①] 此外，西非有关国家在市场分配等问题上还需遵循“法国优先”原则。

（四）法国弱化殖民形象的契机

20世纪90年代，法国经济低迷，加之冷战结束的催化，维护传统法非关系的内外部压力陡增，为适应新形势，时任总统希拉克提出了对非新政策，尝试变“托管关系”为“新型合作伙伴关系”，而这一时期正是西共体发起货币合作计划并予以大力推动的阶段。萨科齐当选总统后，提出重塑法非关系，终结带有浓厚父权色彩的法非关系，推动法非关系正常化。与此同时，西共体打破此前陷入停滞的货币合作计划，于2009年规划了新的路线

① Saïd Bouamama，“Le Franc CFA，une monnaie coloniale，servile et prédatrice”，https：//www. cadtm. org/Le - Franc - CFA - une - monnaie - coloniale - servile - et - predatrice，accessed 2021 - 3 - 9.

图。马克龙上台后表示不愿再背负殖民时期“法非特殊关系”的历史包袱，应该面向未来，开启法非关系的新篇章。而在 2019 年，西非货币一体化迎来重大进展，西共体甚至一度宣布将在 2020 年正式推出区域统一货币埃科。①

三　面临的主要问题

尽管西非统一货币筹划已久，也已取得重要进展，但实际上同西共体计划推出的“与欧元脱钩、实现浮动汇率”的统一货币相距甚远，其发展前景主要受以下几个方面因素制约。

（一）经济发展水平低

西共体要求埃科使用国必须满足六项宏观经济趋同标准，分别是：预算赤字占 GDP 的 3% 以下，公共债务不超过 GDP 的 70%，通货膨胀率不超过 5%，汇率稳定，外汇储备总额至少可保障三个月的进口，中央银行的融资赤字不得超过上一年税收收入的 10%。②

根据 2020 年联合国公布的世界最不发达国家名单（共四十七国），西共体十五国中就有十国赫然在列。③ 可见，西共体成员国全部满足上述经济趋同标准绝非易事。2003 年、2005 年、2009 年和 2015 年，因西共体各国经济状况不达标，域内统一货币进程一再迁延。目前来看，多哥是西共体十五国中唯一可能满足前述经济趋同标准的国家，其他国家各有各的问题。

（二）经济结构失衡，域内国家间贸易需求低迷

近年来，西非地区对外贸易蓬勃发展，反观域内贸易，却仅占地区贸易

① 彭姝祎：《从戴高乐到马克龙：法国的非洲政策变化轨迹与内在逻辑》，《西亚非洲》2019 年第 2 期，第 85～110 页。

② Simplice Asongu，“Can a West African Currency Union Work?”，https://www.weforum.org/agenda/2019/10/is-a-west-african-currency-union-the-way-forward/，accessed 2021-3-16.

③ UNCTAD，“UN List of Least Developed Countries”，https://unctad.org/topic/least-developed-countries/list，accessed 2021-3-3.

总额的11%左右[①]，凸显内部贸易活动长期低迷的顽疾。这一方面是由西非国家经济结构普遍单一、同质化程度高导致的；另一方面则是受制于工业化水平低、制造业发展不足，域内国家无法满足多样化的贸易需求。

在过去的二十年中，西非的生产结构持续向服务业偏移。2002年在地区经济总量中，农业占比35.7%，服务业占比40.7%，工业占比23.6%（制造业占比12.3%）；2019年，农业所占份额下降到22.6%，而服务业所占份额上升到54.5%，工业所占份额徘徊在23.3%的低位水平（制造业下降到10.3%）。[②] 工业，尤其是制造业的疲软，进一步加剧了西非内部市场的同质化，导致无法满足域内其他国家的贸易需求，只能依赖外部市场。内部贸易不足也造成域内货币一体化的推出缺乏强劲原生动力。

（三）疫情加剧西非国家经济增长的不确定性

根据前述数据，服务业在西非经济占据重要地位。然而，2020年，受新冠肺炎疫情影响，西非各国纷纷出台疫情防控措施，包括严禁人员聚集、关闭娱乐场所和封锁边境等政策，对服务业的发展造成猛烈冲击。以佛得角为例，其旅游业对GDP的贡献超过40%，而新冠肺炎疫情导致游客人数骤降至50万人，严重拖累经济增长。[③]

新冠肺炎疫情还导致全球消费需求骤降，大多数大宗商品价格下跌，对西非经济发展造成严重打击。尼日利亚作为区域经济引擎，占域内经济总量的70%，而新冠肺炎疫情导致其石油出口下降幅度预计达到50%，在重挫尼本国经济的同时，对整个西非地区经济造成掣肘。加纳作为区域经济良性发展的典型，被认为是“非洲经济增长最快的经济体之一”，而2020年，仅

① African Development Bank, “West Africa Economic Outlook 2020”, https: //www. afdb. org/sites/default/files/documents/publications/west_ africa_regional_economic_outlook_2020 - final. pdf, accessed 2021 - 3 - 4.

② African Development Bank, “West Africa Regional Integration Strategy Paper 2020 - 2025”, https: //www. afdb. org/en/documents/west - africa - regional - integration - strategy - paper - 2020 - 2025 - 0, accessed 2021 - 3 - 5.

③ African Development Bank, “West Africa Economic Outlook 2020”, https: //www. afdb. org/sites/default/files/documents/publications/west_africa_regional_economic_outlook_2020 - final. pdf, accessed 2021 - 3 - 10.

石油一项的出口预计收益就从44亿美元锐减到22亿美元。[①]

（四）政治互信不足导致政策合作意愿不强

西非国家均有被西方列强殖民的历史，获得独立后，这些国家的政治、经济、文化等仍保留着前宗主国的深刻烙印，以致其在货币、贸易、税收、预算等方面存在诸多差异。而一国使用统一货币，则意味着不能视本国国情制定相应的货币和财政政策，甚至还要修改或废除原有政策、法规以适应统一货币的运作，这本身就需要高度的政治互信。

以通货膨胀为例，西非法郎使用国因其货币币值锚定欧元，对通货膨胀的控制情况较好。据2019年数据显示，其通货膨胀率在-3.23%（布基纳法索）至1.76%（塞内加尔）之间；其他国家由于各自货币币值不稳定，其通货膨胀率弹性较大，最低为1.11%（佛得角），最高飙至27%（利比里亚），差距之大令人瞠目。[②] 不同的通货膨胀率需要不同的货币政策进行调节，而统一货币的使用则会剥夺相关国家货币政策的自主权，导致西非国家在统一货币的推出问题上迟迟难以达成共识。

（五）法国的干预加剧了域内国家的分裂

西共体统一货币计划与欧元脱钩、实行浮动汇率制度，这必然会削弱法国在西非地区的影响力。法国不会坐视不理，听之任之。因而，在法国的运作下，埃科推出之路横生枝节：西共体国家原本已就2020年推出统一货币埃科达成共识，如今，不仅“埃科”一名被抢占，而且还要保留埃科与欧元的固定汇率制度。消息一出，域内国家分裂为两大阵营：以科特迪瓦为代表的西非经济货币联盟成员国表示支持，以尼日利亚为代表的其他国家则表示反对。尼日利亚甚至以域内国家尚未达到经济趋同标准为由，要求推迟域内统一货币的推出，并强调新货币不应是西非法郎的衍生品。鉴于兑换制度关乎法国对西非货币和经济的把控能力及话语权的角力，法国很难对此放任自

---

① African Development Bank，“West Africa Economic Outlook 2020”，https：//www.afdb.org/sites/default/files/documents/publications/west_africa_regional_economic_outlook_2020-final.pdf，accessed 2021-3-10.

② https：//data.worldbank.org/indicator/FP.CPI.TOTL.ZG，最后访问日期：2021年3月11日。

流，预计在较长时期内，新货币与欧元间的兑换制度问题将持续发酵，成为加剧域内国家分裂的关键点。

四　应对之策

第一，改变脆弱经济结构，致力经济多元化，增强经济韧性。西非国家以原材料出口为主，经济结构单一，易受国际市场价格波动影响。2016 年石油、有色金属等大宗商品价格暴跌，尼日利亚、冈比亚、佛得角、利比里亚、塞拉利昂等国多遭殃及，经济受到沉重打击。其中，尼日利亚的经济增速甚至由正转负，被迫宣布进入经济衰退期。[①] 由此可见，西非国家必须改变现有单一经济结构，通过发展多元经济分散风险，增强对外部冲击的抗压能力，确保经济可持续增长。

第二，聚焦制造业发展，夯实经济基础。制造业是强国之基，而制造业发展不足是西非国家的通病，也是导致其经济发展滞后的根源之一。以西非地区的可可生产为例，世界上 65% 的可可豆来自西非国家，然而它们却无力将可可豆加工成巧克力，以致仅能赚取巧克力制成品价格的 3.5% 至 6% 。[②] 可见，发展制造业对于增加西非国家产品附加值、提振经济发展的重要作用。此外，制造业还可提高生产效率，创造就业岗位，有利于经济的稳定增长。鉴于目前制造业在西非国家经济结构中占比过低，下一步，各国亟须关注提升制造业在国民经济中的地位。

第三，采用循序渐进的方式，以货币次区合并的形式逐渐完成整个货币区的融合，在此过程中，加强各国政策协调，确保兼顾各国经济和政治利益。西非国家经济发展水平差异较大，所有国家全部满足宏观经济融合标准、按照统一时间表推出域内新货币的难度很大。应坚持采用循序渐进的方

---

① Abdur Rahman Alfa Shaban, "Nigeria Officially Enters Recession for First Time in over 20 Years", https：//www. africanews. com/2016/08/31/nigeria – s – officially – enters – recession – for – first – time – in – over – 20 – years/, accessed 2021 – 3 – 12.

② African Development Bank, " Industrialisation in West Africa：The Current State of Affairs ", https：//blogs. afdb. org/measuring – the – pulse – of – economic – transformation – in – west – africa/post/industrialisation – in – west – africa – 1 – the – current – state – of – affairs – 15806, accessed 2021 – 3 – 12.

式，在经济发展水平相近的国家中建立货币次区，并培养和加强政治和政策上的信任感，再根据经济趋同标准的完成情况渐次合并，最终形成西非地区统一货币区。

第四，根据对外贸易需求，与人民币、美元、欧元等“一揽子”外币挂钩。西非国家决意推出一体化新货币，挣脱由法国主导的现有货币体系，其本质在于法国对西非经济的重要性下降。以域内第一大经济体尼日利亚为例，其主要进出口贸易对象已从欧洲转至亚洲。而尼日利亚也早已开始与人民币挂钩的尝试：2010 年 12 月，尼日利亚中央银行宣布，自 2011 年 1 月 1 日起，人民币成为尼日利亚外汇市场的可交易货币之一，人民币与奈拉实现可兑换。截至 2018 年末，尼日利亚外汇储备中人民币资产约占外汇储备总额的 4.8%（20.4 亿美元）。[①] 鉴此，西非各国可考虑借鉴尼日利亚的做法，根据对外贸易的具体需求，与人民币等“一揽子”外币挂钩。

第五，紧跟数字经济潮流，大力发展数字货币，创新区域货币一体化道路。数字货币是数字经济发展的基石。数字货币具有交易成本低、效率高等特点，使用数字货币进行跨境贸易，不涉及汇率转换问题，也无须向第三方支付额外手续费，日益成为世界各国激烈角逐的新战场。全球大约 70% 的央行都在关注数字货币，中国、英国、日本、瑞典、新加坡、南非等多个国家均在推进研发央行数字货币。[②] 鉴于汇率制度是阻碍西非货币一体化进程的关键问题，伴随着智能手机在西非的普及，域内国家可积极考虑开发数字货币替代域内统一货币，为解决西非货币一体化难题拓展路径。

① 《对外投资合作国别（地区）指南——尼日利亚》，中国驻尼日利亚大使馆经济商务处网站，http://www.mofcom.gov.cn/dl/gbdqzn/upload/niriliya.pdf，最后访问日期：2021 年 3 月 15 日。

② 娄飞鹏：《数字货币是数字经济发展基石》，人民网，http://blockchain.people.com.cn/n1/2020/1112/c417685-31928390.html，最后访问日期：2021 年 3 月 15 日。

利比亚经济重建报告

江 涛

内容摘要：2011 年，在卡扎菲政权被推翻后，利比亚经济进入了冲突后的重建时期。2020 年，受到多重因素影响，利比亚经济进入十年来最严峻时期，国内生产总值呈现断崖式下跌，石油产量锐减，石油收入大幅下降，战争经济和平行经济继续影响利比亚经济，非法移民和走私活动受到遏制，平行机构对立依旧。当前的利比亚经济重建是内因和外因共同作用的结果，未来利比亚的经济发展和转型充满不确定性。

关键词：利比亚　后冲突时代　经济重建

作者简介：江涛，男，法学博士，中央财经大学政府管理学院副教授，英国利兹大学访问学者，主要研究领域为美国外交与中美关系、经济外交以及全球化与全球治理等。

利比亚是西亚和北非地区的一个重要国家。2011 年 2 月，利比亚爆发了反对卡扎菲政权的“革命”，在北约和其他外部力量的干预下，利比亚反对派于 2011 年 9 月推翻了卡扎菲的政权，并开启了“后卡时代”的国家重建进程。在“革命”十年之后，利比亚依然没有实现社会安全、政治统一和经济发展的目标。2020 年，利比亚经济进入了十年来最严峻的时期，旧的矛盾没有解决，新的问题不断涌现。

一　2020 年利比亚经济发展的概况与特点

2020 年是利比亚冲突和卡扎菲政权被推翻的第十年。十年间，利比亚没有实现预期的繁荣与发展，而是陷入长期乱局，并沦为大国博弈的前沿地带。[①] 受到多重因素的影响，利比亚经济进入重建后最糟糕的一年。

第一，新冠肺炎疫情严重影响利比亚经济发展，国内生产总值呈现断崖式下跌，多项宏观经济指标严峻。2020 年 3 月 24 日，利比亚报告首例新冠肺炎确诊病例。2020 年 5 月底以来，新冠肺炎病例感染和死亡呈指数级增长。截至 2020 年 12 月，利比亚确诊病例总数为 100277 例，死亡 1478 人。[②] 面对疫情，利比亚团结政府和哈夫塔尔派别控制的地区按照世界卫生组织应对新冠肺炎疫情的方案采取了包括进入国家紧急状态，宣布关闭机场、海港以及边境口岸，关闭学校，停止所有体育和娱乐活动等在内的多项措施。

新冠肺炎疫情突袭而至使利比亚经济雪上加霜，终止了自 2017 年以来的恢复性增长。根据国际货币基金组织 2020 年 10 月的估计，利比亚 2020 年国内生产总值约为 218.1 亿美元，比上年下降约 66.7%，下降幅度为近十年之最。

2020 年利比亚石油出口大幅下跌，政府财政收入急剧下降。利比亚的黎波里政府 2020 年的总财政收入只有 230 亿利比亚第纳尔，不到 2019 年总收入的 40%。而与此同时，政府总支出超过 362 亿第纳尔，与 2019 年的 461 亿第纳尔的支出相比也大大减少。尤其值得关注的是，工资和薪金的开支约 219 亿第纳尔，占总支出的 61%。而真正用于发展的支出不到 18 亿第纳尔，不足总支出的 5%。[③] 相应地，利比亚的总储备资产由 2019 年的 785 亿美元减少到 560 亿美元，为 2000 年以来最低。

自 2014 年以来，利比亚的经常项目多年呈逆差。2020 年高达 130 亿美元，创六年来最高，约相当于国内生产总值的 59%。为了应对不断恶化的财政形势，利比亚中央银行在 2020 年 12 月 16 日宣布将利比亚货币贬值，从 2021 年 1 月 3 日起，将汇率由 1.4 第纳尔兑换 1 美元，调整为 4.48 第纳尔兑换 1 美元。

国际货币基金组织的研究表明，2015 年以来，利比亚通货膨胀形势严峻。

---

① 王金岩：《利比亚战争十年：乱局持续 前景难期》，《当代世界》2020 年第 10 期，第 38 页。

② Sami Zaptia, "Over 100, 000 Coronavirus Cases Recorded in Libya", https://www.libyaherald.com/2020/12/31/over-100000-coronavirus-cases-recorded-in-libya/, accessed 2021-8-3.

③ World Bank, "World Bank in Libya", https://www.worldbank.org/en/country/libya/overview, accessed 2021-3-25.

2000～2016年通货膨胀率年均约为7%，2017年高达28%，2018年和2019年分别为－1.2%和4.6%，大幅回落，但是2020年再次快速攀升到22.3%。

失业问题一直是利比亚长期存在的问题，世界银行的数据显示，2020年利比亚的失业率预计超过19%，超过近年来始终维持在18%的高位，为近五年来最高。

第二，利比亚经济中的结构性矛盾没有缓解，继续依赖石油产业，受内部冲突和国际油价下跌的双重影响，石油产量锐减，石油收入大幅下降。利比亚是世界上重要的石油生产国和石油输出国。石油是利比亚的经济命脉和主要支柱，利比亚出口收入的90%以上来自石油，政府收入的90%以上也依靠石油，工农业的发展受石油收入的制约。这使得原油的销路、价格等外部因素对利比亚建设资金的来源、数量和投入方向产生了决定性影响。国际原油价格下跌直接导致石油产量和收入下降，政府财政收入减少，赤字增加。而关系到利比亚经济发展全局的石油收入是利比亚自身所不能把握的。[①]

自从利比亚内战爆发以来，利比亚的石油一直是各派博弈的重点。2020年，利比亚冲突双方——民族团结政府派和国民代表大会与东部武装国民军联盟派继续为控制石油资源和石油收入进行了激烈的交锋。

2020年1月6日，利比亚国民军从民族团结政府手中夺取了重要的石油港口城市苏尔特。1月18日，为抗议土耳其决定派军支援民族团结政府，利比亚国民军的部队封锁了主要石油出口港，直到2020年9月，在民族团结政府和国民代表大会达成协议并宣布停火后封锁才最后解除。

针对这一情况，利比亚国家石油公司在2020年1月18日宣布，停止从布雷加、拉斯拉努夫、哈里加祖伊蒂纳和西德拉港口的石油出口，这使得利比亚的石油产量每天减少80万桶，相当于每天损失5500万美元。[②] 石油输出国组织的数据显示，从2020年3月开始利比亚石油产量一直在低位徘徊，3月到6月的每天产量不到10万桶。2020年10月26日，利比亚国家

① 潘蓓英编著《列国志：利比亚》，社会科学文献出版社，2007，第125页。

② Libya National Oil Corporation, "NOC Declares Force Majeure after LNA Blockades Oil Exports from Brega, Ras Lanuf, Hariga, Zueitina and Sidra Ports", https://noc.ly/index.php/en/new－4/5534－noc－declares－force－majeure－after－lna－blockades－oil－exports－from－brega, －ras－lanuf, －hariga, －zueitina－and－sidra－ports, accessed 2021－3－25.

石油公司对最后一批因封锁而停产的设施解除不可抗力状态。2020 年 11 月和 12 月，石油产量恢复到日产 100 万桶以上。不过，2020 年利比亚石油每天平均产量只有 36.8 万桶，低于 2019 年每天 109.7 万桶，也低于 2018 年每天 95.1 万桶。

2020 年，国际原油价格大跌。石油输出国组织的年度统计显示，2019 年 1 月 1 日，欧佩克一篮子原油价格约为 64.04 美元，而 2020 年 1 月 1 日下降到 41.47 美元，直到 2021 年 1 月 1 日也才恢复到 59.73 美元。月度统计数据显示，2020 年欧佩克一篮子原油价格基本上在 60 美元以下，4 月只有 17.66 美元。内部石油封锁和国际石油价格下跌严重影响了利比亚石油收益。利比亚国家石油公司公布的数据表明，2020 年 1 月该公司收益超过 17 亿美元，但是 4 月只有 5000 万美元，6～8 月份也不超过 1 亿美元，而到 2020 年 12 月石油产量恢复高位后则超过 10 亿美元。

第三，利比亚战争经济“空前繁荣”，两大对立派别分别建立了自己的、互不隶属的经济机构，造成了事实上地区分割和部门分裂，破坏了利比亚经济的统一。战争经济包括直接或间接依赖于缺乏秩序或持续的暴力的经济活动。卡扎菲政权倒台后，利比亚进入了一个无政府的混乱状态，这种无政府状态为利比亚战争经济提供了肥沃的生长土壤，走私、敲诈勒索和掠夺国家资源问题最为突出。①

走私在利比亚有着悠久的历史。2013 年以来，利比亚偷运和贩运移民、难民和寻求庇护者的情况大幅增加。2016 年利比亚的人口走私收入约为 9.78 亿美元，大约相当于利比亚 2015 年国内生产总值的 3.4%。② 2016 年以来，利比亚已经成为“中地中海路线”向欧洲非法移民主要出发点。2012 年，大约 15000 名移民使用了这条路线，到 2016 年，这一数字已达到约 163000 人。2020 年，利比亚非法移民问题有所缓解，根据联合国的不完全

① Tim Eaton, “Libya's War Economy: Predation, Profiteering and State Weakness”, London: Chatham House, https://www.chathamhouse.org/sites/default/files/publications/research/2018-04-12-libyas-war-economy-eaton-final.pdf, accessed 2021-3-25.

② Tim Eaton, “Libya's War Economy: Predation, Profiteering and State Weakness”, London: Chatham House, https://www.chathamhouse.org/sites/default/files/publications/research/2018-04-12-libyas-war-economy-eaton-final.pdf, accessed 2021-3-25.

统计，在利比亚沿海的不同地区，有 11891 名移民被拦截，而有 28162 人试图离开利比亚。9 名孟加拉国人于 2019 年和 2020 年进入利比亚，每人向人贩子支付了 5000 美元到 8000 美元。而在利比亚他们又被绑架，被要求每人支付 12000 美元才被释放。①

除了人口走私，燃料走私也是利比亚经济发展的一个难以解决的顽疾。2017 年 1 月，利比亚总检察长调查办公室负责人在一次记者招待会上说，燃料走私给该国造成了 50 亿利比亚第纳尔（约 36 亿美元）的损失。有报告显示，从 2017 年 1 月至 11 月，国家只收到了约 15% 的国内分配的精制燃料产品税收预期收入，这意味着这些供应中有多达 85% 被某种方式转移了。②

利比亚境内的燃料走私主要分为三类：小量燃料的跨界陆路走私；燃料供应在该国境内转移，然后以黑市价出售；以及大量柴油的海上走私。2020 年，由于国内持续冲突和新冠肺炎疫情的影响，海上燃料走私活动暂时停止，但是利比亚走私网络的基础设施仍然完好无损。一旦全球对舱载燃料的需求恢复，非法活动将会恢复。此外，精炼石油产品继续通过陆路非法出口，虽然规模不大，但与前几年相比，这种活动有所增加，特别是在利比亚西部，主要是继续从扎维耶油田区经乔什和纳卢特向突尼斯转运粗柴油。③

在利比亚经济重建中，相对独立的国家石油公司、中央银行和投资局发挥着重要的作用。但是，由于政治分歧，这些机构面临权力斗争，陷入困境。利比亚强人哈夫塔尔在其控制的区域建立了自己的石油公司、银行和投资管理局，与国际社会承认的利比亚国家石油公司、中央银行和投资局相抗衡。

在利比亚，目前实际上有两个中央银行在运作，位于利比亚首都的黎波里的中央银行和利比亚东部地区贝达的东部银行。东部银行发行的货币是在

---

① 《联合国安全理事会第 1973（2011）号决议所设利比亚问题专家小组的最后报告（S/2021/229）》，https://undocs.org/S/2021/229，最后访问日期：2021 年 8 月 3 日。

② Tim Eaton，"Libya's War Economy：Predation，Profiteering and State Weakness"，London：Chatham House，https://www.chathamhouse.org/sites/default/files/publications/research/2018-04-12-libyas-war-economy-eaton-final.pdf，accessed 2021-3-25.

③ 《联合国安全理事会第 1973（2011）号决议所设利比亚问题专家小组的最后报告（S/2021/229）》，https://undocs.org/S/2021/229，最后访问日期：2021 年 8 月 3 日。

俄罗斯印刷的，而政府军控制的钞票主要是在英国印刷的。据利比亚国际制裁监测委员会的数据，2016 年到 2018 年，俄罗斯向利比亚东部的中央银行汇了约合 71.1 亿美元的利比亚第纳尔，相当于该期间国民生产总值的 6.3%。[①] 利比亚中央银行反对这些货币在市场上流通，认为其是非法货币，对经济是有害的，会造成混乱，破坏民众对货币的信心，并增加伪造钞票的可能性。

2020 年，得到贝达政府支持的设在班加西的“东部国家石油公司”继续挑战利比亚国家石油公司的权威，以获得对利比亚原油出口的控制，努力出口原油、进口精炼石油产品。[②]

二　利比亚经济重建的影响因素

冲突后的利比亚在国家重建的进程中，经济重建之所以屡屡受挫，尤其是 2020 年跌入谷底，是内外双重因素共同作用的结果。

从内部因素来看，利比亚安全环境缺失，经济发展中存在的结构性矛盾都严重制约了利比亚经济的发展。一般意义上讲，国家重建包括安全重建、政治重建、经济重建以及社会重建等四个方面。尽管这四个方面是相辅相成的，但安全是其他支柱顺利开展的基础。一个国家如果没有一个安全的环境，国家重建的其他三个支柱就无法真正开展，也很难完全转型成功。

卡扎菲政权倒台以来，利比亚不断上演“城头变幻大王旗”，但是始终没有建立一个强有力的中央政府，组建一支统一的国家军队，提供一个可以进行经济重建的安全环境，反而陷入了游击队和民兵的失控、安全治理机制的失范和地区局势的失衡的“三失”困境。[③]

由于严重依靠石油经济，利比亚已经成为一个典型的“地租型”国家。

① 联合国安全理事会第 1973（2011）号决议所设利比亚问题专家小组的最后报告（S/2019/914），https://undocs.org/ch/S/2019/914，最后访问日期：2021 年 8 月 3 日。

② 联合国安全理事会第 1973（2011）号决议所设利比亚问题专家小组的最后报告（S/2021/229），https://undocs.org/S/2021/229，最后访问日期：2021 年 8 月 3 日。

③ 江涛：《后卡扎菲时代的利比亚国家安全治理》，《国际展望》2014 年第 3 期，第 95 页。

从发展经济学的角度看，丰富的自然资源往往趋于阻碍而非促进经济发展，陷入所谓的“资源诅咒”。另外，在卡扎菲时代，政府限制发展私人经济，没有很好解决失业问题，忽视金融部门的建设，还建立了一个庞大而效率低下的补贴制度。这些在后卡时代都成了经济发展的桎梏。

从外部因素来看，在卡扎菲政权被推翻后，外部力量一直没有停止过对利比亚的干涉。战后伊始，西方大国试图从政治、经济两方面对利比亚的重建施加影响：政治上，大力扶植和支持亲西方的新政权；经济上，帮助西方企业取得绝大多数重大经济项目的主导权和参与权。①

2014 年以来，在域内外大国和强国的介入下，利比亚已经成为代理人战争的试验场。特别是 2020 年，土耳其直接派军队强力干预利比亚局势，直接改变了利比亚两大阵营中民族团结政府派相对弱势的局面，使利比亚局势复杂化。土耳其的军事干预使多年来联合国及一些地区国家在利比亚劝和斡旋的努力前功尽弃，利比亚冲突回归暴力。②

三 利比亚经济重建的前景

当前，利比亚的冲突后国家重建面临历史性的机遇，也存在巨大的挑战。利比亚国内各派和外部主要力量都支持利比亚新政府，对 2021 年 12 月 24 日举行的全国选举充满期待，利比亚存在结束冲突、走向全国和解的可能性。但是，也应该看到，利比亚本身存在的矛盾一个都没有解决，尤其是哈夫塔尔派对已经达成的协议态度并不明朗，目前的和平态势还是十分脆弱的。

展望未来，利比亚经济重建充满了不确定性，其最终结果仍将取决于利比亚内外因素的综合博弈。“如果国际社会和利比亚人自己清楚所要追寻的目标——从全体国民的利益出发，利用该国的石油和天然气资源，并在法治的基础上，建立一个统一、包容、能够捍卫并维系自己存在的利比亚——那么，我们将更可能看到最好状况的出现。”③

---

① 王金岩：《利比亚战争十年：乱局持续 前景难期》，《当代世界》2020 年第 10 期，第 42 页。

② 罗林主编《阿拉伯发展报告（2020）》，社会科学文献出版社，2021，第 115 页。

③ Daniel Serwer, “Imagining Libya, a Decade from Now”, https://foreignpolicy.com/2011/08/22/imagining-libya-a-decade-from-now/, accessed 2021-3-25.

第三篇

非洲社会与人文发展态势

2020年南苏丹新冠肺炎疫情发展及防控报告

金　博　林　晨

内容摘要： 2020年全球新冠肺炎疫情肆虐，包括南苏丹在内的非洲地区疫情发展迅速。南苏丹的疫情防控面临公共卫生系统薄弱、民众防护意识普遍缺乏、经济困顿和资金严重不足等一系列挑战，无法快速有效应对此类突发性公共卫生危机。在国际社会的大力援助下，南苏丹政府于2020年3月成立高级别疫情防控小组，关闭边境并实施封锁和经济冻结措施，提供疫情防控知识技能培训，配备和升级医疗设施，加强核酸检测，力图有效防控疫情、促进经济复苏、推进和平进程；但因经济压力，又于2020年5月宣布放缓疫情防控。由于广泛检测不足、疫情流调缺乏、人员流动控制不力等情况，2020年南苏丹新冠疫情防控形势异常严峻。

关键词： 南苏丹　新冠肺炎　疫情防控　挑战

作者简介： 金博，男，地质资源与地质工程博士，中油国际有限公司工作人员，长期从事海外油气技术管理和商务工作；林晨，女，浙江师范大学非洲研究院博士研究生，从事非洲发展及中非合作研究，专注于南苏丹发展研究。

2020年全球新冠肺炎疫情对南苏丹影响较大，其薄弱的公共卫生系统不堪重负，并对社会经济造成严重影响，加剧了粮食不安全状况，进一步加深其贫困和脆弱性。由于缺乏应对重大公共卫生危机的紧急资金和关键资源，南苏丹2020年疫情发展迅速，疫情防控形势严峻，急需加强与国际社会的密切合作，积极借鉴国际社会抗击新冠肺炎疫情方面的措施和经验，妥善应对日益严峻的疫情防控形势。

一 2020年南苏丹新冠肺炎疫情发展及防控现状

南苏丹整体医疗基础设施、运转效率、专业医疗水平及应对公共卫生危机的能力较低，与全球其他国家相比，其整体应对未来新冠肺炎疫情感染传播增加的防控能力较弱。尽管南苏丹在疫情出现早期采取了关闭边境、实施封锁和经济冻结等措施，但迫于国内经济困境，仅封闭一个多月后，南苏丹取消了国内和国际旅行禁令，重新开放了商业活动。但在缺乏广泛检测、疫情流调及采取措施控制人员流动的情况下，其新冠肺炎疫情防控形势异常严峻。

（一）公共卫生防控能力较弱，无法有效应对新冠肺炎疫情

根据国际救援委员会（IRC）的统计，南苏丹有14台呼吸机和24张ICU病床。南苏丹每1万人只有0.15名医生，是世界上医患比率最低的国家之一。由于政府在财政和后勤方面支持不足，南苏丹普遍缺乏训练有素的、能够处治冠状病毒患者的卫生人员。一些地区甚至发生了与确诊患者有过接触的被隔离者由于食品供应有限和防护不当而逃离隔离设施的情况。

南苏丹急需国际社会援助，加强卫生设施改善升级及卫生工作者培训，以帮助政府阻止病毒的传播。封锁、持续蔓延的经济危机、洪灾、蝗虫和干旱、粮食紧缺等威胁为南苏丹的新冠肺炎疫情防控带来诸多挑战。基于南苏丹医疗卫生系统的总体状况（基本卫生设施的情况、医院床位、医生人数、医疗保健、冠状病毒监测和检测技术）、政府风险管理效率、公共紧急事件的政府应对能力、新冠肺炎病毒检测效率以及防控疫情对经济的影响等因素，南苏丹严重缺乏高水平的应急准备和隔离效率，加上经济困顿和资金严重不足，其目前无法迅速对新冠肺炎疫情危机作出有效应对和防治，未来新冠肺炎患者病例的激增可能很快使其脆弱的卫生系统不堪重负。

（二）隔离封闭反复变动，给疫情防控带来潜在风险

2020年3月，南苏丹政府为防控新冠肺炎疫情，宣布在全国范围内实施为期30天的宵禁，禁止包括体育、宗教和文化活动等在内的一切集会活动。同时，南苏丹政府对境内进行部分封锁，关闭了商店、非食品类市场、酒吧

和所有教育机构，禁止州际旅行，暂停地区航班，暂停国际航班，关闭边境。4 月 5 日，首例新冠肺炎感染者确诊后，南苏丹政府制定了相关公共卫生措施并敦促公众保持冷静，遵守公共卫生紧急措施，以防止新型冠状病毒的传播。南苏丹卫生部和世界卫生组织积极调查有关情况，包括确定和跟进所有可能的密切接触者，同时在朱巴培训 120 名医生和护士，以加强政府的应对计划。4 月 13 日，南苏丹新冠肺炎疫情防控高级别工作组发布暂停各州之间的所有旅行的禁令，暂停从朱巴到各州或从各州到朱巴以及从各州到各州的所有内部航班，禁止乘坐公共交通系统，包括私人和公共交通系统往返朱巴以及州与州之间旅客的旅行。该禁令于 4 月 15 日午夜开始生效。

5 月 8 日，南苏丹政府解除了旅行和贸易及航空禁令，并放宽新冠肺炎的封锁措施，允许关闭 6 个月的学校和宗教机构重新开放。尽管确诊病例在增加，但其封锁限制逐渐放宽，包括旅行和贸易限制，开始允许酒吧、饭店、载人摩的（boda boda）和人力车等公司和个人在非宵禁时间内重新营业，但要求交通运营者和乘客都必须始终佩戴口罩，重新开放的饭店和商店的空间内不能多于 5 人。宵禁时间从之前的晚上 7 点至早上 6 点更改为晚上 10 点至早上 6 点，宣布州际旅行、区域航班和公路运输将很快恢复。

上述疫情防控措施反复变动，给南苏丹疫情防控带来潜在风险，可能引发南苏丹第二波疫情暴发。此外，由于全国各地的疫情防控措施执行不力，卫生专家对公众不遵守防疫措施表示担忧和无能为力。南苏丹医生联盟（SSDU）表示，如果不加大防疫力度，南苏丹很可能暴发第二波疫情，导致更高的发病率和死亡率，南苏丹将可能面临疫情全面暴发的风险。

（三）成立疫情防控领导小组和医疗小组，领导和协调全国疫情防控工作

2020 年 3 月，南苏丹成立全国应对新冠肺炎疫情高级别特别工作组（High-Level Task Force），南苏丹总统基尔（Salva Kiir）出任该工作组主席、副总统马夏尔（Riek Machar）任副主席。5 月，该小组因应对疫情不力而受到南苏丹医生联盟和民间社会组织强烈批评，随后南苏丹政府解散了全国应对新冠肺炎疫情高级别特别工作组，成立全国应对新冠肺炎疫情特别委员会（National Steering Committee）。南苏丹第五副总统侯赛因（Hussein Abdelbagi）

为委员会主席，卫生部部长伊丽莎白（Elizabeth Achuei）为秘书长，其他委员分别是政府秘书长、外交部副部长、财政部第一副部长、卫生部副部长、司法部副部长、贸易部副部长、南苏丹银行第一副行长、国防军 SSPDF 参谋长、警察监察长、内部安全局局长、民航局首席执行官和南苏丹医学会的一名流行病学家。

2020 年 6 月，南苏丹政府成立医疗咨询小组。该小组由 15 名来自南苏丹国防军医院、公共卫生实验室、私人医生和医学专家等组成，为国家抗疫领导工作组提供有关疫情防控咨询，包括科学防疫指导和对全国疫情防控的战略建议。该小组成立后即着手审查和批准疫情防控技术方案和指导方针，评估全国防疫工作，并提出改进措施。

（四）加强卫生工作者新冠防控培训，积极开展新冠病毒核酸检测

2020 年 8 月，为提升医务人员专业防护技能并建立有效的新冠肺炎防治、新冠肺炎病例管理和应急响应能力，在世界卫生组织的帮助下，南苏丹卫生部在 10 个州和 4 个优先的新冠肺炎治疗地点培训了 350 多名医护人员，培训有关新冠肺炎临床护理、预防感染和控制病毒的专业知识和技能，以应对严重病例、无症状病例、预防感染和控制、监护病例和密切接触者追踪及心理健康疏导等。该培训提升了南苏丹医护人员对疫情防控所需的各种感染风险的认识。新冠肺炎疫情对南苏丹原本就紧张的医疗卫生系统提出了新的挑战，南苏丹政府在有限的医疗资源条件下，努力采取预防、遏制和缓解措施，对新冠肺炎病例进行有效的支持治疗。

自 7 月 20 日起，南苏丹卫生部允许民众进行自愿的新冠病毒核酸检测。起初南苏丹国家实验室为朱巴唯一可开展新冠病毒核酸检测的场所，卫生部鼓励民众自愿检测以及时了解自身健康状况并有效防控新冠肺炎疫情。随后开放了朱巴卫生学校检测点，同时南苏丹卫生部宣布，计划在瓦乌（Wau）、马拉卡勒（Malakal）、伦拜克（Rumbek）和本提乌（Bentiu）等地建立更多的新冠肺炎测试中心并扩大核酸检测范围，以确定新冠病毒在人群中的传播情况。12 月起，由私营诊所 Med-Blue 为国际旅客提供核酸检测服务，原进行核酸检测的南苏丹国家卫生实验室将仅处理疑似病例、追踪密切接触者及

处置关联感染的死亡病例。同时，南苏丹政府禁止其他非指定医疗机构开展核酸检测工作。但南苏丹核酸检测费用为115～150美元/人次，普通民众一般难以承受，因此在全国开展新冠病毒核酸检测的计划难以全面真正执行。

（五）积极寻求国际援助，努力缓解新冠肺炎疫情对经济的负面影响

2020年8月，南苏丹央行宣布，外汇储备已耗尽，无法再阻止该国货币贬值。该国政府财政收入主要来自原油，但其产量由2013年冲突爆发前25万桶/日的峰值大幅下降至2020年的约16万桶/日。由于国内经济困难和资金缺乏，南苏丹政府积极寻求国际援助，试图通过贷款等多种渠道获取国际援助资金，以期缓解疫情对其脆弱的经济产生的负面影响。南苏丹政府向非洲进出口银行申请了一笔2.5亿美元的贷款，该笔贷款将用于弥补疫情对该国经济造成的财政赤字，非洲进出口银行同意给予贷款。南苏丹政府组建了一个由住房部长领导的6人委员会，以研究政府优先考虑的事项能得到这笔贷款的资助，重点用于执行和平协议、抗击疫情、保证必需品的市场流通和农业生产粮食安全等。

二 国际社会对南苏丹新冠肺炎疫情防控物资及资金援助情况

（一）开展对南苏丹医护人员和民众的疫情防控知识和技能培训

2020年国际红十字会支持南苏丹新冠肺炎疫情防控，在南苏丹3家医院和36个初级卫生保健中心制定新冠病毒感染防控措施，包括提供个人防护设备和对医务人员进行安全保护方面的培训，动员1400多名志愿者开展有关新冠肺炎的健康教育运动，确定朱巴和该国其他地区需修复的供水点，帮助社区获得生活清洁用水，努力采取行动遏制疫情扩散并避免最严重的情况发生。

2020年东非共同体（EAC）秘书处在朱巴机场恢复正常旅行之前对该机场36名工作人员进行疫情防控紧急培训。该培训旨在进一步加强南苏丹疫情监测和建立健全早期预警系统，以尽早发现、尽早控制疫情进一步扩散，一定程度上提高了南苏丹机场应急响应、公共卫生预防方面的能力。

2020 年 8 月，中国政府派出的抗疫医疗专家组（包括实验室技术、感染、敏感护理、公共卫生和护理）赶赴南苏丹，积极分享抗击新冠肺炎经验。中国抗疫医疗专家组赴朱巴教学医院实地考察，并在中国援建的朱巴教学医院门急诊楼会议厅举办了疫情防控技术培训会，针对南苏丹各州、县卫生院、社区卫生所负责人、朱巴各医院的医生、护理及院感负责人 60 多人进行了疫情防控专业培训。中国医疗专家组就个人防护及防护用品使用、病区清洁与消毒、医疗废物处置等标准规范、冠状病毒的传染源和传播途径、发热门诊、门急诊诊疗流程、隔离病房的分区管理、医护人员的个人防护及危重症新冠肺炎患者呼吸支持治疗技术方案等进行了全面介绍和培训，一定程度上增强和提升了南苏丹医护人员的疫情防护意识和防护技术、防控水平。同时，中国抗疫医疗专家组与国际红十字会驻南苏丹代表处开展交流，就新冠病毒特点、疫情走势、南苏丹防疫措施及地方防疫工作等进行经验分享，有效提升了南苏丹疫情防控工作。

（二）向南苏丹提供新冠疫情防控物资、资金和经济援助

2020 年世界卫生组织（WHO）分别与世界粮食计划署（WFP）和国际医疗队（IMC）合作，向南苏丹加朗医院传染病科提供了医疗装备升级和支持，主要用于向重症新冠肺炎患者提供支持治疗，使传染科的病床数从原来的 24 个增加到 82 个，一定程度上解决了医院床位紧张的问题。由于南苏丹缺乏氧气浓缩器和稳定的电力供应，南苏丹医用氧气严重短缺，世界卫生组织向南苏丹提供了 160 个氧气浓缩器和检测用品，以支持对抗新冠肺炎和检测新冠肺炎病例。欧盟资助的耗材包括支持聚合酶链反应（PCR）测试的材料和试剂，已用于检测新冠肺炎，使南苏丹卫生实验室具备在 2 个月内每天开展 500 次核酸检测能力。

联合国开发计划署（UNDP）为南苏丹抗击新冠肺炎捐赠 10 台呼吸机，并与联合国儿童基金会合作，在朱巴以及阿维尔、博尔、克瓦乔克、马拉卡勒、伦拜克、托里特、瓦乌、延比奥和耶伊等州首府所在社区共分发 258620 个口罩，以限制病毒传播、减轻疫情对社区和经济的潜在影响。

中国一直在与南苏丹就粮食安全、卫生、救济援助等不同领域开展合作。自南苏丹出现新冠肺炎疫情以来，中国政府共向南苏丹运送了 4 批抗疫

医疗物资，帮助南苏丹抗击疫情。捐赠物品包括医用口罩、护目镜、诊断包、呼吸机、病毒采集保存管、核酸提取盒、医用防护服、防护面罩、医用手套及测温枪等防疫物资。援助物资将有助于加强南苏丹应对疫情的能力，缓解当地医疗物资设备不足的问题。中国政府向南苏丹朱巴教学医院捐赠 58 台制氧机，氧气浓缩器配有 2000 多个呼吸机消耗部件。

此外，政府间发展管理局（IGAD）、欧盟、世界银行、非洲开发银行、阿联酋等国际组织与国家也通过捐款捐物等方式支持南苏丹抗击疫情。

（三）开展卫生健康合作与疫苗合作

2011 年 7 月，南苏丹建国后不久，安徽省即派出首支中国援南苏丹医疗队赴该国开展卫生健康合作。近十年来，中国已成为其卫生领域的主要合作伙伴之一，双方医疗合作不断深入。截至 2020 年 8 月中旬，安徽省共派出 7 批 96 名医务人员赴南苏丹开展医务工作，南苏丹有 33 名医护人员赴安徽接受培训。2020 年 8 月 19 日，中国政府派出的抗疫医疗专家组抵达南苏丹，这也是中国政府在中非抗疫特别峰会后向非洲派出的首批医疗专家组。中国第八批援南苏丹医疗队 15 人与专家组同机抵达开展医疗援助工作，继续推进中南抗疫合作和卫生健康合作。2020 年 12 月，中国与南苏丹签署了为期五年的卫生合作协议，根据该合作协议，中国将在 2021 年至 2026 年向南苏丹持续提供医疗援助团队，通过医疗卫生领域的知识共享，提升南苏丹医疗卫生能力建设。

在中国和国际社会其他成员的支持和共同努力下，南苏丹卫生体系逐渐得到发展并使民众受益。由于南苏丹缺乏足够检测，只能从有限的检测样本中得到不完全的确诊病例统计数据，因此南苏丹新冠肺炎实际确诊病例情况无法准确统计。2020 年 12 月，南苏丹开始进口新冠肺炎疫苗。南苏丹积极参与疫苗国际合作，准备从全球疫苗联盟（GAVI）合作和全球免疫联盟（COVAX）购买新冠肺炎疫苗。

三　2020 年南苏丹疫情防控面临的挑战

由于和平进程进展缓慢、政府治理及管控能力较弱、地方部族武装冲突不断、经济困顿，同时卫生系统基础薄弱，应对重大突发性公共卫生危机的能力不足，导致南苏丹疫情防控面临一系列挑战。

（一）面临社区武装冲突和疫情防控双重压力

南苏丹政府面临社区武装冲突和疫情防控双重压力。各州民间社区武装冲突和暴力事件频发。2020 年，超过 2400 名南苏丹人死于族群间的暴力和武装抢劫牲畜，其中 80% 的人死于族群间的暴力、报复袭击和武装抢劫牲畜。联合国驻南苏丹代表团（UNMISS）发布的 2020 年度犯罪影响平民的报告显示，2020 年南苏丹共记录伤亡平民 5800 人，是 2019 年的 2 倍多，被绑架人数由 2019 年的 391 人上升至 1655 人，增加 3 倍多[①]。其中，79% 的事件集中发生在 79 个乡，78% 的事件为部落冲突引发。由于极度缺乏医疗物资、食物、住所、水和卫生设施，社区一直依赖人道主义组织，根本无法开展有效的疫情防控工作。南苏丹目前社区武装冲突频繁，远高于反对派与政府间的武装冲突频率。严峻的安全形势导致各地方疫情防控工作难以有效开展，难以贯彻实施各项防控措施。南苏丹疫情防控形势异常严峻，疫情防控工作面临较大压力，防控工作任重道远。

（二）卫生医疗体系薄弱，难以长期支撑有效应对新冠疫情的重大防控措施

南苏丹和众多非洲国家类似，常年依靠国际援助，国际援助多是以项目形式执行，主要针对艾滋病、埃博拉、疟疾、黄热病等热带及非洲特殊疾病提供援助。南苏丹建国时间较短，由于武装冲突和国家经济结构单一等原因，国家经济发展缓慢，尚未建立起系统全面的卫生体系，尤其缺乏应对重大公共卫生危机的医疗卫生应急系统。南苏丹缺乏充足的重症病房和专业的隔离中心，全民疫情防控防护意识普遍薄弱、防治知识和防护技能普遍缺乏，卫生系统和民众普遍没有做好长期对抗疫情的心理、技术和物质准备。

---

① UNMISS，“Annual Brief on Violence Affecting Civilians（January－December 2020）”，https：//unmiss. unmissions. org/sites/default/files/unmiss_annual_brief_violence_against_civilians_2020_final_for_publication. pdf.

薄弱的卫生医疗体系难以长期支撑和有效应对新冠肺炎疫情等重大公共卫生危机。随着南苏丹疫情发展，新冠感染病例增加，患者检测、隔离和治疗将给南苏丹卫生医疗体系带来巨大压力。

（三）经济困顿、粮食危机、洪水泛滥，难以开展长期有效疫情防控

出于疫情防控需要，南苏丹发布和实施旅行禁令，在一定程度上打击了航空业、服务业、农业，影响其原油出口和食品等生活物资进口，同时，大宗商品价格也出现下跌。疫情导致全球经济衰退，国际原油价格下行，南苏丹政府收入减少，面临更大财政压力，经济陷入危机。南苏丹粮食供应一直无法自给，50%以上粮食需要进口。南苏丹签署和平协议后，政府军与反政府军冲突有所减少，但南苏丹仍有700万人面临严重饥饿。据世界粮食计划署（WFP）年度报告，南苏丹2020年饥荒程度达到了新高，尤其是5月至7月饥荒达到高峰，约有180万人处于四级紧急饥饿状态。2020年南苏丹全年实际仅生产谷类87.5万吨，远低于全国140万吨的潜在产能，导致南苏丹向联合国粮农组织求援。截至2020年9月底，大约80万人受到洪水影响，该国一半的地区被淹没。人道主义机构表示，大约有368000人流离失所，受灾最重的州包括琼莱州、团结州和西赤道州。经济困难、粮食危机和洪水泛滥导致南苏丹无法开展长期有效的疫情防控工作。

（四）无法快速开展全民疫苗接种，民众面临疫情感染高风险

目前全球各国在加快新冠疫苗的全民注射和免疫工作，南苏丹也正在与全球疫苗联盟合作。南苏丹及其合作伙伴请求全球疫苗免疫联盟帮助其支付第一次疫苗申请的费用，计划于2021年1月从全球疫苗免疫联盟购买新冠肺炎疫苗。但由于南苏丹卫生部缺乏资金、人才，再加上安全风险等原因，尚未在全国开展全面的核酸检测筛查，2020年乃至未来一段时间内无法快速开展全民疫苗注射，民众将面临较高的感染风险。

新冠肺炎疫情对撒哈拉以南非洲国家教育的影响及对策分析

欧玉芳　孙崇斌

内容摘要：新冠肺炎已演变为一场全球性的大流行传染病，严重影响了世界各地数十亿人的生活。由于采取措施阻止 COVID－19 的传播，联合国教科文组织有数据显示，全世界有 15.7 亿学生（占世界学生人口的 91.4%）无法上学。由于世界各国国情不同，应对举措各异，这场给全球教育和人类生活带来剧烈冲击的危机对世界各国的影响差异较大。撒哈拉以南非洲是全球教育和经济发展相对落后的地区，面临的形势更为严峻。疫情对撒哈拉以南非洲教育的各方面产生了巨大冲击，具体表现为：教育不平等现象愈发明显，教育质量严重下滑，加剧学生面临的挑战。为此，撒哈拉以南非洲各国实施持久的远程学习国家策略，对没有技术支持的学生、特殊学生以及处于不同学段的学生提供有侧重的帮助；疏导父母或监护人的教育观念，为教师提供在线教学培训；积极开发在线学习平台；加大教育部门的财政支持。未来，撒哈拉以南非洲国家各方仍需加强团结协作，建立更加紧密的伙伴关系；不断开发新课程和新评估模式；力求补齐短板，提升教育的包容性；学习有的放矢，加强教师能力建设。

关键词：撒哈拉以南非洲教育　新冠肺炎疫情　教育质量

作者简介：欧玉芳，女，教育学博士，浙江师范大学非洲研究院讲师，主要研究方向为非洲教育；孙崇斌，女，浙江师范大学非洲研究院研究生，主要研究方向为非洲教育。

一 撒哈拉以南非洲国家教育受到新冠肺炎疫情的多重冲击

新冠肺炎疫情的肆虐不仅加大了撒哈拉以南非洲与世界其他地区教育的差距，还使得教育在撒哈拉以南非洲内部的差距进一步扩大。由于大部分撒哈拉以南非洲国家基础设施落后，新冠肺炎疫情蔓延导致面授教育被迫中断，大部分撒哈拉以南非洲国家无力投资数字化学习基础设施和平台。同时，新冠肺炎的流行进一步暴露和加深了撒哈拉以南非洲社会的脆弱性和教育不平等问题，对撒哈拉以南非洲社会造成了巨大的潜在破坏，对不同身份、背景和能力的所有学生都能平等地接受教育的权利产生了持久而深远的负面影响。

（一）教育不平等现象愈发明显

新冠肺炎疫情期间，撒哈拉以南非洲各国积极建立各种线上和线下的学习工具和平台，互联网连接是电子学习的驱动因素，但因大多数教师和学生无法访问互联网，使用这些工具和平台的学生人数仍然较少。除此之外，由于贫困和失业，撒哈拉以南非洲很多家庭无力承担上网所产生的数据费用，许多人的网络访问权限非常有限。据撒哈拉以南非洲教育发展协会（ADEA）的调查，在卢旺达的10700名学生中，网络普及率仅占17%，电视普及率仅占11%，卢旺达缺乏网络设施的社区主要依赖广播来获得日常资讯，而广播普及率也只有77%，[①] 这使得大量没有技术支持的学生被排除在教育的门槛之外。

（二）教育质量严重下滑

疫情下的撒哈拉以南非洲由于学校等教育机构的关闭导致学生学习中断，评估和考试困难，再加上缺乏在线学习的资金支持、家长监督薄弱等

① The Association for the Development of Education in Africa, "Impact of COVID - 19 on Africa's Education", https://www.adeanet.org/sites/default/files/impact_of_covid - 19_on_africas_education_final_report.pdf, accessed 2020 - 9 - 2.

因素，教育质量毋庸置疑受到了负面影响。尽管撒哈拉以南非洲各国为确保教育的连续性做出了巨大努力，但有限的在线课程资源无法涵盖学生在校课程大纲的全部学习内容，也很少有国家开发有关教育内容的移动应用程序。与此同时，学习机构突然关闭，教育工作者尚未为在线授课做好充足准备。远程教育的引入给教育工作者带来了新的挑战，有些教师尚不知如何使用互联网和新技术，教师没有接受过在家工作的培训，在线教学方法的不同使得教师一时之间难以适应。即使开展了线上学习，教师也难以对学生的学习情况进行监测和评价，教师无法判断学生的作业是否完成。这使得教师对学生失去了监督能力，学校等教育部门无从得知学生在家学习情况，教育质量整体下滑。

（三）加剧学生面临的学习挑战

新冠肺炎疫情使传统的以院校为基础的学校管理、教师监督等儿童保护措施不复存在，家庭学习环境强化了撒哈拉以南非洲学生参与家务劳动、早婚、割礼、家庭暴力或性交易等社会陋习，导致早孕和性传播疾病增多，对学生的生理和心理健康产生了极大的消极影响。许多家庭都在恐惧和忧虑中挣扎，担心受到感染，担心失业或被裁员。[①] 肯尼亚政府实施宵禁令后，性犯罪大幅上升。根据肯尼亚国家司法行政委员会（NCAJ）的数据，在宵禁令实施后的两周内，性犯罪案件占刑事案件总数的36%；2020年1月至3月，针对妇女和女孩的犯罪率最高，仅在3月份，就有106名女性报告受到身体或性侵犯，9名男性也报告同样的情况。[②]

新冠肺炎疫情对被边缘化女孩的影响更大，学校停课后被边缘化女孩比男孩完全辍学的风险更高。有证据表明，学生离开学习机构的时间越长，他

① M. Stacey, "Are the Kids All Right? COVID－19 Home Lockdown Raises Fear of Child Abuse: Expert", https://lfpress.com/news/local－news/isolation－during－pandemic－could－raise－dangers－of－child－abuse, accessed 2020－4－3.

② C. Njung'e, "Red Alert as Sexual Violence Cases Rise amid Virus Curfew", https://www.nation.co.ke/news/Sexual violence－cases－rise－amid－virus－curfew/1056－5522346－vd87a4z/index.html, accessed 2020－4－13.

们返回学校的可能性就越小。① 据估计，如果辍学率以同样的速度增加，危机过去后，大约有1000万中学女童失学。② 近年来撒哈拉以南非洲地区性冲突、恐怖活动等不稳定因素持续上升，疫情让极端组织和反叛武装分子得以喘息并趁机作乱，学生一旦辍学，教育对他们的保护作用随之丧失，很容易被极端思想蛊惑。

二 撒哈拉以南非洲国家应对新冠肺炎疫情影响与稳定教育的对策

持续数月的学校关闭对撒哈拉以南非洲教育产生了前所未有的巨大冲击，消极影响随着疫情时间的持续延长还在不断显露。为尽快摆脱疫情对学生受教育的困扰，撒哈拉以南非洲国家积极地采取各种措施，尽最大努力保证学生在家“停课不停学”。

（一）实施远程学习的国家策略

新冠肺炎疫情期间，撒哈拉以南非洲各国政府对国家教育的目标是向所有学生提供持续的优质教育，在最小的干扰下将学校“搬到家里”。因此，在学校等教育机构关闭期间，撒哈拉以南非洲各国政府通过与不同级别的政府行政部门、各利益攸关方如私营部门、民间组织的跨部门合作，使用在线交流平台、工具和应用程序，为面对各类学习挑战、处于不同学习阶段的学生提供有侧重的帮助，建立以教育部为主的COVID－19多部门统筹委员会。

① African Union, “Communique of the Bureau of the Specialized Technical Committee on Education Science and Technology of the African Union”, https://au.int/sites/default/files/pressreleases/38346 pr - communique_of_the_bureau_of_the_specialized_technical_committee_.pdf#:~:text=Communique%20of%20the%20Bureau%20of%20the%20Specialized%20Technical, Science%20and%20Technology%20responses%20to%20the%20COVID-19%20pandemic, accessed 2020-4-9.

② Lucia Fry and Philippa Lei, “Girls' Education and COVID-19: What Past Shocks Can Teach Us about Mitigating the Impact of Pandemics”, https://downloads.ctfassets.net/0oan5gk9rgbh/6TMYLYAcUpjhQpXLDgmdIa/dd1c2ad08886723cbad85283d479de09/GirlsEducationandCOVID19_MalalaFund_04022020.pdf, accessed 2020-2-4.

1. 针对没有技术支持的学生采取的措施

对于大量没有技术支持的学生，一些撒哈拉以南非洲国家积极分发教育材料和学习设备以帮助学生在家自学。提供阅读材料给身处偏远地区的没有广播、电视的学生带来极大帮助，使得他们在家仍可以继续学习在校所学内容，为他们提供继续受教育的机会。例如，摩洛哥将印有阿拉伯文、英文和法文的学习手册免费分发给一百万农村小学生；马里、马达加斯加、加纳和刚果民主共和国，除了使用国家和地区广播频道播放课程内容外，也免费提供自学课程印刷材料；卢旺达政府为贫困学生免费发放收音机，对国家电子学习门户网站实现零费率互联网访问，以便于没有技术支持的学生实现在家学习。[①]

2. 针对特殊学生采取的措施

特殊学生主要指有听力和视力障碍的学生。一些撒哈拉以南非洲国家政府为存在听力障碍的学生录制手语教育课程，为视力障碍的学生提供盲文翻译课程。毛里求斯为使该学生群体实现顺利学习提供了综合策略，其中包括使用手语进行国家电视广播；整合特殊教育资源通过 WhatsApp 等平台发布一对一在线课程；督促特殊教育学校负责人对学生的广播课程学习情况进行跟进；通过 Zoom 平台与医生进行电话咨询；职业治疗师还开设了提高特殊教育学生运动和写作技巧的电视节目等，便于特殊学生实现在线学习。[②] 该类措施加强了撒哈拉以南非洲国家疫情停课期间教育的包容性，有助于实现满足所有人基本学习需求的全民教育目标。

3. 针对处于不同学段的学生的措施

在学前教育阶段，撒哈拉以南非洲各国正在使用不同的方法来确保幼儿继续学习。这些措施包括阅读前导入活动，让家长在家里监督学生，采用卡通电视课程，并向父母、护理人员、社会工作者分发关于 COVID－19 课程的每周出版物，以便借鉴国家课程框架，帮助儿童学习和发展。

① The Association for the Development of Education in Africa, "Impact of COVID－19 on Africa's Education", https://www.adeanet.org/sites/default/files/impact_of_covid－19_on_africas_education_final_report.pdf, accessed 2020－9－2.

② The Association for the Development of Education in Africa, "Impact of COVID－19 on Africa's Education", https://www.adeanet.org/sites/default/files/impact_of_covid－19_on_africas_education_final_report.pdf, accessed 2020－9－2.

对于基础教育阶段的学生，毛里求斯国家电视频道广播几乎覆盖所有年级和所有学科领域，所有科目均按照年级对课程进行分类：7～9 年级的学生可在专用的在线门户网站和国家电视频道上获得课程；10～13 年级的学生通过 WhatsApp、Zoom 和微软平台进行在线教学和学习。①

对于高等教育和职业教育学生，从数字课程到广播和电视的使用，撒哈拉以南非洲各国都采用了不同的策略来确保学生在 COVID－19 环境中继续学习。卢旺达建立了电子学习平台并上传了相关培训课程内容，使众多职业教育的学生受益。科特迪瓦已经建立了在线培训系统，教师们在该系统中制作在线课程，同时建立了答疑中心，对学生学习过程中面临的技术和应用问题进行答疑，以支持使用该平台的学生。该策略使高等教育学生可以登录并下载平台上的 800 多种在线课程。②

（二）对教育相关者进行观念疏导、培训支持

父母观念对学生能否在家中顺利接受教育至关重要，为保护学生，卢旺达和南非等国家通过宣传活动来提高父母帮助孩子在家学习的认识，呼吁家长为学生提供时间和空间，让他们在家中继续学习。通过宣传活动让父母意识到因疫情缘故停课在家的时间并非学生的假期，也不能增加他们家务劳动的时间，坚持并传递父母帮助孩子在家学习的责任。

疫情期间，提高撒哈拉以南非洲各国教师的数字化技能显得尤为重要。教师们有很多担忧，他们认为自己还没有准备好转向网络课程。毛里求斯教育部提出教师培训计划，确保教师可以顺利使用数字设备，提高教师的数字技能水平，并为所有教师提供了与学生联络的数字平台。

（三）积极开发在线学习平台

新冠肺炎疫情期间，撒哈拉以南非洲各国已经建立了各种线上和线下的继

① The Association for the Development of Education in Africa，"Impact of COVID－19 on Africa's Education"，https：//www.adeanet.org/sites/default/files/impact_of_covid－19_on_africas_education_final_report.pdf，accessed 2020－9－2.

② The Association for the Development of Education in Africa，"Impact of COVID－19 on Africa's Education"，https：//www.adeanet.org/sites/default/files/impact_of_covid－19_on_africas_education_final_report.pdf，accessed 2020－9－2.

续学习工具和平台。例如，科特迪瓦建立了名为“我的学校在家”（My school at home）的在线平台，该平台包含科特迪瓦教育系统的学前和小学、初中、高中的教育资源，旨在为课堂以外的学生提供涵盖不同学段、不同学科的全面学习资源支持。加纳开发了 iCampusgh 电子学习平台，该平台旨在为高中学生提供最全面的在线资源，涵盖课程笔记、课程视频、课程互动以及课程讨论等多种课程资源，iCampusgh 的目标是使教育变得有趣并使所有人都易于接触。[①] 摩洛哥在原有在线平台的基础上，新开发了高等教育数字平台，包括方便学生管理和奖学金发放的电子平台，以及为学生提供住宿、餐饮、健康保险等服务的平台。

（四）为教育部门提供更多财政支持

为应对新冠肺炎疫情造成的破坏，撒哈拉以南非洲国家向教育部门提供了额外的财政支持。毛里求斯已将数字技术嵌入各级教育系统并纳入 2020～2021 年度国家财政预算，包括所有中学覆盖无线局域网、为家庭购置用于在线教育的 IT 设备、为弱势家庭 10～13 年级的学生提供平板电脑等。摩洛哥设立了 COVID－19 管理专项基金，其中涵盖对教育和培训部门的支持。

三　撒哈拉以南非洲教育可持续发展的思考

为了教育可持续发展，撒哈拉以南非洲各国教育部门需制定长远的教育发展政策，无论是在疫情肆虐的当下，还是疫情消退后的未来都要以教育促发展，更好更快地实现全民教育。为此，撒哈拉以南非洲国家需要实施长远、全面的乌班图（Ubuntu[②]）教育计划。

（一）团结协作，各方建立更加紧密的伙伴关系

撒哈拉以南非洲教育要更好地实现可持续发展，首先，政府和所有相关

① The Association for the Development of Education in Africa，“Impact of COVID－19 on Africa's Education”，https：//www.adeanet.org/sites/default/files/impact_of_covid－19_on_africas_education_final_report.pdf，accessed 2020－9－2.

② Ubuntu（I am because we are，我是因为我们是）是一个来自撒哈拉以南非洲的哲学概念，在斯瓦希里语中指的是内在的存在，表达所有人之间不可分割的相互联系。

部门包括教育部与私营部门、教师工会、学校管理委员会、家长协会、发展伙伴、非政府组织以及宗教组织在内的民间社会组织等其他利益攸关方开展广泛合作。其中，加强与私营部门中的私营广播电视媒体公司、电信公司、信息通信技术和电子技术公司等开展紧密合作显得尤为重要，仅靠政府、教育部门无法实现教育的远程传播，私营部门发挥的媒介功能是顺利实现远程教育的重要桥梁。其次，应鼓励负责水和环境卫生、交通和社会服务的部门积极参与，他们的积极参与为学生有良好的学习环境提供保障。再次，各国应注重发展教育合作伙伴关系，例如通过联合国开发计划署、联合国儿童基金会、联合国教科文组织、南部非洲开发银行、伊斯兰发展银行、全球教育伙伴关系组织、万事达卡基金会、拯救儿童组织等，为撒哈拉以南非洲教育的可持续发展寻求策略和资金支持，拓宽教育复苏渠道。

（二）开拓创新，开发新课程与新的评估模式

新冠肺炎疫情的流行对全球技术开发提出新的挑战，要求各个国家在科学、技术和创新方面采取迅速有力的对策。虽然目前撒哈拉以南非洲大部分国家都对在线课程有不同程度的开发，但仍停留在满足各级教育基本需要的阶段。推进教育的可持续发展，需要借助教学数字化信息技术和多媒体辅助设备不断进行开拓创新，尽可能大规模开发高质量的在线课程和开放教育资源。同时需加强科学、技术、工程和数学等新课程的研发。对大多数撒哈拉以南非洲国家而言，最大挑战在于原本孱弱的公共卫生系统迫切需要在当地生产口罩、洗手设备和通风机等个人防护设备和工具。科学、技术、工程和数学新课程的研发和推进有助于培养创造新知识以解决资源短缺的技术发展人才，弥补撒哈拉以南非洲在创新知识、疫苗、疗法、诊断试验和医疗预防系统等方面的人力资源不足。

与此同时，需要在远程教育情境下大力开发在线评估系统。了解阻碍学生远程学习的挑战，创新地解决考试和评估、考试作弊、教师在线教学评价等实际性问题。未来撒哈拉以南非洲国家应继续开发功能齐全的在线学习平台，通过在线平台记录学生学习过程，基于学习过程记录开展在线教学分析，不断改进在线教学工作。此外，教育部门管理者还可从学生的时间投入和学生各类主要学习行为的表现包括资源浏览、论坛发帖与教师回复、作业

提交与教师批改等来衡量学生的学习进度和学习情况。[①] 基于平台数据对学生学习过程进行评估，部署远程监考形式来管理考试，保证学生学习质量。教育管理部门还可将每次所获取的信息及时纳入国家教育管理信息系统，为教育部门决策提供信息支持。

（三）补齐短板，增强教育的包容性

在解决包容性问题方面，撒哈拉以南非洲各国政府可以考虑采取混合办法。首先，需要开发所有学生都能获得的紧急远程学习材料；其次，满足被边缘化儿童和青年的需要，支持受冲突、人道主义危机和离散影响的学生的特殊需要；再次，保护教师和家长的利益及经济安全；最后，向困难家庭提供财政支持，以帮助包括边缘化群体在内的所有学生继续学习。通过继续落实分发学习材料、学习设备等必要学习工具；与网络供应商签订协议以降低网络访问成本、提供免费网络套餐等方式，积极让每个家庭和个人都拥有平等的网络接入和资源获取条件，确保所有学生不掉队。

（四）有的放矢，加强教师能力建设

教师作为教育发展的中坚力量，其专业能力的高低是决定教育质量优劣的主要因素，加强教师专业发展始终是促进教育可持续发展的重要环节。由于新冠肺炎疫情迫使许多校园关闭，许多学校改面授教学为远程线上教学。尽管许多学校都成功将大部分课程转移到互联网上，但教学质量却有待检验。大多数教师都没有接受过专业的远程课程培训，撒哈拉以南非洲尚缺乏高质量教学和学习所必需的各类先进设备，也没有积极调整传统课程以适应网络教学。未来，各个国家政府需加强对教师的培训，帮助教师熟悉视频课程制作、熟练使用线上授课设备，提高教师使用和制作数字教育资源的能力，欣赏、尊重教师在社会中的重要角色，为教师网络授课提供有力的资金和心理支持。

① 魏顺平：《在线教育管理者视角下的学习分析——在线教学绩效评估模式构建与应用》，《现代教育技术》2014年第9期，第83页。

疫情背景下的非洲智库发展：挑战、机遇及应对

王　珩　张书林

内容摘要：在全球智库大发展背景下，非洲智库整体数量大幅增长，影响力趋于稳定。新冠肺炎疫情突袭而至后，非洲智库发挥各自专业优势助力疫情防控，积极帮助政府寻求解决方案。但部分智库因疫情加剧竞争风险，面临生存发展危机。其中智库研究能力的可持续性是首要问题，智库资金的保障成为重要因素，研究成果遭遇信任危机或成又一障碍。但是危中有机，疫情背景下非洲智库要抓住机遇，加强能力建设，创新多学科解决方案，优化资金来源，强化协作能力，共克时艰，为疫情防控和非洲经济社会可持续发展提供更加有力的智慧支持。

关键词：非洲智库　智库合作　新冠肺炎疫情

作者简介：王珩，女，博士，浙江师范大学非洲研究院副院长、教授，主要从事非洲智库研究；张书林，男，浙江师范大学非洲研究院 2020 级硕士研究生。

2020 年的新冠肺炎疫情引发全球新一轮经济危机，非洲各国经济受到了不同程度的影响。非洲智库的整体数量保持了增长态势，影响力趋于稳定，但国家间智库发展不平衡现象依旧存在。疫情暴发后，非洲智库积极投身疫情防控，成为推动抗疫防疫工作的重要力量。智库发展也因疫情遭受不同程度的冲击，面临生存和发展危机。

一　疫情背景下非洲智库的发展现状

非洲智库的发展既是投身智力支持的研究过程，也是探索自主发展道路的过程。面对疫情冲击，非洲智库将自身的研究和发展与疫情防控相结合，呈现新的特点。

（一）非洲智库数量整体增长，影响力有所提升

美国宾夕法尼亚大学发布的《全球智库发展报告 2020》显示：非洲智库总数为 797 家，比 2019 年增加 98 家，占比 7.13%。智库数量在 50 家以上的非洲国家包括南非、肯尼亚和尼日利亚，三国共有 218 家智库，较 2019 年增加了 19 家，占非洲智库总数的 27.35%。[①]

2020 年非洲智库质量和全球影响力有所提升，在全球智库前 174 位榜单中，非洲智库占 16 席，占 9.2%[②]，数量与 2019 年基本持平，未明显受到疫情的影响。其中南非智库共入选 6 家，肯尼亚公共政策分析研究所进步较大，从原本的 127 名跃居第 100 名。非洲经济研究联合会、南非国际事务研究所和南非安全研究所还进入浙江大学发布的《全球智库影响力评价报告 2020》榜单，南非国际事务研究所入榜“政府治理领域智库 TOP20”。

（二）智库积极参与抗疫防疫，成为应对危机的重要力量

新冠肺炎疫情暴发以来，非洲智库积极参与抗疫防疫工作，成为应对危机的重要力量。例如，非洲疾病预防控制中心基于疫情数据来采取应对措施和计划，以发现并迅速有效地应对疾病威胁和疫情，帮助非洲公共卫生机构增强了建立伙伴关系的能力。[③] 喀麦隆政策分析和研究中心通过相关数据为

---

① James G. McGann, *2020 Global Go to Think Tanks Index Report*, University of Pennsylvania, https: //repository. upenn. edu/think_tanks/18/.

② James G. McGann, *2020 Global Go to Think Tank Index Report*, University of Pennsylvania, https: //repository. upenn. edu/think_tanks/18/.

③ Barassou Diawara, “COVID - 19 and African Think Tanks: Challenges, Needs and Solutions”, https: //onthinktanks. org/articles/covid - 19 - and - african - think - tanks - challenges - needs - and - solutions, accessed 2021 - 5 - 8.

疫情防控提供分析和政策支持，并向喀麦隆政府通告新冠肺炎疫情的应对和恢复情况。摩洛哥新南方政策中心于2020年6月、7月和9月进行了三次公众态度调查，通过数据了解民众的心理状态，为制定应对新冠肺炎疫情的政策提供依据。肯尼亚、尼日利亚、卢旺达、塞内加尔、南非、坦桑尼亚、乌干达、津巴布韦和其他一些非洲国家的智库在研究、政策分析和对话方面提供了类似的支持。在智库调查团的一项针对非洲智库如何应对新冠肺炎疫情以及在危机初期的反应、需要支持见解的调查结果表明，响应调查的非洲智库已经审查了自己的年度研究策略，以确保智库研究与新冠肺炎疫情和其他危机相关。部分智库制作了各种知识产品，例如政策简介、博客文章和案例研究等，并组织了有关新冠肺炎疫情的在线培训和讲习班，以支持疫情防控工作。

（三）智库工作模式走向创新，机构更趋于精简有效

疫情为智库提供了反思其战略、商业模式和过往做法的机会。一方面，在活动空间受限的情况下，智库工作人员需要尝试新的工作模式，并在实践中进行创新。另一方面，一些智库利用这场危机进行更具实质性的体制改革，使组织变得更精简有效，如重组智库结构、调整研究议程、与政策参与者建立新的伙伴关系等。在智库调查团的调查中，有智库表示，面对疫情它们做出了积极响应：数字转移工作做得很好，从线上可以获得更多的资源，想出新的模式，甚至将产出更多的出版物，为智库产品带来更多的受众。还有业内人士表示："我们正计划把自己变成一个虚拟的智囊团。"还有的智库制定了短期和长期疫情应对方案，调整了战略主题领域，还与主要基层组织建立了战略伙伴关系。[①] 由于受到资金的影响，智库不得不关注工作的质量和协调性，确保机构工作的开展更加精简有效，兑现对捐助者做出的承诺，提升研究质量的同时，也为智库赢得了解决社会问题的机会，疫情下决策者和公众愿意接受它们的分析，使智库正以前所未有的形式得到关注和支持。

---

① 非洲疾控中心官网，https：//aphrc. org/runit/covid - 19aphrc，accessed 2021 - 5 - 8。

二　疫情背景下非洲智库发展的危机与挑战

当前，新冠肺炎疫情仍在非洲加速蔓延，非洲国家脆弱的公共卫生系统不堪重负，加之新冠肺炎疫情带来的各种负面影响产生叠加效应，使得非洲的抗疫斗争注定是一场攻坚战、持久战。① 受疫情冲击，有些智库不得不缩减规模，工作人员不堪重负、资金承诺无法兑现、活动空间受到限制以及合作伙伴的关注点转向对新冠肺炎疫情响应等问题困扰着非洲智库的发展。

（一）智库研究能力的可持续性是首要问题

智库对非洲制定政策至关重要，然而它们面临日益严重的可持续性危机，这种悲观的可持续性危机将对非洲的发展以及非洲大陆领导人和思想家对政策问题作出负责任的反应的能力产生消极影响。非洲智库往往因能力和资金不足而受阻，受疫情冲击，智库研究能力很难得到有效支持，无法进行持续性的研究。智库调查团的调查显示，大多数智库表示，政府未宣布为他们提供支持或刺激计划，同时迫切需要确保他们在疫情期间和之后继续向政府和主要利益相关者提供能力建设、研究、政策分析和宣传服务。智库研究能力被削弱，智库的生存就会面临严峻挑战，不得不寻求机构支持，以加强虚拟运营，以此来保证智库的运作。

（二）缺乏资金保障成为制约智库发展的重要因素

疫情对智库的影响因国家而异，也因行业而各不相同。各国政府在扶持经济的某些领域采取了截然不同的政策，而且由于资源集中在国内疫情防控战线上，国际资金急剧减少，智库资金的来源和保障风险不断上升，这对智库和其他非营利组织来说都是极为严峻的考验。资金来源不稳定、筹措不规范等问题，严重困扰智库运行，一些智库始终处于筹款模式，几乎没有空余时间进行有关问题的研究和分析。原有用于研究的资金可能会因疫情发生转

① 姚桂梅、许蔓：《新冠肺炎疫情下的非洲发展困境与前景》，《当代世界》2020 年第 9 期，第 64～71 页。

移、延迟支付，用于奖学金和旅行等方面的资金也受到限制。未来研究的资助充满更多不确定性。由于高度依赖国家和国际资金，疫情下的发展中国家智库未来仍不明朗，智库发展承受着巨大的压力。

（三）疫情背景下智库生存竞争的风险不断加剧

减少资金可能导致更具竞争性的环境，而不是协作的环境。在短期内，智库需要尽力调整工作重点，提供有关疫情的研究以便尽可能地争取资金支持。就智库工作人员而言，智库会因为资金缩减而进行人员裁减、精简项目等；就研究机构发展而言，研究内容也更多地转向与疫情相关的领域，例如，医疗卫生类的科学研究成为人们关注的焦点，而人文社科类智库的研究却少有关注。在竞争加剧的情况下，智库的生存受到严重威胁，增加了生存风险。如果智库不能找到特色优势，将可能在竞争环境中无法获得项目，智库之间如不能有效合作，或者研究机构之间不能实现互助，研究领域将可能出现萎缩局面。①

（四）智库研究成果遭遇信任危机或成又一障碍

“疫情下能够通过高质量的分析和召开高质量的会议来快速应对不可预见的发展的效率性被降低，不排除部分智库选择了数量而不是质量，这可能导致一些智库因为低质量产出而失去公众支持”②；由于独立资金来源很少，智库会依赖政府资金，并感受到来自政府的要求其帮助使政策合法化的压力，从长远来看，这可能会削弱智库的信誉。虽然一些非洲智库隶属于各国政府，并产出了一些由联邦基金支持的研究项目，但一些政策组织却难以传播其研究成果，因为它们可能与目前的政治观点相矛盾，智库必须在直言不讳和沉默之间保持平衡。此外，长期的不确定性可能导致员工流失，从而使智库的多元化和包容性要素减少，资助组织往往对政策建议不感兴趣，公民缺乏参与和错误信息、沟通不畅等都会影响到智库的信誉。

---

① James G. McGann，“2020 Africa Think Tank Summit”，https：//repository. upenn. edu/ttcsp_africa/2，accessed 2021 -5 -9.

② “COVID -19 Initiative Survey Results，On Think Tanks”，https：//onthinktanks. org/wp -content/uploads/2020/07/COVID -19_SurveyReport_1. pdf，p. 14.

三　新形势下的非洲智库发展契机

非洲新冠肺炎疫情的防控工作已经取得了积极进展，当前也正是世界各国开展合作的重要时期。这些机遇表现在以下几个方面。

（一）危机督促智库能力锻炼，为变革注入新动能

危机是促进变革的一种方式，新冠肺炎疫情带来的挑战使得非洲智库在今后的发展中能更及时地应对社会发展的不确定性，危机中智库的人才队伍和组织也可以通过转型以更好地获得重建。危机能够促使智库保持灵活性，以适应捐助者利益，同时更加尊重自己的职责，危机督促智库离开自己的舒适区，探索新的活动、新的伙伴关系和新的研究方法，在取得发展的同时，寻找影响政策和实践的新途径，强化自身能力，给智库发展增添新的活力。如《TTI 见解：探索智库资金模型》中所述，智库加强自身的信誉建设，通过信任基础上的捐助关系，一些智库已经能够与资助者进行更多的谈判，获得有利的合同条款和条件。① 由于有了经验，智库拥有坚实的心理基础和了解在动荡时期生存所需的条件，即使在充满挑战的时代，成功的智库也能够找到创新方法和发展机会。

（二）疫情催化数字科技运用，为发展增添新活力

疫情防控使人们认识到了数字科技的优势，倒逼数字经济发展提速。数字经济是通过对数字化的知识与信息的分析和使用，实现资源的快速优化配置，从而实现经济高质量发展的经济形态。② 疫情背景下智库的研究和合作不再局限于线下，通过互联网等方式克服空间障碍，不仅可以使智库迁移到虚拟平台，还可以传播和扩大他们的声音，在线下办公成本高的情况下，线上协同办公或许会带来用工方式的全新变革。例如，中非智库论坛第九届会

① Julie Lafrance，“How Is COVID－19 Affecting Think Tanks? Silver Linings and Building Back”，https：//onthinktanks. org/wp－content/uploads/2020/07/COVID－19_SurveyReport_1. pdf，最后访问日期：2021 年 5 月 8 日。

② 许亚岚：《疫情催化数字经济迎来新红利》，《经济》2020 年第 5 期。

议就采取了线上线下相结合的方式，取得了良好的效果。未来，中非在自贸区建设、产业链对接、公共卫生、5G 等领域的交流合作有着巨大潜力，数字科技的运用将会给智库的发展增添更多活力，带来新一轮的发展机遇。

（三）疫情扰乱社会初始状态，为研究打开新视野

虚拟平台的活跃，数字科技的发展，不仅给智库的交流合作创造了空间，还为非洲社会的发展带来更多样化的视野。面对资金支持的减少，非洲智库需要调整和考虑其价值主张和整体研究议程，危机暴露了不同政策领域内部的一些裂痕和脆弱性，如卫生、经济、教育和公共管理领域等，这些领域以新的方式传达出新信息、提供新机会。经济学家姆巴耶·西拉·胡玛认为，在新冠肺炎疫情蔓延、卫生危机暴发从而导致世界经济衰退的背景下，如果非洲国家进行必要的改革，反而能从中受益。[①] 在当前形势下，非洲国家需要抓住机遇，生产产品满足自身发展需求，摆脱对外依赖性，这些需要更多的智慧支持。

四　非洲智库发展的思考与展望

疫情危机催化了数字科技的运用，督促智库进行能力提升，也为研究打开了新视野。未来智库要立足新背景、挖掘新动能、激发新活力和拓展新视野，克服困难，在危机中育先机、开新局。

（一）强化顶层设计，加强智库的能力建设

智库机构要更好地发挥作用，就要明确定位，强化顶层设计，赋予其独有的智库职能。第一，及时调整智库的组织结构，加强智库能力建设，如通过对智库的领导和管理架构、资金来源、研究议程及执行力、研究成果交流与传播、工作人员福利和更广泛循证政策等领域进行调整或改进，使其提高适应能力，增强自身的能力建设，更好地应对未来发展过程中的不确定性。

① 俄罗斯卫星通讯社：《新冠病毒可为非洲打开新视野》，http：//sptnkne. ws/BFxn，最后访问日期：2021 年 5 月 15 日。

第二，要注重队伍培养，使工作人员能够致力于智库的每个关键任务，可以提供政策制定方面的培训，注重参与政府的发展战略、社会政策与解决方案的制订等。第三，缩小智库研究与政策之间的差距，能够将外国投资和国家发展的有益见解与政府进行战略性交流，重新构造智库与政府的关系，以期成为讨论各种问题的多领域智囊机构。

（二）提升科技运用，创新多学科解决方案

疫情创新了人们的工作模式，线上虚拟活动越来越多，在信息化日新月异的发展背景下，利用大数据、人工智能等新技术来创新研究方法、拓展研究能力，以提高政策咨询研究的效率和精准性日趋重要。非洲智库在建设过程中，需强化自身对科技的运用。智库可以联合建立专业的数据资料库，依靠互联网、云计算、大数据平台等新技术来深化研究，如非洲知名智库非洲晴雨表的数据收集分析，借助科技来支撑专业研究。非洲的政府部门、国际组织、社科类智库可通过与高校智库、科技智库等合作发展，全面提升政策咨询研究能力水平。尤其要重视智库借助互联网技术、加快利用新技术强化专业数据库建设，利用新媒体手段，更好地与不同研究领域联系，建立各种交流合作平台，开发全球性多学科的解决方案。

（三）优化资金来源，吸引项目和捐助资金

面对资金短缺问题，智库要优化资金来源。第一，正确处理和政府的关系。面对疫情后资助者撤回承诺将投资转向疫情防控和经济复苏的情况，智库需要重新思考自己的价值主张和总体研究议程。要充分做好政府的沟通工作，以期支持政府疫情防控工作，同时解决自身的发展危机。第二，寻找合作伙伴和社会团体的资助。可以加强与企业的合作，接受企业捐赠，利用好公益众筹平台，通过展示优秀的公益项目争取公益平台的资助。第三，搭建筹资平台，提升项目筹资能力。将商业思维与公益相结合，在项目营销上，注意媒智融合，提高筹资效果；在项目执行上，应因地制宜，根据不同项目类型选择不同的筹资平台和筹资策略。第四，增强资金管理的透明性，可借助第三方监管，促进公众的参与，加强沟通互动，既能获得公众的信任，也可以为资金赞助方提供参考。

（四）强化协作能力，开展全球对话与合作

当前，新冠肺炎疫情在海外呈扩散趋势，部分国家疫情严重，人类面临的最严重挑战是没有国界的，需要各国研究人员通力合作，需要各国持续投入。[①] 非洲智库不仅要围绕非洲大陆最紧迫的政策问题加强团结，而且有必要合作应对智库面临的战略和行动挑战。第一，加强交流，推进合作，以抗疫防疫为契机，非洲智库可与非洲地区内外的大学进行合作，加强跨学科和技术领域的合作，实现优势互补、相互促进、互利共赢。第二，增加互动，增进信任。利用线上优势开展网络会议来增加互动频度，集合专业优势，协作产出高质量成果。开展智库互助，进行资源共享，增进彼此的战略信任，和其他地区智库进行抗疫防疫经验交流，通过积极开展对话与合作，探讨疫情防控的最优解决方案。第三，优化现有平台，利用好全球智库圆桌会议、中非智库论坛等平台，推进线上的交流合作，进一步凝聚智库团结合作、携手抗击疫情的共识。

① 中国社会科学院国际合作局：《国际学术及智库界共同推进抗疫国际合作》，《中国社会科学报》2020 年 5 月 13 日。

第四篇
中非合作态势

新冠肺炎疫情下的中非合作

林子赛　陈　雅　夏　净

内容摘要：2020 年人类遭遇新冠肺炎疫情，给国与国之间的正常交往带来了极大的阻碍，但是中非合作热度不减、中非关系前景光明。疫情期间，中非相互支持、加强抗疫交流、共同抗击疫情，彼此为对方提供力所能及的帮助；疫情防控之下，中非上至政府，下至民间团体之间，共同协作、克服疫情带来的不利影响，创造条件加强彼此交流；在疫情的大考中，中非彼此信任、并肩作战，共筑中非命运共同体。展望未来，中非双方依托中非合作论坛这一平台，推动共建“一带一路”，将共迎美好的未来。

关键词：新冠肺炎疫情　中非合作　中非命运共同体

作者简介：林子赛，男，浙江师范大学马克思主义学院副教授，主要从事国外马克思主义研究、西方伦理学研究和思想政治教育；陈雅，女，浙江师范大学马克思主义学院硕士研究生；夏净，女，浙江师范大学马克思主义学院硕士研究生。

一　疫情考验下中非友谊历久弥坚

2020 年是载入史册的特殊年份，新冠肺炎疫情的肆虐使得人类遭受了自二战结束以来最为严重的全球性灾难，人们内心深处对生命的敬畏再度被唤醒，人与人之间、国与国之间都在经历着重大的考验，而中非友谊在这场大考后更为牢固和坚定。

（一）兄弟情深：非洲支持中国抗疫

非洲国家从各个方面积极支持中国抗击新冠肺炎疫情。

第一，非洲多国热切关心和问候中国抗疫情况。南非总统拉马福萨在对中国的致电中，高度赞扬中国抗疫行动，表示在习近平主席带领下中国必将赢得最终胜利；利比里亚总统维阿对中国人民一定能战胜疫情充满信心，并强调利比里亚政府和人民不会忘记中方在利比里亚埃博拉疫情时的雪中送炭之情；莫桑比克总统纽西、多哥总统福雷、埃塞俄比亚总理阿比和津巴布韦外长等也表达了慰问和支持。此外，加纳总统阿库福－阿多不仅在中国疫情防控严峻时刻率先向习近平主席致慰问信，并且在议会发表2020年国情咨文期间再次就中国抗击新型冠状病毒疫情表达了支持。[①]

第二，非洲社会各界为抗击疫情贡献力量。据当时整理的一份“国外援助中国抗疫物资清单”可以看到，非洲国家虽然物资匮乏，但仍愿意全力付出，尽己所能地捐款捐物。最值得一提的是，在不少来华留学生启程回国之时，贝宁在华医学留学生莱东瀚志愿赴武汉抗疫，1月29日，他就向医院递交了一份中英双语请战书，书中恳切地表示中国是他的第二家乡，他要以一名医学生的身份志愿加入中国抗击新冠疫情的队伍。非洲各界尽心竭力为中国抗击疫情捐款捐物。

第三，非洲各国以自己的方式为中国战胜疫情祈福。2月25日，正值中加友谊路落成，在西非加纳特马，一场为中国战疫加油祈福的万人签名活动同时举行，加纳副总统巴武米亚出席，活动中人们争相签名留言，表示加纳永远与中国在一起。3月1日晚，开罗萨拉丁城堡、卢克索卡尔纳克神庙和阿斯旺菲莱神庙同时亮起了五星红旗[②]，绚烂的灯光点亮埃及夜空，为中国抗击新冠疫情送上了埃及人民特别的精神支持和鼓励。在中国困难之际，非洲人民坚定地站在了中国身边，中国人民永远不会忘记这份支持和情谊，将时刻铭记在心。

---

① 《加纳总统在国情咨文中声援中国抗击新冠疫情》，人民网，http：//world. people. com. cn/n1/2020/0223/c1002－31600266. html，最后访问日期：2020年2月23日。

② 《埃及千年历史地标点亮五星红旗 支持中国“战疫”》，人民网，http：//world. people. com. cn/n1/2020/0302/c1002－31613073. html，最后访问日期：2020年3月2日。

（二）雪中送炭：中国支援非洲抗疫

疫情在非洲暴发后，尽管中国国内抗疫工作尚未结束，仍有着内防反弹和外防输入的巨大压力，但中国在克服了自身的重重困难后，第一时间向非洲送去关怀。在物质帮扶上，为非洲提供了大量抗疫必需品，分多批次直送非洲各国。在技术帮扶上，派遣了多支精干的专家组分赴非洲各国，同时采取线上会议、线下培训的形式提高非洲自身抗疫技能。中国为非洲带去了爱和希望，为其战胜疫情提供了强大的助力，也为更好地控制疫情、巩固防控成果、提供公共卫生安全保障能力和共同构建中非卫生健康共同体作出巨大贡献。

第一，中国向非洲提供大量抗疫物资、多次派出抗疫医疗专家组。仅2020年3月，中国政府、地方组织、民营企业及商会等单位以不同方式千里驰援非洲各国，体现了患难与共的兄弟之情。

第二，中国积极组织和非洲国家的线上线下抗疫交流。2020年4月2日，根据国家卫健委国际司监察专员李明柱在新闻发布会上的介绍，中国当时已经在非洲国家开展了250余场疫情培训和健康教育活动，活动覆盖1万多人，发布了800多份多语种的公告和防控指南①，极大增强了非洲各国民众对疫情的认知和自我防控能力。自疫情突袭而至以来，中非一直相互支持、相互帮助，在整个抗疫行动过程中开展了数场合作会议，统筹资源共话安全。如4月17日的“抗击新冠疫情与中非合作”国际视频会议、6月17日的中非团结抗疫特别峰会等，中非双方不仅积极在线上参与，而且在线下的交流也不停滞。如7月18日，驻莱索托大使雷克中与莱首相、副首相就中莱携手抗击新冠肺炎疫情、加强经贸领域合作等事宜交换意见。② 7月20日，廖力强大使同埃及卫生和人口部长哈莱展开深入交流，对加强中埃共同抗疫和医疗卫生等领域的合作进行探讨，共商合作事宜。

---

① 《中国与非洲54个国家进行抗疫技术交流 发布多语种防控指南800多份》，环球网，https：//3w. huanqiu. com/a/c36dc8/3xfiz3q5s6O？agt = 17，最后访问日期：2020年4月2日。

② 《驻莱索托大使雷克中在官邸接待莱首相和副首相》，中华人民共和国外交部，http：//switzerlandemb. fmprc. gov. cn/web/wjdt_674879/zwbd_674895/t1798864. shtml，最后访问日期：2020年7月18日。

第三，中国研制的新冠肺炎疫苗运往非洲。2020年12月10日，中国新冠肺炎疫苗顺利运抵开罗国际机场。埃及卫生与人口部长哈莱出席交接活动，并在发布会上向中国表达了衷心感谢，她认为首批中国疫苗的到来不仅见证了中埃友谊达到了新的高度，而且为埃及人民的健康注上了强心剂。合作抗疫是中埃守望相助的具体措施，埃及表示会珍视中国疫苗的重要作用，优先向医务人员和弱势群体接种。

在疫情的考验之下，中非患难见真情，中非友谊经得起现实的考验，也经得起时间的考验。疫情发生以来，中非紧密协作、团结抗疫，彼此在对方困难之时都做到了不离不弃，中非抗疫增进了中非政府和人民之间的真切情谊。

二　疫情防控下中非交往热度不减

突如其来的新冠肺炎疫情为中非交往带来了诸多消极影响，但是中非双方交流与沟通并没有因此而停滞，相反中非政府和民间团体都竭力克服困难，创造有利于两国交往的条件，化不利因素为有利条件。

（一）互信之交：中非官方深入合作、势头良好

在疫情防控的艰难时刻，中非在保持密切高层交往的同时，也就中非合作论坛成立20周年、中国援非项目的顺利交接等重大问题加强交流沟通，巩固传统友谊。

第一，中非合作论坛成立20周年的庆祝。2020年正值论坛成立20周年，中非政府在这历史性的关键时间节点加强了彼此的沟通交流，也借此契机回顾和展望双方关系。10月，中非双方共致贺电，强调中非合作论坛的重要性以及未来要继续做到造福中非人民；之后在中非合作论坛20周年成果与展望云论坛上，来自中非各界的代表就已取得的成果、中非发展、南南合作以及团结抗疫等议题各自发表观点。11月，王毅外长在中非合作论坛成立20周年纪念招待会上强调在未来中非更要加强团结、共克时艰、互利共赢和勇担重任，努力创造中非合作的新局面。

第二，中国援助非洲国家项目的顺利交接。中国援桑给巴尔打井供水项

目二期交接仪式于9月5日举行，这是班达玛吉地区首次开通自来水，此次交接的二期项目将比2019年竣工的一期多提供约10000人的日常饮用水资源，该项目解决了长期以来困扰民众的用水难问题，满足了人民日常生活的基本需要，提高了当地百姓的生活水平，促进了桑给巴尔社会经济的发展。11月20日，中国援非“万村通”贝宁项目交接仪式在贝宁隆重举行，该项目获得中贝两国政府的大力支持，由四达时代承接于2019年完成并交付使用，而且还培训了相关的技术维修人员，确保设备的可持续运营和使用。该项目的受益人数众多，越来越多的贝宁人通过收看清晰的卫星电视节目看到了外面的世界，既开阔了眼界，又极大地丰富了业余文化生活，为贝宁人民带来了实实在在的好处，还增进了中贝两国人民的深情厚谊，真正做到了造福人民。此外，中国驻贝大使还分别向学校和当地政府捐赠了学习用品和防疫物资。

第三，驻非大使与非方人员的友好互动。双方竭力促进中非友好关系的发展，互动内容涉及广泛。在社会经济发展层面，中国在非洲承建的供水截流仪式、灾后重建合作项目的启动仪式、防控新冠肺炎疫情等主题的座谈会顺利举行，非方积极响应并加入中国的“一带一路”倡议以实现合作共赢，在政治交流方面，中方积极解读十九届五中全会公报及“十四五”规划、2035年远景目标，致力于不断巩固中非政治互信。此外，中非还在经贸往来、医疗卫生合作方面保持着友好合作关系。中方竭尽所能地在民生等方面切实地帮助非方，非方也在主动、积极地向中方走近、渴望深入了解中方的政策和规划，中非双方积极加强交流沟通、互帮互助、携手共进。此外，通过11月的第三届中国国际进口博览会这个平台，非洲企业进一步开拓了中国广阔的市场，中国消费者也了解到更多的非洲产品，赞比亚驻华大使还在进博会上推广了赞比亚商品，中非互利共赢、共谋发展，经贸合作更进一步。

（二）民心相亲：中非民间团体交往密切、硕果累累

中非民间团体间文化交流密切，有关于疫情肆虐背景下如何加强中非合作、发挥中非民间力量和媒体影响力的讨论，有鼓励青少年为国家发展贡献力量，有关注未来中非在各领域的进一步合作，还有增进中非青年交流、延

续传统友谊的大联欢和各种比赛。中非民间团体间在时事、青少年、经济等诸多方面的活动都进一步加强了中非合作的友好关系，共同为中非发展更美好的明天贡献了力量。

在新冠肺炎疫情肆虐的艰难形势之下，中非政府以及民间团体不懈努力，进行频繁、良性的交往，充分发挥了社会各界的作用，多年来中非交往逐渐形成了立体的、多层次的外交格局。在双方的努力下，相信通过加强各领域务实合作、推动双边关系不断向前发展、为中非合作注入新动力，中非人民的友好关系将更加坚固。

三　中非命运共同体必将更加紧密

新冠肺炎疫情在带来磨难的同时，也让中非人民看到了爱与希望，实践表明人类是一个休戚与共的命运共同体。在过去的2020年，历史见证了中非双方在坚持中非命运共同体的理念之下，互信互助、携手抗疫的深情厚谊；相信在未来，只要中国和非洲继续秉持中非命运共同体理念，同心协力、并肩作战，不仅能够战胜病毒恶魔，而且定会共同迎来更加美好的未来。

（一）历史回顾：中非合作弥足珍贵、牢不可破

回顾为构建中非命运共同体而付出的努力和取得的成就，可谓是稳扎稳打、硕果累累。截至2020年10月，中国在减贫领域，已经帮助非洲援建农业技术示范中心，还举办减贫培训班，培养当地民众成为技术和知识型人才，为非洲的农业发展出谋划策、提高农业生产效率、帮助非洲人民摆脱贫困；在人文领域，通过向非洲国家提供政府奖学金名额、合建孔子学院和孔子课堂以及建立友好城市关系等，促进了当地教育、文化、旅游等方面的发展，加强中非文明交流互鉴。此外，在“一带一路”合作框架下已经有一大批项目在非洲相继建成，极大地促进了非洲经济社会的发展。这些年来取得的成绩是中非命运共同体理念的体现，更为欣慰的是，中非即使在面临新冠肺炎疫情席卷全世界、国际形势纷繁复杂的2020年，仍在各领域取得了丰硕的成果，中非政治互信不断深化、云外交拓展外交新维度、经贸合作发展迅速以及人文交流活跃等等。例如10月29日，中国驻刚果（金）大使朱京

在接受“数字刚果”电视台专访时说：“在刚投资兴业的中资企业超过 80 家，投资规模超过 100 亿美元，较 2015 年增加一倍，为当地创造了近 5 万个就业岗位。”① 即便是在困难的疫情时期，中非仍能顶住巨大的压力、让彼此的合作充满活力和生命力。

（二）时代展望：携手共建中非命运共同体

展望未来，中非将继续同心协力、乘风破浪，携手共建中非命运共同体。中国和非洲都是人类文明的发源地，又有着相似的被殖民的历史，还同为发展中国家，更为重要的是中非人民都向往和平、互助、平等，中非早已在历史的进程中结成了休戚与共的命运共同体。站在新的起点上，中非要继续深化互信合作，依托中非合作论坛这一平台，稳步推进“十大合作计划”和“八大行动”，持续发挥“一带一路”的引领作用，顺应时代潮流、平等互利、互帮互助，共筑更加紧密的中非命运共同体。

第一，依托中非合作论坛的集体对话平台。中非在互相尊重、平等对话的基础上加深了解、加强合作，开启了中非关系的新纪元，论坛自 2000 年成立以来，中非双方始终坚持相互尊重、平等相待的方针，互利共赢、务实高效、人民至上的理念，开拓创新、开放包容的精神，合作成果已经惠及中非 26 亿人民，相信未来中非友好合作的前景必定是光明和广阔的。目前，中国已经用事实证明，发展中国家可以通过自主探索找到一条适合本国国情的独特发展道路，人民依靠双手努力可以过上美好幸福的生活。中国可以做到的，相信非洲也一定能做到，未来，中国一定会一如既往地做到“五不”“四不能”，在合作中平等相待并尽己所能地帮助非洲国家早日实现民族复兴；非洲国家也会在各个领域加强与中国的合作，学习先进的科学技术，促进本国经济的发展、民生的改善和社会的进步。在新时代，依托好中非合作论坛这一重要平台，推动中非关系的纵深发展，让其继续成为引领南南合作和国际对非合作的一面旗帜，实现更大的飞跃，取得更大的成就。而且在此

① 《驻刚果（金）大使朱京向刚媒体介绍中非、中刚合作》，中华人民共和国外交部，http://switzerlandemb.fmprc.gov.cn/web/zwbd_673032/yjcf/t1827859.shtml，最后访问日期：2020 年 10 月 30 日。

基础上，稳步推进“十大合作计划”和“八大行动”，在中非各个领域合作日益深入的过程中，提出的新主张、新举措越来越符合现实发展的情况，为新时代的中非合作擘画了美好蓝图，在取得诸多成果的同时也为中非关系注入新的动力。

第二，推动共建“一带一路”。在众多共建“一带一路”的国家中，非洲是合作的重要方向，在签署的相关合作文件中约占总数的1/3，且已经在非洲国家取得了显著成果，中国企业在肯尼亚、乌干达、赞比亚、加纳、加蓬、埃塞俄比亚、刚果（布）、尼日利亚等国已合作完成覆盖交通、教育、医疗在内的多个项目。2020年12月，《中华人民共和国政府与非洲联盟关于共同推进“一带一路”建设的合作规划》的签署具有历史性的意义，促进了中非合作的深入持续，也足以说明中非共建“一带一路”的势头已经不可阻挡，必将促进更加紧密的中非命运共同体的构建。

2020年的新冠肺炎疫情，再一次向世界证明中非不仅是朋友，更是战友。2020年也是中非合作论坛成立20周年之际，相信在未来的岁月里，中非必能不忘来时路、以更加开放的姿态相互合作，为构建更加紧密的中非命运共同体而努力奋斗。

中非金融合作

黄梅波　张丽敏

内容摘要：2020～2021 年新冠肺炎疫情全球蔓延，对各国经济造成了很大的冲击，也减缓了中非金融合作的步伐。整体来看，中非金融合作大多依靠政府推动，市场主体参与较少，且合作层次不深，未来双方应继续深化在传统银行业、保险业、资本市场的合作，同时推进数字经济与人民币业务，使之成为中非金融合作的亮点和机遇。

关键词：中非　金融　银行　资本市场

作者简介：黄梅波，女，经济学博士，上海对外经贸大学国际发展合作研究院教授、博导，主要从事国际发展合作、非洲经济发展和世界经济研究；张丽敏，女，上海对外经贸大学国际经贸学院硕士研究生，主要从事国际贸易研究。

中非友谊源远流长，经贸往来日益密切，中国连续多年对非洲经济增长贡献率超过 20%。经贸往来为中非金融合作提供了坚实的基础。近年来，中非金融合作逐渐深入，不断朝着多元化、国际化方向发展。

一　中非金融合作现状

早在 1985 年，中国就加入非洲开发银行，标志着中非金融合作的开端。截至 2020 年，中非在银行业、保险市场、资本市场以及其他金融领域均开展了多样化合作，取得了丰硕的成果。

（一）中非银行业合作

1. 中国进出口银行对非合作

进出口银行是中国援外优惠贷款和优惠出口买方信贷业务的唯一承办行，是中国对非提供融资的最大金融机构，在对非贷款融资、支持基础设施建设与提供多种金融服务上作出重要贡献。

（1）投融资

1999 年进出口银行首次在南非设立代表处，随后布局非洲多个国家，设立了众多代理行，初步形成了一定的业务网络。截至 2019 年 7 月，该行有贷款余额的对非项目超过 600 个，贷款余额超过 3400 亿元人民币，广泛分布于 47 个非洲国家，涉及众多领域。[①] 在 2013 年非洲投资峰会上进出口银行提出，到 2025 年中国金融机构将向非洲提供 1 万亿美元的融资，[②] 致力于满足非洲国家的资金需求。在 2019 年首届中国—非洲经贸博览会上，进出口银行承办了中非双边贸易促进研讨会，并签署了相关项目的合作协议，设立了 50 亿美元自非洲进口贸易融资专项资金，使中非人民共享贸易交流的福利。

（2）基础设施建设

近年来，进出口银行积极支持中国企业"走出去"，带动一大批项目落地生根，改善了非洲的基础设施环境。例如由进出口银行支持的塞内加尔乡村打井供水项目被当地人称颂为"民心工程"，项目建成后，不但能解决当地农村的缺水问题，还能提供 3000 多个就业岗位，是中塞友谊和中非互利合作的新象征。同时进出口银行大力倡导可持续发展理念，支持实施绿色项目，积极引导在非企业履行环保和社会责任。如支持实施的埃塞俄比亚阿达玛风电项目不仅达到了节约资源、保护环境的目的，还为未来清洁能源的开发利用树立了典范。截至 2018 年 9 月，进出口银行已经为非洲超过 8000 公里的公路提供融资，也为超过 30000 公里的铁路提供

① 《走进非洲：进出口银行积极支持中非全方位合作》，中国进出口银行，http：//www. eximbank. gov. cn/info/ztzl/ fzzt/201810/t20181012_6929. html，最后访问日期：2019 年 8 月 6 日。

② 《中非金融合作进展与发展前景》，光明日报，https：//epaper. gmw. cn/gmrb/html/2014－08/28/nw. D110000gmrb_20140828_4－16. htm，最后访问日期：2014 年 8 月 28 日。

融资，[①] 有效促进了非洲经济的可持续发展和民生的改善。

2. 国家开发银行的对非合作

国开行作为中国对外投融资的主力银行，长期以来致力于为非洲国家经济社会发展建设贡献力量，在多个方面取得了显著成就。

提供投融资，发放贷款。截至 2019 年 9 月，国开行累计向 43 个非洲国家近 500 个项目提供投融资 600 多亿美元；发起设立 100 亿美元的中非发展基金，累计对非洲 36 个国家投资近 50 亿美元，带动中资企业对非投融资超过 240 亿美元；还设立了 60 亿美元的非洲中小企业发展专项贷款，向 32 个非洲国家发放贷款 20 亿美元，直接为非洲当地创造就业机会 21 万个，带动贸易额 48 亿美元，这些都在很大程度上满足了非洲国家经济社会建设的资金需求。

牵头设立中非金融合作银联体，与各成员行共同支持中非基础设施建设和产能合作。中非金融合作银联体于 2018 年 9 月由中国国家开发银行牵头成立，是金融界落实中非合作论坛北京峰会精神的重要成果，被纳入中非合作论坛—北京行动计划（2019—2021 年）。截至 2019 年 6 月，国开行与中非金融合作银联体 10 家成员行开展了业务合作，对涉及基础设施、非洲中小企业等领域的 16 个项目发放贷款近 18 亿美元。[②]

开展交流培训项目。截至 2019 年 9 月，国开行已与 18 个非洲国家开展了规划咨询活动，组织了 56 个非洲国家超过 2600 人参加交流培训项目，资助奖励了 19 个非洲国家 45 位青年来华学习，[③] 促进了中非文化交流。

3. 中国工商银行的对非合作

标准银行是非洲资产规模最大的银行，2008 年，中国工商银行以 55 亿美元收购标准银行 20% 战略性股权，成为其单一最大股东。截至 2019 年 1 月双方已为非洲约 40 个中资公司项目提供总值 85 亿美元融资支持，涉及投

① 胡晓炼：《与非洲合作，未来主要这么做》，https://www.sohu.com/a/252666028_100177278，最后访问日期：2018 年 9 月 8 日。

② 《强化中非银联体平台作用　推动中非金融合作》，国开行，http://www.xinhuanet.com/money/2019-06/27/c_1124678970.htm，最后访问日期：2019 年 6 月 27 日。

③ 《强化中非银联体平台作用　推动中非金融合作》，国开行，http://www.xinhuanet.com/money/2019-06/27/c_1124678970.htm，最后访问日期：2019 年 6 月 27 日。

资金额300亿美元。[①] 在新冠肺炎疫情期间两家银行密切合作，采取多种措施帮助中非企业应对疫情挑战。两家银行推出居家办公新模式，联合举办“线上非洲主题经济论坛”活动，与众多非洲国家中资企业进行线上交流。在中国国际进口博览局支持下，中国工商银行与标准银行创新运用“非接触”“云推介”方式，举办了第三届中国国际进口博览会境外招商非洲地区线上推介会，受到国内外广泛关注。

近年来，中国工商银行致力于创新跨境金融产品和服务，成为首届中非经贸博览会的金融服务战略合作伙伴和中非跨境人民币中心的建设方。2020年7月23日，中国工商银行总行正式批复在湖南分行设立中非跨境人民币中心，是首届中非经贸博览会的重大金融成果。[②]

（二）中非保险市场合作

相对于银行业合作，中非保险市场合作层次较浅，以中国方面提供的政策性保险机构为主。中国出口信用保险公司（简称“中信保”）是中国唯一一家国有政策性信用保险公司，2018年至2019年5月，中信保承保中国企业对非业务460.8亿美元。其中，短期出口信用保险承保262.7亿美元，中长期出口信用保险承保101.1亿美元，海外投资保险承保97.0亿美元。中信保承保领域涉及非洲基建、医疗和教育等几十个行业，支付赔款2.6亿美元。[③] 2020年12月3日，中信保约翰内斯堡代表处在南非顺利完成注册，是中信保在非洲大陆设立的第一家代表处，将助力中国企业“走出去”，着力提升海外服务能力。

近年来，中信保积极履行政策性职能，服务中非经贸往来，对非洲的基础设施建设、产能合作和贸易投资作出重要贡献。

---

① 《中非贸易人民币结算占比11%　“一带一路”成人民币国际化良机》，中非贸易研究中心，http：//www.cabc.org.cn/detail.php？cid＝8&category_id＝8&id＝23522019－01－31，最后访问日期：2019年1月31日。

② 《工行：建好中非跨境人民币中心　打造中非金融服务旗舰》，https：//www.163.com/dy/article/FQMFAALQ0514EV7Q.html，最后访问日期：2020年11月5日。

③ 《深入落实中非“八大行动”　中国信保护航中非经贸合作》，金融时报－中国金融新闻网，https：//www.financialnews.com.cn/bx/jg/201907/t20190703_163073.html，最后访问日期：2019年7月3日。

第一，支持非洲基础设施建设。为解决非洲地区用电问题，中信保承保了中资企业在非洲最大的水电站项目——安哥拉卡古路·卡巴萨水电站，在中信保出口买方信贷保险的支持下，6 家中资银行联手提供融资，有力地推动了该项目的顺利实施。

第二，积极推动中非产能合作。在发改委和商务部的指导下，中信保与进出口银行、国家开发银行、中国工商银行创新了“三行一保”合作机制，在该机制的支持下，中信保承保了埃及国家电网升级改造项目，承保金额达 9.8 亿美元，这是中埃产能合作中首个承保项目，也是埃及政府首次使用中国出口信贷的项目，对非洲国家深度融入“一带一路”建设具有重大示范意义。

第三，促进中非贸易投资便利化。境外经贸合作区的建设有效促进了中非贸易投资便利化，截至 2018 年 8 月，中信保已承保了尼日利亚、埃及、埃塞俄比亚 3 个非洲国家的“境外合作区”项目，为相关企业提供优质的出口信用保险服务，此外，为统筹推进与非洲各国的合作，中信保已与安哥拉、肯尼亚、乌干达、南非、埃及等国政府部门和金融机构签署了框架合作协议。[①] 通过搭建上述合作机制，中信保与合作国信息沟通更加顺畅，取得了良好的合作效果。

（三）中非资本市场合作

中非共建“一带一路”，资金融通稳步提升，中国依托“一带一路”专项贷款、丝路基金、中非发展基金、中非产能合作基金等投融资平台，为中非共建“一带一路”提供金融支持。

1. 中非发展基金

作为中国第一支专注于非洲投资的股权基金，中非发展基金是 2006 年中非合作论坛北京峰会上中国政府宣布的对非合作重要举措之一，由国家开发银行承办，总规模 100 亿美元。截至 2020 年 8 月，该基金在 37 个非洲国家决策投资超过 54 亿美元，行业涉及基础设施、产能合作、农业民生、能源矿产等，有效增强了当地经济发展能力，增加了就业、税收和出口创汇，

---

① 《中国信保：出口信用保险深耕非洲为企业保驾护航》，人民网，http://money.people.com.cn/n1/2018/0831/c42877-30264953.html，最后访问日期：2018 年 8 月 31 日。

提升了当地人民的生活水平，带动中国企业对非投资260亿美元。[①]

2. 中非产能合作基金

中非产能合作基金由外汇储备、中国进出口银行共同出资。2015年12月4日，习近平主席在中非合作论坛约翰内斯堡峰会上宣布设立首批资金100亿美元的中非产能合作基金。从2015年成立到2020年6月，中非产能合作基金已经内部决策批准投资项目6个，批准投资额5.42亿美元，4个项目已签署投资协议并实现出资额2.48亿美元。截至2017年4月底，基金共备案项目近60个，立项项目11个，在产能合作、资源能源、基础设施、通信等领域储备了一批预期经济效益良好、示范作用显著的投资项目。[②] 2020年5月26日，发改委外资司负责人与中非产能基金负责人就创新对非合作举行会谈，中非产能基金拟联合发达国家投资基金在非洲等地区开展第三方市场合作，[③] 以扩展业务范围，分散风险，扩大收益来源。

（四）区域及次区域多边开发金融机构的合作

中国不断深化与非洲开发银行（非行）、东南非贸易与开发银行（东南非行）和西非开发银行（西非行）等区域和次区域开发性金融机构的合作。其中中国银行已为非行核定5亿美元授信额度，中国银行、中国工商银行、中国建设银行、国家开发银行和中国进出口银行总计向东南非行提供了近6亿美元贷款，国家开发银行多次参与西非行授信项目，这些资金有力地提升了三家开发机构的贷款能力，促进了基础设施和民生等领域的项目建设。此外，中国工商银行还代理非行在中国银行间市场开展交易。丝路基金和中非产能合作基金积极寻求与东南非行开展项目合作，并在探讨入股的可行性。[④]

---

① 《联合国发布中非发展基金案例专刊　高度评价中非投资合作成果》，http：//cv. chineseembassy. org/chn/zgxw/t1815030. htm，最后访问日期：2020年9月15日。

② 《聚焦创新对非投资合作！发改委与中非产能基金举行会谈》，http：//www. cnafrica. org/cn/fzgl/19103. html，最后访问日期：2020年6月3日。

③ 《国家发展改革委外资司与中非产能基金就创新对非投资合作举行会谈》，https：//www. ndrc. gov. cn/fzggw/jgsj/wzs/sjjdt/202005/t20200526_1228948. html，最后访问日期：2020年5月26日。

④ 《独家专访央行国际司司长朱隽：中非金融合作重点在创新投融资模式》，第一财经，https：//www. yicai. com/news/100022196. html，最后访问日期：2018年9月5日。

在新型国际多边金融机构方面，中国积极推动亚洲基础设施投资银行（亚投行）和金砖国家新开发银行在非洲业务拓展，为非洲经济“造血”。2017 年 9 月，亚投行宣布向非洲提供首批贷款，2018 年 5 月，亚投行与非行签署了谅解备忘录。2020 年 7 月亚投行批准利比里亚加入，截至 2020 年 7 月亚投行在非洲共有 10 个成员和 9 个意向成员。①

二　中非金融合作存在的问题

中非金融合作虽然顺利推进，但是仍存在不少限制性因素。

（一）非洲国家银行业集中度高，信贷成本高昂

非洲国家的大多数银行业集中度高，呈现寡头垄断特征，前三大银行持有的资产比例很大，导致流动性过剩和风险规避。据世界银行估计，整体来看，三大银行在非洲的平均市场占有率约为 73%。银行是非洲国家储蓄和投资的最基本渠道，不完善的监管框架导致银行业高度集中，中介利率非常低，使得非洲银行享受高利率回报，阻碍了企业和个人获得信贷。由于非常高的息差导致国内融资成本高昂，银行业未能发挥其中介作用，② 资本流动受限。自 2011 年到 2020 年，特别是在 2014 年大宗商品价格超级周期结束之后，非洲的储蓄总额和投资总额之间的差距一直在扩大。2013 年非洲平均储蓄率为 19.5%，至 2019 年将维持 19% 的水平，③ 低储蓄率导致国内资金池匮乏，高利率导致投资不足，整体上不利于中非加深金融合作。

（二）中非合作投融资方式单一，创新不足

首先，中国对非贷款资金大部分投入基础设施建设等一些周期较长的项

① 《成员数量增至 103 个，利比里亚加入亚投行》，https：//www.yicai.com/news/100717069.html，最后访问日期：2020 年 7 月 29 日。

② Karim Dahou，HaibadoIsmeal Omar and Mike Pfister，“Deepening Financial Markets for Growth and Investment”，OECD Africa Investment Initiative，Nov/Dec 2009.

③ 《肯尼亚储蓄率低于非洲平均水平》，http：//ke.mofcom.gov.cn/article/jmxw/201404/20140400566011.shtml，最后访问日期：2014 年 4 月 29 日。

目，回报慢，风险大，投资方式主要是政府优惠贷款，股权融资占比较低，这会进一步加大非洲国家的债务负担。其次，参与投资的主体多为政策性银行和开发性金融机构，商业银行和私人企业参与度不够，市场的积极性有待进一步挖掘。① 再次，金融工具单一化，特别是面向中小企业的金融工具，中小企业占非洲大陆企业的大多数，但由于金融服务不足，中小企业往往局限于非正规部门。非洲国家金融基础设施落后，金融工具创新不足等问题制约了中非金融合作进一步发展。

（三）中非资本市场合作程度低，开放不足

中非资本市场合作较弱，开放程度低。总体来看，中非资本市场发展水平都不高，市场融资结构主要集中于银行信贷，资本市场合作进程缓慢且取得的成果较少，中国资本主要通过企业间参股、并购等方式参与非洲资本市场。相对于中国而言，非洲国家资本市场开放程度较高，且在资本合作中表现得更为积极。南非约翰内斯堡证券交易所允许境外公司在该交易所上市，而上海证券交易所国际板还没有推出。但是非洲的资本市场大多宽度与深度不够，缺少可靠的机构投资者，交易所交易规模小，大部分证交所上市企业只有20家左右。由此使得非洲资本市场价格指示性作用不强，资本配置缺乏科学性，规范性不强。② 不发达的资本市场仍然狭窄和缺乏流动性，从而限制了长期融资供给，阻碍了各国政府融资的能力，制约了规模较大的项目实施，不利于中资企业利用非洲本土资本开展合作。

（四）国际国内的负面舆论给中非金融合作造成了负面影响

进入21世纪以来，在中国和非洲国家的共同努力下，双方经济合作发展迅速，一些西方政客将非洲国家的外债攀升归因于中国对非洲的投资与援助，指责中国通过国有企业投资与控股，致使非洲国家陷入“债务陷阱”。但实际上，非洲国家的外债增加是由于其经济发展结构不平衡、债务管理水

---

① 王珊珊、黄梅波：《中非金融合作的现状及影响因素：基于非洲金融市场发展视角下的实证研究》，《上海对外经贸大学学报》2020年第4期。

② 黄梅波、唐正明：《中非产能合作的金融需求及中非金融合作的推进》，《国际经济评论》2016年第4期。

平不完善等内部因素以及国外直接投资下降和全球经济疲软等外部因素的共同作用。[①] 新冠肺炎疫情期间，有的非洲国家的一些媒体发表了对中国形象的歪曲报道，[②] 影响了非洲民众对中国形象的好感度，为中非往来造成了一定的负面影响，不利于中非双方进一步开展金融交流合作。

三　中非金融合作的政策建议

新冠肺炎疫情下全球形势复杂，加之非洲地缘政治博弈加剧、金融风险攀升以及持续的贸易紧张，给中非金融合作进一步发展带来很大挑战。中非双方可从以下几个方面努力。

（一）加强产业产能合作，创新中非金融合作新模式

中国在基础设施、能源开采、装备制造等许多行业具有明显优势，非洲要完善产业结构、实现工业化和现代化，正需要相关方面的技术、人才和资金。双方开展产能合作，不但可以帮助非洲国家提高“造血”能力，更可以促进国际大循环，提升中国的创新开放水平。金融合作应当聚焦于重点产业产能，综合运用多种金融工具深化合作层次。传统的合作模式是“工程承包+两优贷款和商业贷款”，未来双方应综合运用股权、债权、信贷、信用保险等多种融资工具，构建全面、可持续的综合投资模式。

（二）继续发挥开发性金融优势，大力发展股权类投资

以国家开发银行为代表的中国开发性金融机构具有多重优势，既可将政府与市场连接起来，又可为特定需求者提供中长期信用支持，还可引领商业性资金，整合各种社会资源。中国开发性金融机构蓬勃发展，在非洲投融资中扮演了重要角色，未来应继续利用开发性金融优势，推动中非金融合作走深走实。

---

① 卢凌宇、古宝密：《怀璧其罪：中国在非洲推行“债务陷阱式外交”?》，《西亚非洲》2020年第1期。

② 《“一带一路”面临的国际舆论新特点》，http://www.chinatoday.com.cn/zw2018/bktg/202006/t20200615_800209908.html，最后访问日期：2020年6月15日。

（三）促进政府与市场合作，推动本土化经营

非洲国家融资需求大，单纯依靠政府资金无法满足需求，要广泛动员市场力量，调动包括非洲在内的全球金融机构、企业的积极性和热情，形成以企业为主体、市场化的运作模式。从全球范围来看，市场整体资金充裕，但由于一些投融资项目周期长、回报慢，信息不对称等因素导致市场主体投资积极性较低。因此政府应充分发挥引导作用，消除资金供需双方面临的制度约束和信息不对称问题。应充分利用非洲本土金融机构的优势，推动国内国外加强合作，扩展本土化经营，增强非洲国家的“造血”能力。

（四）加强双方在保险市场以及资本市场的合作

保险市场上，中非保险机构应该积极寻求多种方式加强合作，目前非洲保险机构主要通过在中国设立代表处、收购股权等方式进入中国保险市场，同时中国保险机构也找寻合适机遇进入非洲保险市场，满足在非中资企业的保险服务需求，未来双方合作空间巨大。在资本市场上，中非双方合作明显不足，且非洲市场更加开放。因此未来中国可以考虑对非开放资本市场，允许部分有实力、有质量的非洲企业来中国发行债券或者上市，这样做不仅可以改善国内资本过剩的局面，增强资源利用率，优化资源配置而且可以扩大市场范围，吸纳国际有益经验，创新市场格局，给双方合作带来更多新机遇。

（五）完善外汇管理基础制度，强化风险管理

高质量的合作离不开一个安全便利的环境，更需要各种政策制度保驾护航。首先中非经贸合作涉及大量外汇使用，因此，双方需持续深化外汇管理制度改革，加强政策沟通，既要推动双方金融市场不断开放，又要注重防范跨境资本流动的风险，努力为中非金融合作营造一个良好的外汇政策环境。其次由于中资企业对当地政策和商业惯例不熟悉，缺乏避险意识和防范经验，在对非经贸往来中经常遇到一些外汇问题。因此，双方应加强配套综合服务，开展教育培训活动，引导金融机构开发外汇避险产品，支持人民币与相关国家货币直接汇兑，降低外汇交换风险，增强避险意识。

中非卫生健康合作

刘钊轶

内容摘要： 在抗击新冠肺炎疫情这场没有硝烟的战争中，中国与非洲国家相互守望，极好地发扬了生命至上、团结合作的精神。本报告分析了中非卫生健康合作在新冠肺炎疫情大流行中开展的工作、提出了合作中面临的问题与挑战，并强调了中非健康合作的意义和影响。中非卫生健康合作谱写了中非友谊的新篇章，为构建和打造更紧密的中非命运共同体做出了巨大贡献。

关键词： 中非合作　新冠疫情　健康卫生

作者简介： 刘钊轶，女，南非罗德斯大学商学院博士研究生，专门从事撒哈拉以南非洲中国企业投资和本土化管理研究。

中国与非洲的医疗卫生合作已走过半个多世纪的历程，新冠肺炎疫情席卷全球再次凸显了中非卫生健康领域合作的实用性和重要性。①

在新冠疫情期间，中国多次向非洲国家和非盟提供资金和抗疫物资，向非洲 15 国派遣 184 人次抗疫医疗专家组，并在各个领域开展了近 400 项培训活动，还有 40 多支中国援非医疗队近千名医务人员自愿选择在非洲留守，与非洲人民一同抗击新冠肺炎疫情。2020 年，世界各国都对本国和国际进出港采取了不同等级的封控措施。在这样的危险和不便中，中国在非洲的 1100 多个合作项目仍然在坚持运行，大量的中国技术和劳务人员坚守岗位，还有数千名中

① C. Wu, "China – Africa Health Cooperation: 57 Years of Wind and Rain, the Epidemic Is More Precious Now", China Daily [online], 30 Apr. 2020, https: //cn. chinadaily. com. cn/a/202004/30/WS5eaa2646a310eec9c72b654c. html.

资企业人员在疫情期间“逆行”前往非洲各国继续开展工作。① 2020 年中非就疫情问题和抗疫合作举行了 30 多次视频会议，并在线下相继举办了中非青年联欢、中非智库论坛、中非民营经济合作论坛等活动②，有力地促进了中非人民间的相互理解，并为未来的中非合作打下了坚实的民间基础。

作为非洲坚定不移的伙伴和兄弟，中国在非洲经济复苏之路上也伸出了援手。中国在非洲的投资在 2020 年保持稳定，直接投资达到 29.6 亿美元③，这是一个世界其他国家都觉得不可思议的数据。2020 年 6 月，尼日利亚的莱基深海港项目启动，通过公私合营（PPP）从中国企业获得了超过 10 亿美元的投资。该项目将为当地人民创造大量就业机会，大大提高西非的运输能力和竞争力，推动国家经济增长。中国企业还以建造、运营、移交（BOT）的形式向肯尼亚的 JKIA – Westlands 高速公路项目投资了 6.8 亿美元，也将促进肯尼亚经济发展、为抵抗疫情带来的经济下滑做出巨大贡献。中国还与 G20 缓债倡议框架内的 19 个非洲国家签署了债务暂缓协议，并决定免除 15 个非洲国家到 2020 年底的无息贷款。④

2020 年 6 月中非双方成功举办了团结抗疫特别峰会，这使中国成为 2020 年与全部非洲国家举行高级别峰会的唯一国家。2020 年 10 月的中非合作论坛（FOCAC）第十四届高官会议指出，中国和非洲国家已落实了中非合作论坛北京峰会 70% 以上的成果，目前重点已转移到公共卫生、经济复苏和民生领域。⑤ 可以预见在疫情之后，中国和非洲在健康领域的合作必将登上一个新的

① “China – Africa Cooperation Is Still Full of Momentum under the Epidemic”, Forum on China – Africa Cooperation, 4 January 2021, http://www.focac.org/chn/zfgx/jmhz/t1844340.htm, accessed 2021 – 5 – 5.

② Z. Wang, “China – Africa Cooperation Prospers against Covid – 19”, Xinhua News, http://johannesburg.china – consulate.org/eng/zxxx/t1844719.htm, Accessed 2021 – 5 – 2.

③ “China's Direct Investment in Africa Will Be 2.96 Billion U.S. Dollars, with Private Enterprises as the Protagonist”, Forum on China – Africa Cooperation, 16 April 2020, http://www.focac.org/chn/zfgx/jmhz/t1869459.htm, accessed 2021 – 5 – 9.

④ “China – Africa Cooperation Is Still Full of Momentum under the Epidemic”, Forum on China – Africa Cooperation, 4 January 2021, http://www.focac.org/chn/zfgx/jmhz/t1844340.htm, accessed 2021 – 5 – 5.

⑤ Z. Wang, “China – Africa Cooperation Prospers against Covid – 19”, Xinhua News, http://johannesburg.china – consulate.org/eng/zxxx/t1844719.htm, accessed 2021 – 4 – 15.

高度，为中非双方的医药卫生发展和国计民生都做出不可限量的贡献。

席卷全球的新冠肺炎疫情使得世界大变局加速变化，虽然中非伙伴关系在拯救生命、合力抗疫中发挥了至关重要的作用，并取得了非凡的成果，被公认为互惠互利国际合作的典范，但中非健康合作也面临一些亟待解决的问题和挑战。

一　中非卫生健康合作中面临的问题与挑战

由于历史与现实的多重原因，非洲大陆医疗卫生状况落后，医疗服务和公共卫生防控体系不健全，应对传染性疾病和重大突发公共卫生事件的能力弱。除此之外，在本次新冠肺炎疫情全球大流行期间，还有很多因为管理理念、语言文化和国际政治等因素导致的困难和挑战也逐一浮出水面，值得人们正视和深思。

（一）非洲国家脆弱的公共医疗体系

缺乏医疗资源以及政府对医疗基础设施的投资不足，直接导致一些非洲国家的公共卫生部门不堪重负。至今大多数非洲国家尚未建立反应迅速和有效的公共疾病预防和控制系统，这对非洲的健康卫生安全构成了巨大挑战。

多项研究证明贫穷问题和公共健康卫生问题是直接相关的。[①] 健康是人力资本的重要形式，良好的健康状况会增加人力资本和生产率、促进个人财富增长，从而有助于改善国家总体内需和经济发展；而不良的国民健康状况则会导致贫困问题加剧和国家的积弱现象。[②] 反过来看，贫困问题也会直接

① "Social Determinants of Health", World Health Organization, https: //www. who. int/social _ determinants/thecommission/finalreport/key_concepts/zh/; "Half of thc World's People Lack Basic Health Services, and 100 Million People Fall into Extreme Poverty Due to Health Costs", World Health Organization, https: //www. who. int/mediacentre/news/releases/2017/half - lacks - access/zh/; World Health Organization, "Weak Systems and Funding Gaps Threaten Drinking Water and Sanitation in the World's Poorest Countries", UN News, https: //news. un. org/en/story/2019/08/1040311, Accessed 2021 - 4 - 15.

② R. W. Fogel, "Economic Growth, Population Theory, and Physiology: The Bearing of Long - term Processes on the Making of Economic Policy", *American Economic Review*, 84 (3), 1994, pp. 369 - 395.

影响国家的医疗卫生服务发展水平和国民健康水平[1]，国家贫困就无力投资和发展公共健康卫生部门；人民贫困就会导致健康卫生意识薄弱和无法负担健康医疗服务。由此可见，非洲大陆的健康卫生问题必须从贫困这个源头上解决。

（二）中非卫生健康合作面临的挑战

第一，在实践中，中非对于医药卫生的政策和项目优先级往往不一致。协调不当就可能使中非双方都承担额外的人才损失和机会成本，因此有必要简化和明确责任并加强治理。对此，中非双方应当事先做好战略沟通和后勤协调，制定政策程序和问责制度，以加强沟通、改善合作管理、提高操作透明度，并约束双方人员职权和行为。

第二，在中非健康合作中，非洲人的参与是一个项目成功的重要因素。从过去的经验来看，当非洲人参与并拥有对该项目的部分所有权时，该项目就会展现出惊人的可持续性和远大的发展前景。[2] 所以通过技能培训，让非洲当地人参与中非卫生健康合作很关键，会让非洲人产生一种主人翁意识，从而为项目落地和实际操作带来积极的影响。提高非洲人对中非健康合作的参与度可通过四个途径完成：培训非洲医护和技术人员、吸引民众和企业参与、增强非洲民众的健康意识以及帮助建立非洲卫生健康筹资体系。

第三，语言文化障碍仍然是中非健康合作项目中的难点。每种文化都有其特殊的举止、手势和礼节，不同的语言和文化可能催生的交流障碍会造成双方的工作压力，妨碍工作效率，最终干扰中非卫生健康合作的顺利进行。国际合作讲求以专业身份迅速进入合作环境，使用统一的语言体系交流和管理，以提高员工的积极性、安全感和生产力。[3] 由于不少中非健康合作项目是在突发和紧迫的情况下开始的，医护人员的工作量和工作压力都很大，而

---

① “Social Determinants of Health”, World Health Organization, https://www.who.int/social_determinants/thecommission/finalreport/key_concepts/zh/, accessed 2021－5－5.

② “Social Determinants of Health”, World Health Organization, https://www.who.int/social_determinants/thecommission/finalreport/key_concepts/zh/, accessed 2021－5－5.

③ J. Foster, “Cultural Humility and the Importance of Long－term Relationships in International Partnerships”, *Journal of Obstetric Gynecologic & Neonatal Nursing*, 38 (1), 2009, pp. 100－107.

针对不同团体间语言文化与专业需求的服务和外部支持却很有限，所以医护人员的倦怠现象非常常见。①

二　中非卫生健康合作的意义和影响

随着全球化的深入发展，全球卫生健康合作伙伴关系与各种双边和多边援助项目都在持续推进。这些健康和卫生干预措施包括，就地提供医疗健康服务，建立诸如抗击艾滋病、结核病和疟疾全球基金等行动②，以及提供全球公共卫生产品、控制传染病和减轻贫困等措施。③ 这些举措帮助很多贫困地区建立了新的初级卫生保健设施，增强了对世界卫生健康系统的资源可用性、加强了区域性全民健康覆盖、增加了人们获得基本药物和健康服务的机会④，不仅挽救了无数的生命、改善了公共卫生条件和环境质量，还为所在国家和社会总体发展提供了长效利益和扶助。

在新冠肺炎疫情期间，中国和非洲始终保持团结合作、携手抗疫，完美地诠释了中非命运共同体的生动内涵。中国和非洲在疫情中的相互理解和相互扶持，为国际抗疫树起了新标杆，也为未来的中非卫生健康合作打下了坚实的基础。

中非伙伴关系是 21 世纪最重要的地缘政治和经济关系之一，为双方共同发展开辟了新时代。非洲是一个充满希望和发展渴望的大陆，现已成为世界上发展最快的地区之一；而中国是世界上最大的发展中国家，并保持了快速向前发展的积极势头。当前，中国人民正在为实现中华民族伟大复兴的中国梦而努力，而非洲人民也致力于通过团结获得力量，实现发展

① N. Khamisa, B. Oldenburg, K. Peltzer and D. Ilic, "Work Related Stress, Burnout, Job Satisfaction and General Health of Nurses", *International Journal of Environmental Research and Public Health*, 12 (1), 2015, pp. 652 – 666.

② *China's Foreign Aid*, State Council of the People's Republic of China, Beijing: State Council Information Office, April 2011.

③ K. E. Bliss, "Key Players in Global Health: How Brazil, Russia, India, China and South Africa Are Influencing the Game", Centre for Strategic and International Studies, http: //csis. org/files/publication/101110_Bliss_KeyPlayers_WEB. pdf, Accessed 2021 – 5 – 5.

④ K. Lee and K. J. Gómez, "Brazil's Ascendance: The Soft Power Role of Global Health Diplomacy", *The European Business Review*, January – February, 2011, pp. 61 – 64.

与更新的非洲梦。在重大卫生健康危机面前，全世界任何国家都在平等地面对冲击，不分种族、肤色、信仰和贫富，这就使得中非卫生健康合作显得愈发重要[①]——建设更紧密的中非卫生健康共同体，对中非人民取得抗击新冠肺炎疫情的最终胜利，具有重要意义。

---

① B. Vermander, *Taiwan after the Elections*, Lettre du Centre Asie, 2008, p. 21.

非洲数字经济发展及中非数字合作

王　珩　柳喆勐

内容摘要：非盟《2063 年议程》明确将发展数字经济纳入非洲发展规划。由于非洲数字经济起步晚、工业化基础差、网络普及率低，发展并不顺利，但随着信息技术的快速发展，数字经济在非洲逐渐得到重视。新冠肺炎疫情推动数字经济成为非洲发展新引擎，各国政府高度重视，出台诸多保障政策措施，网络普及增速，应用范围不断扩大。但也存在基础设施不够完善、专业技术人员缺乏、政策法规滞后以及网络安全保障不力等问题。近年来，中国与非洲数字经济合作快速发展，呈现合作领域广阔、产业结构互补、投资贸易多元等特点。未来中非双方可从强化基础设施建设、人才队伍建设、网络安全建设等方面着手开展中非数字化合作，助力非洲数字经济高质量发展。

关键词：非洲数字经济　新冠肺炎疫情　中非合作

作者简介：王珩，女，法学博士，浙江师范大学非洲研究院党总支书记、副院长、教授，主要从事非洲智库研究；柳喆勐，男，浙江师范大学非洲研究院 2020 级硕士。

对于一直在探寻经济发展新出路的非洲而言，数字经济为他们改变经济发展模式、加快经济转型提供了前所未有的机遇。非盟《2063 年议程》第一个十年实施计划的目标和优先领域中明确要“建立泛非电子网络”。2020 年 5 月，非洲联盟出台了《非洲数字转型战略》，提出了数字转型的总目标和各个分目标，指导各个国家开展数字经济建设。

一　非洲数字经济发展现状

随着互联网逐步普及、智能上网设备增加、政府政策支持，以及新冠肺炎疫情等多重因素的影响，非洲正积极融入数字经济发展大潮。非洲地区数字经济发展呈现政府高度重视、应用领域广泛、数字经济成效显著的特点。

（一）非洲各国政府重视并支持数字经济

非洲联盟《2063年议程》制定了非洲变革性电子应用和服务的政策和战略，尤其是针对非洲内部宽带地面基础设施和网络安全，使信息革命成为为生物和纳米技术行业提供服务的基础，并最终将非洲转变为电子社会。[①] 在非盟《2063年议程》的指导下，非洲各国积极行动，出台了适合本国的数字经济发展政策，这些政策包括：针对移动部门实施了监管和财政措施，增强网络弹性，并确保可负担性和重要连接的接入。例如，埃塞俄比亚政府在数字技能、人工智能和网络安全方面进行投资，开始取得显著成果。[②] 尼日利亚政府开始尝试用数字手段进行征管税收，同时为了提高该国宽带普及率，联邦政府将对600名尼日利亚年轻人进行VSAT安装和核心技能培训。[③] 卢旺达总统指出，要继续加强宽带等基础设施建设，提高投资，为各家各户普及互联网而努力。[④]

（二）数字应用领域迅速扩展

面对新冠肺炎疫情带来的健康和经济风险，非洲各行各业开始更多地运

① African Union, “Flagship Projects of Agenda 2063”, https://au.int/agenda2063/flagship-projects, 2015-6-14.

② Misganaw Asnake, “Ethiopia: Premier Calls on Africans to Step up Digital Economy Efforts”, https://allafrica.com/stories/202103230778.html, 2021-3-22.

③ Emmanuel Elebeke, “Nigeria: Broadband Penetration - Govt Unveils National Policy on VSAT”, https://allafrica.com/stories/202103230559.html, 2021-3-22.

④ Edwin Ashimwe, “Rwanda: Kagame - Now Is the Time to Scale up Investments to Ensure Digital Equity”, https://allafrica.com/stories/202103230387.html, 2021-3-22.

用数字化手段进行革新升级，抓住快速发展的机会，实现自身发展的飞跃。许多非洲国家根据本国实际情况，在多个领域实现数字应用。如在教育方面，多个非洲国家采取网上授课模式，以减轻疫情对正常教学秩序的影响；在医疗方面，通过远程视频了解病人病情，并及时给出治疗建议，帮助病人恢复健康；在货币交换中，非洲国家鼓励使用手机等智能终端进行移动支付，减少纸币的使用以降低纸币传播病毒的潜在风险；在办公领域，非洲国家根据自身情况，采取居家网上办公和线下零星办公相结合的方式，减少因人员聚集产生的感染。疫情推动数字化技术更加广泛地辐射到各行各业，一定程度上提升了非洲国家政府治理效率，扩大数字产业生产规模，增加了网上销售渠道，为非洲国家减贫发展打下了基础，同时助力非洲国家实现经济复苏。

（三）数字经济发展成效显著

新冠肺炎疫情加速了非洲数字化发展，最显著的变化是在线购物需求增加了1倍，通过网络购买生活必需品成为非洲民众的新习惯。联合国贸易和发展会议2020年8月发布的数据显示，自疫情暴发以来，非洲一些电商平台业务量实现三位数的增长①。在实体经济受阻的时候，在线购物在撒哈拉以南非洲越来越流行，移动运营商在该地区发挥关键作用。撒哈拉以南非洲地区有4.77亿人订阅了移动服务，占总人口的45%。数字支付和更广泛的金融服务还为撒哈拉以南非洲地区的运营商提供了机会，使其不仅可以实现互联互通，还可以实现多元化。② 对于非洲运营商而言，可以利用移动货币在电子商务平台中的作用，提高自己的市场占有率。在肯尼亚，M－Pesa仅占萨法利通信公司（Safaricom）服务收入的1/3，运营商数字金融服务的增长潜力凸显。以移动上网人群为主体，催生了电子商务、移动支付等数字经济模式，正在各个国家不断发展，数字经济规模效应不断显现。

---

① 《财经观察：中非合作助力非洲数字经济在疫情中加速发展》，新华网，http：//www.xinhuanet.com/fortune/2020－09/25/c_1126540476.htm，2020－9－25。

② GSMA，"The Mobile Economy Sub－Saharan Africa 2020"，https：//www.gsma.com/mobileEconomy/wp－content/uploads/2020/09/GSMA Mobile Economy 2020 SSA. English pdf，2020－12－30.

二 非洲数字化发展“危”与“机”并存

数字经济不同于传统经济形态，数字经济的高技术性、高融合性、高安全性的特点要求具备一定的发展基础。由于一些非洲国家工业化进程缓慢、数字经济发展过程中面临基础设施不完备、人才缺乏、网络安全缺乏保障等不足，而这也是非洲实现数字经济大发展所必须解决的难题。

（一）非洲数字发展面临的挑战

1. 缺乏基础设施保障

GSMA 报告显示，在当今非洲，尽管该地区人口居住在移动宽带网络覆盖的地区，但仍有 49% 的人口无法连接到移动互联网。撒哈拉以南非洲地区智能手机普及率正在上升，但与全球平均水平（2019 年底为 64%）相比明显落后①。根据《非洲数字转型战略》显示，近 3 亿非洲人居住在距离光纤或光缆宽带连接超过 50 公里以外的地区。② 在能够连接网络的非洲国家中，往往都是 2G 和 3G 连接，4G 小范围应用，更不用提 5G 技术，网络性能不高，依靠网络能够实现的功能较为单一。此外，在非洲网络的实际使用过程中，网络资费居高不下、网络带宽明显不足。网络的高额费用使消费者无法享受数字化服务，也影响了中小企业发展。疫情影响推动电子商务、在线教育、移动办公、远程医疗兴起，但也对非洲国家网络连接的稳定性、网络带宽的吞吐量构成不小的挑战。③

2. 缺乏相关领域人才

非洲年轻人虽然体量大，但是受教育水平低、未接受高等教育数量众多、人才外流严重等特点，使其无法在数字经济流行的当下担任数字经济中

---

① GSMA，“The Mobile Economy Sub－Saharan Africa 2020”，https：//www. gsma. com/mobileEconomy/wp－content/uploads/2020/09/GSMA Mobile Economy 2020 SSA. English pdf，2020－12－30.

② 张春宇：《数字经济为中非共建“一带一路”带来新机遇》，《中国远洋海运》2020 年第 11 期，第 57 页。

③ Ecobank，“The High Cost of Mobile Data in Sub－Saharan Africa”，September 2018，https：//www. ecobank. com/upload/publication/20180910054643018QJEBKEVZKD/20180910054635730h. pdf，2018－9－10.

的重要角色。非洲大学内相关学科建设进程落后，无法为数字化建设提供相应的人才。根据联合国教科文组织统计，撒哈拉以南非洲是全球青少年失学率、教育排斥率最高的地区[①]。截至 2018 年底，撒哈拉以南非洲中学入学率不足 50%，高等教育入学率更是不足 7%。高技能人才职位（如教师、学者、金融从业人员、信息软件工程师等）占比仅为 6%，远低于全球 24% 的平均水平。[②] 非洲的人口优势很难转换为数字经济发展优势，导致发展动力不足。

3. 缺乏网络安全保障

虽然非洲联盟通过了《关于网络空间安全和个人数据保护的公约》，不断采取措施维护数据安全，但非洲网络安全问题依旧频发。部分犯罪分子运用网络进行毒品走私、贩卖人口、网络诈骗等犯罪活动。非洲国家往往缺少必要的网络犯罪防控技术条件，对此只能听之任之或者请求联合国帮助。与此同时，非洲数据库往往由外国公司提供服务，本国政府缺乏对数据库的控制权，很可能导致数据被盗或者数据滥用等情况。部分非洲国家已开始实施数据保护法，要求在处理个人数据时采取安全保障措施，但这些法律的安全保障标准各不相同，甚至相互之间存在一定冲突，难以形成合力、提升治理效能。

（二）非洲数字发展的机遇

1. 全球数字经济发展尤其是中国发展势头迅猛

现在绝大多数国家都制定了本国数字政策计划，以推动数字经济发展。全球数字经济增加值规模由 2018 年的 30.2 万亿美元扩张至 2019 年的 31.8 万亿美元，规模增长了 1.6 万亿美元。数字经济占 GDP 比重已由 2018 年的 40.3% 上升至 2019 年的 41.5%，提升 1.2 个百分点，数字经济对全球经济的贡献持续增强。[③] 中国数字经济虽然起步晚，但是发展迅速。“十三五”以

---

① UNESCO, “UIS Releases More Timely Country - Level Data for SDG 4 on Education”, http://uis.unesco.org/en/news/uis-releases-more-timely-country-level-data-sdg-4-education, 2020-2-26.

② 孙一力：《“一带一路”背景下中国对非洲教育援助策略思考》，《青年时代》2019 年第 7 期，第 180 页。

③ 《全球数字经济新图景——大变局下的可持续发展新动能》，中国信息通信研究院，2020，第 16 页。

来，中国数字经济发展成效显著。数字经济规模跃上新台阶，从 2015 年的 18.6 万亿人民币增长至 2019 年的 35.8 万亿，占 GDP 的比重从 27% 上升至 36.2%，对经济增长的贡献更加凸显，成为具有全球影响力的数字经济大国。①

2. 中非合作论坛与“一带一路”机制助推非洲数字经济发展

在 2018 年中非合作论坛北京峰会上，双方就“中非科技伙伴计划 2.0”达成一致，重点围绕改善民生和推动国家经济社会发展的科技创新领域，双方合作推进实施“非洲科技和创新战略”，帮助非方加强科技创新能力建设。2020 年习近平主席在中非团结抗疫特别峰会上指出：“推动非洲实现可持续发展是长远之道。中方愿同非方一道，共同拓展数字经济、智慧城市、清洁能源、5G 等新业态合作，促进非洲发展振兴。”② 2020 年 12 月 17 日，中国与非洲联盟签署了《中华人民共和国政府与非洲联盟关于共同推进“一带一路”建设的合作规划》，围绕政策沟通、设施联通、贸易畅通、资金融通、民心相通等领域，明确了合作内容和重点合作项目，为中非数字化合作提供指引。

3. 疫情推动中非数字经济合作迎来快速发展契机

中国企业积极通过多双边渠道，与非方分享利用数字技术支持“云抗疫”、发展“云经济”。各类数字合作平台、线上推介会、直播带货等新业态合作蓬勃发展，有效服务中非企业对接，带动非洲特色商品对华出口。2020 年 6 月 29 日，首届中国—非洲国家数字贸易周“云开幕”，来自非洲多个国家的政府有关部门及行业协会代表出席。③ 11 月 9 日，在 2020 浙江中非文化合作交流周暨中非经贸论坛上，来自中国和非洲的贸促机构和企业运用云会议、云签约、云展销、云对接等新模式进行了充分交流。④ 11～12 月举办的 2020 中非经贸博览会云上会展系列活动，包括中非线上供需对接会、

① 何伟：《我国数字经济发展综述》，《通用信息与政策》2021 年第 2 期，第 1 页。

② 《习近平在中非团结抗疫特别峰会上的主旨讲话》，https：//baijiahao. baidu. com/s？id = 1669758623549312435&wfr = spider&for = pc，最后访问日期：2020 年 6 月 17 日。

③ 《中国—非洲国家数字贸易周线上“云开幕”》，https：//baijiahao. baidu. com/s？id = 1671065397488596847&wfr = spider&for = pc，最后访问日期：2020 年 7 月 2 日。

④ 《民心相通 合作共赢 2020 浙江（金华）中非文化合作交流周暨中非经贸论坛成功召开》，https：//www. sohu. com/a/430997601_733145，最后访问日期：2020 年 11 月 20 日。

2020 中非网上购物节（湖南 – 肯尼亚专场）以及 2020 中非进出口商品线上展。[①] 中非经贸合作并没有因为新冠疫情的影响而停止，反而因为数字经济、云计算等技术发展得越来越好，数字经济成为中非关系提升的重要力量。

三　推动非洲数字经济合作的对策建议

当前，中非双方围绕数字化基础设施建设、专业人才培养等方面已经开展了一定的合作，但合作广度与深度仍有较大潜力与空间。2021 年是中非合作论坛新 20 年的起点，中非双方应抓住机遇，加强顶层设计，强化基础设施建设，加大人才培养力度，完善网络安全机制，创新合作举措，推动中非数字化合作实现高质量发展。

（一）加强基础设施与技术保障是基础

非洲国家首先应该加大对基础设施的投资力度，在国家财政预算合理范围内对本国数字基础设施例如基站、网线等开展投资，加快数字化基础设施建设。其次，利用好外部投资，将投资资金引向数字基础设施建设领域，帮助本国数字库、数据中心、云链接等建设。中国企业在数字经济领域对非投资有着浓厚的兴趣，企业可以向非洲国家出口价廉质优的产品，帮助非洲进行基站、数据中心、网络光纤覆盖等基础设施建设。同时借助中国在数字经济基础设施建设领域丰富的经验，按照双方共建“一带一路”的合作规划，以非洲国家数字经济建设需求为导向，帮助非洲在大数据、移动支付、移动办公、人工智能、移动通信等数字技术方面加快发展，帮助非洲建立和完善数字经济基础设施，让双方共享数字经济带来的发展红利。

（二）加强人才培养与教育合作是关键

一方面，可借助于非洲现有教育体系，帮助非洲国家学生完成从基础教

① 《发挥“溢出效应”建中非合作“长效机制”2020 中非经贸博览会云上会展启动》，https://baijiahao.baidu.com/s? id = 1682525482531587248&wfr = spider&for = pc，最后访问日期：2020 年 11 月 5 日。

育到高等教育的过渡，提高非洲国家适龄人口、高等教育入学率，帮助非洲国家大学完善相关学科建设，建立、健全数字经济领域人才培养机制。另一方面，可借助于中非已经建立的教育人文交流渠道，如教育部与外交部设立的“来华留学卓越奖学金项目”“中非大学20+20合作计划”等中非教育合作项目，选派非洲优秀学生赴中国接受数字领域相关学科高等教育；在高校、科研机构、企业中举办多层次的培训交流活动，依托“中非创新合作中心”“马云非洲青年创业基金”等平台，推动非洲国家数字创新。

（三）加强网络安全与防控机制是重点

对于数字网络安全问题，非洲国家一要提高对于网络信息安全的关注度，将维护网络安全列入本国的安全范畴，积极出台相关政策，通过立法方式将维护网络安全纳入本国法律。二要加强非洲各国之间网络安全协助，在非盟框架下完成非洲国家网络安全立法工作，对于跨国家及本国国内发生的网络诈骗等网络犯罪行为予以坚决打击。在此基础上，中非合作共同打击网络犯罪行为，通过对执法人员进行案例分析、技术培训等手段，提高非洲警务人员侦查水平、网络犯罪侦破率，减少非洲网络诈骗行为的发生，维护非洲网络安全。

（四）加强中非合作与战略沟通是保障

中非双方政府可在中非合作论坛的框架下成立中非数字经济合作工作委员会，从顶层战略高度布局中非数字经济合作，就双方关心领域开展沟通、政策协调，从整体上布局中非数字创新合作。通过设立中非数字经济高峰论坛，邀请政府、企业、科技行业高端人才开展对话，开展头脑风暴，为中非数字经济发展提出有益建议。还可考虑在非洲国家设立中非数字经济发展基金，对有潜力、有前景的非洲数字经济项目根据市场导向原则进行投资，帮助其度过企业的初创阶段。①

① 张春宇：《数字经济为中非共建“一带一路”带来新机遇》，《中国远洋海运》2020年第11期，第57页。

中资企业参与南部非洲基础设施建设发展报告*

武　涛

内容摘要： 基础设施建设是南部非洲国家实现经济发展和区域经济一体化的前提和基础。中资企业是南部非洲基础设施建设的重要参与者。2020 年，由于南部非洲国家受到新冠肺炎疫情和经济衰退的影响，中资企业的许多项目一度被迫停工。疫情期间，中资企业积极参与当地的抗疫活动，并配合当地政府有序进行复工复产，在项目建设上取得了不少成绩。中资企业的项目建设特色鲜明，发展潜力较大。展望未来，中资企业要克服各种挑战，抓住有利机遇，同南部非洲国家一道携手打造中非命运共同体。

关键词： 南部非洲　中资企业　基础设施建设

作者简介： 武涛，男，国际关系专业博士，陕西中医药大学马克思主义学院形势与政策教研室主任，主要从事中非关系、南部非洲国际关系研究。

中国是非洲基础设施建设的主要投资国，中国政府大力支持企业走出国门，开展对非洲国家的项目合作。基础设施是“一带一路”项目建设的核心。南部非洲沟通大西洋和印度洋，是“一带一路”建设的重要区域。中资企业是南部非洲基础设施建设的重要参与者。

* 本文系 2016 年教育部人文社会科学研究青年基金项目“南部非洲内陆国家的出海口问题研究”（批准号：16YJCGJW005）的阶段性成果。

一　中资企业参与南部非洲基础设施建设概况

2019年，中资企业在南部非洲地区的基础设施建设项目平稳增长。2020年，新冠肺炎疫情持续蔓延，直接影响到世界经济的发展，也影响到中资企业在南部非洲的基础设施项目建设。然而，复工复产后，中资企业仍取得了不少成绩。2019～2020年，中资企业在南部非洲地区的基础设施项目建设主要表现在以下五个方面。

（一）交通运输

南部非洲基础设施建设方面，中资企业重点进行的是公路、铁路、桥梁、油气管道、机场、港口等交通运输项目的建设。这也是“一带一路”设施联通的重要体现。2019年，中资企业在南部非洲交通运输项目建设方面成绩突出。2020年，由于新冠肺炎疫情的影响，中资企业的项目建设面临不少挑战。2019～2020年，中铁二十局、中国路桥、中国电建、中国土木、中国能建葛洲坝集团等中资企业在南部非洲道路、桥梁、铁路、管道、机场等方面在建、签署和完成了一些重要项目。

（二）能源电力

南部非洲的电力资源极为匮乏。然而，该地区的煤炭、石油、天然气、水能、风能、太阳能等资源较为丰富，开发潜力较大。近年来，能源电力已成为中资企业在南部非洲地区进行投资和建设的重点项目。2019～2020年，中资企业参与建设的项目包括以下几类。

1. 常规能源发电

中国能建葛洲坝集团、中国电建、中国土木等签署了一些合作项目。中国电建集团湖北工程公司与莫桑比克燃煤电厂签订EPC总承包合同。2020年，中国能建葛洲坝集团签署了安哥拉卢阿西姆（Luachimo）水电站配套输变电项目合同；[①] 中国土木签署了安哥拉马兰热（Malanje）锰矿电力

① 刘世轩、张敏：《中国能建葛洲坝集团签约安哥拉水电站配套输变电项目》，国际电力网，https：//power. in－en. com/html/power－2355485. shtml，最后访问日期：2021年4月12日。

项目合同。[1]

2. 新能源发电

中国能建葛洲坝集团、中国电建等签署了一些光伏电站项目，中国进出口银行等签署了若干融资项目。中国建材与安哥拉签署光伏储能一体化电站EPC 项目。中国电建水电十一局承建的津巴布韦第一个太阳能光伏项目完工。2020 年，中国能建葛洲坝集团签署了津巴布韦 50MW 光伏电站项目合同，[2] 中国电建签署了赞比亚 600 兆瓦光伏发电项目合同。[3]

3. 电网输变电

中国电建、中国能建等签署了一些电网输变电项目。2019 年，中国电建承建的安哥拉罗安达省电气化及入户连接项目、中国电建水电十一局安哥拉琼贝达拉水电站追加电网项目等完工、中国电建水电四局承建的安哥拉罗安达城网项目首批变电站和线路移交。2020 年，中国电建水电十一局签订了莫桑比克 66kV 输变电项目设计施工合同。[4]

（三）供水排水

南部非洲的供水排水项目建设事关当地民生和城市发展。2019 ~ 2020 年，中国建筑、中国土木、中国电建、中铁二十局、江西国际等中资企业参与了南部非洲的供水排水项目建设。中国建筑签署了赞比亚北部省卡萨马（Kasama）供水污水管线项目、博茨瓦纳鲁巴茨（Lobatse）供水项目、马拉维卡隆加（Karonga）供水管线升级改造项目等；江西国际中标了博茨瓦纳哈博罗内（Gaborone）供水项目和博茨瓦纳卡萨尼（Kasane）水厂项目等；中铁二十局完成了安哥拉卡宾达供水系统工程、奎托供水项目等；中国电建

---

① 《中国土木成功签约安哥拉马兰热锰矿电力项目》，中国土木工程集团有限公司网站，http://www.ccecc.com.cn/art/2020/8/24/art_7608_3178189.html，最后访问日期：2021 年 4 月 12 日。

② 《中国能建葛洲坝签订津巴布韦 50MW 光伏电站项目合同》，北极星太阳能光伏网，http://guangfu.bjx.com.cn/news/20200318/1055353.shtml，最后访问日期：2021 年 4 月 12 日。

③ 潘逸骁：《中国电建签约赞比亚 600 兆瓦光伏发电项目》，中国电建网，https://www.powerchina.cn/art/2020/5/21/art_7449_795546.html，最后访问日期：2021 年 4 月 12 日。

④ 冯继婉：《水电十一局在莫桑比克签约首个输变电线路项目》，中国电建网，https://www.powerchina.cn/art/2020/1/7/art_7447_728729.html，最后访问日期：2021 年 4 月 12 日。

完成了莫桑比克纳卡拉配水中心项目、签署了安哥拉库内内（Kunene）省抗旱项目和马拉维两个市政供水项目。这些项目建设涉及最基本的民生问题，增进了中资企业与当地人民之间的联系。

（四）公共建筑

中资企业参与建设的公共建筑包括医院、学校、图书馆、体育场、办公大楼、会议中心等。2019～2020年，中铁二十局、中国能建葛洲坝集团、中国电建、中国土木、中鼎国际、上海建工、江西国际、山西建投等在建、签署和完成了一些重要项目。

1. 在建的项目

中江国际援建的赞比亚国际会议中心、中鼎国际援建的安哥拉职业技能培训中心、上海建工援建的津巴布韦新议会大厦、中航国际承建的赞比亚恩多拉（Ndola）国际机场、江西国际承建的肯尼思·卡翁达（Kenneth Kaunda）国际机场、中国建筑承建的纳米比亚楚梅布（Tsumeb）新城基础设施项目、中建八局承建的莫桑比克贝拉综合医院项目等。

2. 签署的项目

中国能建葛洲坝集团签署了莱索托工业园项目、中国电建签署了安哥拉罗安达体育场修复项目、中国路桥签署卡宾达大学综合楼和基础设施项目；中甘国际签署哈拉雷（Harare）公寓楼项目、中国土木签署了马拉维布兰太尔（Blantyre）足球场和乔洛政府办公大楼等。

3. 完成的项目

中铁二十局承建安哥拉奎托中学、中铁六局援建津巴布韦马胡塞夸（Mahusekwa）医院、中信建设承建安哥拉地质研究所、中国电建承建安哥拉绍里木（Saurimo）市综合医院和妇产医院、中航国际承建赞比亚内政部保障房、特变电工承建赞比亚埃德加·伦古（Edgar Lungu）技术学校等已经完成。

（五）信息通信

南部非洲的信息通信网络基础设施较差，中资企业可以参与打造“数字丝绸之路”。2019～2020年，华为、中兴、中国电信、四达时代等中资企业在南部非洲地区开展了一些项目建设。华为与博茨瓦纳开放大学签署ICT协议，进行专业技术人才的培养。① 此外，华为还在其他国家进行技术人才的培养。中兴通讯与赞比亚当地公司签署了跨境骨干传输网络改造商用合同，旨在为赞比亚南部建立首个超100G骨干光网络。② 中兴通讯还和南非的55所高中合作共建ICT培训学习中心，定期培养这方面的技术人才。南部非洲地区5G网络建设方面，华为在南非参与创建了非洲首个独立组网商用网络；中兴通讯在南非推出了首款5G室内路由器MC801A。中国电信承建的“赞比亚医院及配套工程——弱电智能化项目”，旨在对赞比亚的三家医院进行智能化和信息化建设。③ 四达时代承建的中国援助赞比亚、莫桑比克等国“万村通”项目，通过对这些国家的广播电视进行数字化改造，进而帮助更多的人收到广播电视信号，并为当地提供技术服务和进行人才培养。

二 中资企业参与南部非洲基础设施建设的特点

中资企业参与南部非洲基础设施建设具有鲜明的特点，主要表现在以下三个方面。

（一）以EPC或F+EPC/EPC+F的模式进行项目合作为主

长期以来，中资企业参与南部非洲基础设施建设的合作模式以EPC为主。EPC，即“工程总承包”，包括项目的设计、采购和施工等。这种模式的优点是总承包商负责项目落实的全过程，能够保障项目各个环节的有机衔接和顺利进行，直至最终完工交付业主。因而，这种模式也叫作“交钥匙工程”。中资企业在工程承包方面经验丰富，这是中资企业参与非洲基础设施建设常用的合作模式，尤其是用在电力、供水、建筑等项目上。2019~2020

① 《华为与博茨瓦纳开放大学签署ICT协议》，环球快讯网，http://www.aychb.com/news/423.html，最后访问日期：2021年4月12日。

② 《中兴通讯助力MTN建设赞比亚南部首个超100G骨干光网络》，中兴官网，https://www.zte.com.cn/china/about/news/20201002C1.html，最后访问日期：2021年4月12日。

③ 《中国电信境外项目建设进展顺利》，通信信息报，http://www.txxxb.com/cy/tx/2020/1029/242906.shtml，最后访问日期：2021年4月12日。

年，中资企业采取 EPC 模式进行合作的项目包括江西国际中标的博茨瓦纳哈博罗内供水项目二标段、中水电公司中标的马达加斯加安布迪鲁卡水电站项目、中国能建葛洲坝集团签署的梅加卢玛大坝及彭巴市供水扩建项目、中国电建签署的津巴布韦 2×350MW 燃煤电站项目、中国电建水电四局完工的安哥拉罗安达城网项目、中铁二十局完工的安哥拉卡宾达供水工程等。近年来，基于 EPC 派生出了 F+EPC/EPC+F 的合作模式。F+EPC/EPC+F，即“融资+工程总承包”或“工程总承包+融资”，总承包商协助业主进行项目融资。这两种方式具有工程总承包的特点，又兼具项目融资的功能。中资企业和中资银行可以借此抱团走出去。F+EPC/EPC+F 的合作模式在电力项目方面应用较多。例如，2020 年，赞比亚 600 兆瓦光伏项目就是由中国电建采取 F+EPC 的模式进行建设的。①

（二）“授人以渔”，重视当地人才培养和产业发展

中资企业参与南部非洲基础设施建设的同时，也重视当地的人才培养和产业发展，“授人以渔”，帮助南部非洲国家实现工业和农业现代化。在本格拉铁路、罗安达铁路、奎托机场、马普托大桥、鲸湾港等项目修建过程中，中铁二十局、中国路桥、中国港湾、中国电建等中资企业通过开办学校、短期培训、技术指导等多种手段培养了一大批技术人才和产业工人，解决了当地民众的就业问题，也带动了所在国相关产业的发展。中铁二十局经营管理的“莫桑比克万宝农业园”，通过“企业+农户”的模式，对参与项目的农户进行技术培训，使其掌握现代农业生产技术，提高整个家庭的收入水平，也推进了当地的农业产业发展。近几年，华为在南部非洲地区推出“未来种子”项目，旨在为当地培养信息通信方面的专业技术人才。2020 年，50 名南非大学生和 10 名津巴布韦大学生参加了该项目。2020 年，华为与安哥拉外交部还签署了关于 ICT 人才培训的谅解备忘录。②

① 《非洲最大！中国电建签约赞比亚 600 兆瓦光伏项目》，中国电建网，https://www.powerchina.cn/art/2020/5/29/art_7460_798817.html，最后访问日期：2021 年 4 月 12 日。

② 《华为将于 2021 年底完成安哥拉科技园》，环球日报网，http://www.hqrbw.com/a/tianxia/news/4153.html，最后访问日期：2021 年 4 月 12 日。

（三）履行企业社会责任，积极参与当地抗疫活动

2020 年，新冠肺炎疫情期间，中资企业积极参与当地的抗疫活动，为当地提供了口罩、防护服、消毒液等医疗物资和大米、食用油等生活用品。4 月 12 日，中国路桥向马达加斯加项目当地卫生部门捐赠了肥皂 10 箱、消毒液 60 瓶、医用口罩 3000 只。[①] 4 月 21 日，中铁十八局马达加斯加公司向所在地镇政府捐赠了 40 袋大米和 120 升食用油。[②] 中资企业还建立了非洲版的“火神山医院”。例如，3 月 24 日，中铁二十局完成了安哥拉万博（Huambo）省疫情防控隔离医院的电力修复及安装任务。[③] 另外，在中资企业的大力援助下，赞比亚、津巴布韦等国也建立了接收新冠肺炎患者的医院。

三 中资企业参与南部非洲基础设施建设的趋势

（一）积极响应“一带一路”倡议，对接南部非洲地区和国家的发展规划

南部非洲是中非共建“一带一路”不可或缺的地区，中资企业是共建“一带一路”建设项目的重要参与者。2020 年底，中国和非盟签署了《中华人民共和国与非洲联盟共同推进“一带一路”建设的合作规划》，旨在推进“一带一路”倡议与非盟《2063 年议程》、非洲国家发展战略等的对接。[④] 作为非盟《2063 年议程》旗舰项目的非洲大陆自由贸易协定已于 2021 年 1 月 1 日起生效。早在 2012 年，非盟就制定了《非洲基础设施发展计划》（PIDA），中非也在编制《中非基础设施合作规划》。因而，中资企业要将自身的发展计划与这些规划进行战略对接，寻找发展机会。近些年，南共体和

① 《中国路桥：紧急状态中的央企担当》，中国商务部网站，http://mg.mofcom.gov.cn/article/jmxw/202004/20200402956017.shtml，最后访问日期：2021 年 4 月 15 日。

② 《中铁十八局：“马达加斯加是我们的第二故乡”》，中国商务部网站，http://www.mofcom.gov.cn/article/i/jyjl/k/202004/20200402960877.shtml，最后访问日期：2021 年 4 月 15 日。

③ 《中企驰援安哥拉隔离医院建设》，《人民日报》（海外版）2020 年 3 月 25 日，第 2 版。

④ 陈小茹：《外交部：中方已与非盟签署“一带一路”合作规划》，中青在线，http://news.cyol.com/app/2020-12/18/content_18889894.htm，最后访问日期：2021 年 4 月 15 日。

南部非洲国家制定了发展走廊、产业园、经济特区等发展规划。中资企业积极参与，成绩突出。未来，中资企业将会在现有的基础之上，继续战略对接这些发展规划。2020 年，南共体第四十届首脑会议通过了《2050 年愿景》和《2020~2030 年区域指示性战略发展计划》。[①] 这些南部非洲地区的中长期发展规划，中资企业在项目合作过程中要进行对接，进而实现合作共赢和共同发展。

（二）由 EPC 或 F+EPC/EPC+F 向 PPP/BOT 项目合作模式进行转型

南部非洲的基础设施建设方面，中资企业通常采用 EPC 或 F+EPC/EPC+F 模式进行项目合作。受经济问题、债务问题等因素的影响，这种传统模式不再受到南部非洲各国政府的推崇。从未来发展趋势来看，PPP/BOT 项目将是南部非洲国家基础设施建设的主要合作模式。PPP 模式鼓励私营企业对基础设施进行投资，通过政府部门和私营企业的长期合作，以解决项目融资、建设、运营、维护和管理等问题。PPP 模式之下，政府部门和私营企业建立起了合作伙伴关系，权责明确，利益共享，风险共担。BOT 即“建设—经营—移交”。实际上，它是 PPP 模式的一种具体形式。近几年来，南部非洲国家纷纷鼓励外资企业通过 PPP/BOT 模式进行项目合作。莫桑比克、安哥拉、马拉维、赞比亚、津巴布韦等国制定有 PPP 法案，还有与此相关的职能部门，这为中资企业参与南部非洲国家的 PPP 项目提供了法律保障。中国政府支持中国企业以投建营一体化等模式参与非洲基础设施建设。[②] 近几年，由于中资企业对 PPP/BOT 模式缺乏深入认识，难以估量其存在的各类风险，因而，目前仅开展有少量的合作项目。然而，PPP 模式目前在非洲发展势头较快，可以

---

① “SADC Adopts Vision”, http://www.dailynews.gov.bw/news-details.php?nid=57798, accessed 2021-4-15.

② 习近平：《携手共命运 同心促发展——在二〇一八年中非合作论坛北京峰会开幕式上的主旨讲话》，《人民日报》2018 年 9 月 4 日，第 2 版。

激发公共部门和私人投资者等各方的潜能与优势，[①] 它将是未来中资企业在非洲开展基建项目合作的重要形式。

（三）中资企业将重点投资交通运输、电力和供水项目

公路、铁路、桥梁、油气管道、机场、港口、码头等交通运输项目始终是南部非洲基础设施建设的重点。交通运输项目是南部非洲国家实现互联互通、经济一体化的前提和基础，非盟、南共体和南部非洲国家在各类基础设施规划文件中始终将其置于首位。中资企业在此领域的项目建设成绩突出。未来，交通运输仍将是中非基础设施项目合作的重要领域。从近几年中资企业签署的合作项目数量来看，电力和供水项目增长速度较快。根据非盟委员会的预测，至2030年，非洲地区的用电量将以每年6.7%的速度增长，用水量将以每年3.1%的速度增长。[②] 因而，电力和供水将是未来中资企业参与南部非洲基础设施建设的重点领域。

① 王小鹏、王松宇：《第五届对非投资论坛热议PPP模式》，中国政府网，http：//www.gov.cn/xinwen/2019－09/13/content_5429730.htm，最后访问日期：2021年4月15日。

② “PIDA Progress Report 2019/2020”，https：//www.au－pida.org/download/pida－progress－report－2019－2020/，accessed 2021－4－15，p. 30.

中非人文交流发展报告

王　珩　王丽君

内容摘要： 中非在传统公共卫生、教育合作、文化交流等领域的合作持续升温，在新兴科技、媒体、智库等领域的合作不断推进，双方应在助力中非合作论坛引领新方向、共添"一带一路"新内涵、展现中非青年新力量的过程中处理好"软"与"硬"、"点"与"面"、"官"与"民"这几对重要关系。

关键词： 中非合作　人文交流　非洲

作者简介： 王珩，女，浙江师范大学非洲研究院党总支书记、副院长、博士、教授、博导，主要从事非洲智库研究；王丽君，女，浙江师范大学非洲研究院2019级硕士研究生。

党的十九大报告指出，中外人文交流是党和国家对外工作的重要组成部分，是夯实中外关系社会民意基础、提高我国对外开放水平的重要途径。自2000年中非合作论坛成立以来，中非贸易交往、产能合作不断推进，人文交流日趋频繁。当前，世界正处于大发展大变革大调整时期，且随着新冠肺炎疫情在全世界加速蔓延，全球治理体系和国际秩序变革加速推进，国际政治经济格局正在深度调整。① 面对新形势，中非双方需在系统总结各自发展经验、发展成果的基础上，进一步夯实双方合作基础，构建多层次、多领域、多渠道的中非人文交流新格局。2020～2021年，中非双方在既往传统合作领域深耕的同时不断探寻新的合作方向，在落实中非合作论坛北京峰会规划的同时不断探索更多平台与机制，发挥多元主体力量，构建多维度合作框架，

① 李新烽：《世界大变局与非洲之变》，《中国非洲学刊》2020年第1期，第34页。

为“一带一路”高质量发展增添了新内涵。

一 中非传统领域人文交流持续深入

近年来，中非传统领域的人文交流与合作随着双方关系的深化，以及各自战略的调整而持续发展，在形式和内容上不断创新与拓展。

（一）公共卫生合作升温

中非医疗卫生合作由来已久，是中非关系的重要组成部分，全球新冠肺炎疫情的突袭而至更是凸显了这一领域合作的重要性。习近平主席在 2020 年 6 月 17 日召开的中非团结抗疫特别峰会上强调“深化中非公共卫生合作，共同打造中非卫生健康共同体”。截至 2020 年 11 月，中国政府、企业、社会团体向 50 多个非洲国家和非盟交付了大量医疗援助物资，向非洲多国派出了 170 人次的抗疫医疗专家组，举行了近 40 场专家视频会议，开展各类培训活动 400 多场，常驻非洲的 46 支中国医疗队以实际行动共筑抗疫防线。[①] 此前，为准确研判非洲疫情趋势，凝聚共识，浙江师范大学非洲研究院、南非非洲研究院、尼日利亚国家政策与战略研究所等于 4 月 17 日联合主办了“抗击新冠疫情与中非合作”国际视频会议。来自 13 个非洲国家的 60 多位知名学者、智库和媒体代表为中非合作战胜疫情建言献策，并发布了六种语言的《中非紧密团结抗击新冠疫情联合倡议书》。此外，中非还陆续举行了一系列抗疫合作会议，如中非团结抗疫视频研讨会、中非团结抗疫座谈会等。与会代表围绕新冠肺炎疫情防控策略、中非医疗合作、加大对非洲国家抗疫工作的技术支持、坚定维护多边主义和国际公平正义等内容展开了深入讨论和交流。

（二）教育合作不断拓展

中非教育经多年研究与摸索，逐步向多层次、多领域、多形式发展。非盟建立了泛非大学（Pan-African University，PAU），负责不同领域的科学研究，还出台了《非洲技术、专业、创业培训和青年就业十年计划（2019 ~

① 以上数据通过公开报道资料汇总。

2028)》《非洲数字化教学和学习政策指南》《非洲科学、技术和创新战略2024》等一系列文件、报告，以助力解决非洲社会经济发展关键领域的重大问题。为满足近年来非洲产业的迅速发展以及对专业人才的需求，服务中非发展和“一带一路”倡议，2020年9月9日，郑州铁路职业技术学院与埃塞俄比亚铁路集团－铁路学院、创造太阳乌干达石油学院合作共建的中非（埃塞俄比亚）詹天佑学院暨中埃铁路工程鲁班工坊在线上进行签约；同年11月27日，尼日利亚鲁班工坊“云揭牌”暨启运仪式在中国和尼日利亚同步举行。为搭建中非职业教育合作重要平台，打造中非职业教育合作示范项目，“2020世界职业教育大会（第二届）中非职业教育国际学术交流研讨会暨创造太阳乌干达石油学院专家委员会2020年第二次工作推进会”“2020中非（南）职业教育合作联盟年会暨产教融合研讨会”分别在青岛、重庆举行。上海海洋大学发挥水产学科优势，与中西非地区海事大学于11月16日举办“国际渔民”线上培训班，助力渔业科技人才培养。

（三）文化交流异彩纷呈

文化交流、文明互鉴是构建中非新型战略伙伴关系的重要内容，可为中非合作提供更深厚的精神滋养。[①] 由中非工业合作发展论坛主办的“2020中国国际服务贸易交易会第五届非洲主题日论坛”于9月7日在北京国家会议中心举办，该活动探讨了未来在全球经济重启下，中非在基础设施建设、资金支持和市场开放等领域的互利合作潜力。东华大学与莫伊大学于8月13日举行“2020中非文化交流论坛暨第五届时尚传播国际论坛”，专家学者就如何更好推动中非文化发展建言献策。中国常驻联合国教科文组织使团与浙师大非洲研究院、中国非洲研究院分别举行视频研讨会，研究落实联合国“非洲优先”原则，推进中非科技与教育合作。为进一步促进中非地方合作，浙江省金华市于11月8～13日成功主办了“2020浙江（金华）中非文化合作交流周暨中非经贸论坛”，20多个非洲国家及非盟等国际组织的驻华外交

① 查建国、夏立、陈炼：《2020中非文化交流分论坛在线召开》，中国社会科学网，http://ex.cssn.cn/hqxx/xshjl/xshjlnews/202008/t20200827_5175435.shtml，最后访问日期：2020年8月27日。

官、企业代表、商协会代表参与其中，共同续写金华与非洲深化交流合作新篇章。其间还举办了中非文化旅游论坛、丝路品牌金华行等活动。12 月 14 日，索马里联邦共和国外交部与中国驻索马里使馆在索马里首都摩加迪沙还共同举办了两国建交 60 周年庆祝会，展出了 87 张珍贵的历史照片，展现了两国友好关系。

二　中非新兴领域人文交流日益凸显

新时代赋予新使命，新形势提出新要求。推进中非思想文化交流是一项系统工程，在当今信息化社会，双方在科技、媒体、智库的合作日益凸显，在人文交流中发挥着越来越重要的作用，为推进中非全面战略合作伙伴关系、构建中非命运共同体发挥了独特作用。①

（一）科技合作影响广泛

非洲是共建“一带一路”的关键伙伴，科技合作是共建“一带一路”的重要内容。非盟出台了“非洲大陆教育战略”（CESA）和“非洲科学、技术和创新战略”（STISA），前者旨在重新调整非洲教育和培训系统的方向，对塑造非洲核心价值观和培育国家、区域和大陆各级可持续发展所需的知识、能力、技能、创新和创造力具有指导作用；后者确定了针对科学研究和创新的六个重点领域，促成了非盟疾病控制中心的建立。② 受新冠肺炎疫情影响，传统贸易方式难以为继，科技革命应势催生了中非贸易的新业态。2020 年 12 月 23 日，第三届“一带一路”中非科技合作研讨会暨中非典型生态脆弱区联合研究高峰论坛举行，此次交流进一步深化中非科技的交流与互动，助推构建中非环境和生态共同体。浙师大非洲研究院尼日利亚籍学者李坤表示，非洲国家已普遍认识到教育、科技在促进非洲发展中的力量，认识

---

① 李盛明：《共绘中非媒体合作时代画卷——访国家广播电视总局发展研究中心课题组》，人民网，http：//media. people. com. cn/n1/2018/0904/c40606 - 30269678. html，最后访问日期：2018 年 9 月 4 日。

② African Union，“Education，Science & Technology”，https：//au. int/en/education - science - technology，accessed 2020 - 11 - 23.

到非洲青年是非洲发展的动力，中非有关部门、机构应联合建立规划、协调、落实机制，比如成立中非青年科技创新论坛，促进中非青年之间的交流、合作和知识共享，维护中非双方的长远利益。

（二）媒体交流不断推进

研究并促进中非媒体间的交流与合作，对于推进中非全面战略合作伙伴关系、构建中非命运共同体具有重要现实意义。① 2020 年 6 月 15 日，由南非最大平面媒体集团独立传媒及非洲环球广域传媒集团、南非中国经贸协会等共同举办的“新冠肺炎疫情下中非民间外交及媒体合作线上研讨会”成功举行，中非各界人士表示中非良好政治关系应转化为对基层民间更大影响力，以不断增进中非民心相通。10 月 28 日，中国国家广播电视总局和非洲广播联盟主办了中非媒体对话会，回顾了中非合作论坛成立 20 年来中非媒体合作取得的长足发展，充分肯定了媒体为推动中非各领域交往及民心相通发挥的积极作用。11 月 17 日，中非媒体合作论坛在肯尼亚首都内罗毕举行，来自中国和 11 个非洲国家 120 多名政府官员、新闻从业人员和专家学者就“技术对媒体实践的影响”“数字时代的新闻生产与传播”等内容进行了深入交流。由中国外文局和中国非洲人民友好协会指导，北京周报社主办的第二届“中国与非洲”短视频大赛于 12 月 8 日在中国、南非、塞内加尔同时举办。参赛者们用镜头、文字、图片等记录中非务实合作、友好交往的生动画面，为双方人民加深友谊提供了良好的契机。②

（三）智库合作持续推进

智库合作是中非合作的重要组成部分，也是深化中非人文交流的有效途径。③ 中非智库论坛第九届会议于 2020 年 11 月 5 日在京举行，数十个非

① 张艳秋：《以媒体合作促进中非民心相通》，《西亚非洲》2020 年第 2 期，第 41 页。

② 余湛奕：《第二届“中国与非洲”短视频大赛圆满落幕 中国赛区选送作品获特别奖》，中国新闻网，https://www.chinanews.com/cul/2020/12-09/9358245.shtml，最后访问日期：2020 年 12 月 9 日。

③ 《“习近平主席在中非团结抗疫特别峰会上主旨讲话”国际学术研讨会召开》，http://cass.cssn.cn/yaowen/202007/t20200703_5151037.shtml，最后访问日期：2020 年 7 月 3 日。

洲国家的智库领袖、著名学者、政府官员、媒体代表、商界人士共同参与。会议主题为“中非合作论坛 20 周年：回顾与展望”，中非代表全面回顾了 20 年来中非合作论坛框架下各领域取得的积极成效，并就“中非团结抗疫与公共卫生安全”“‘一带一路’与非洲大陆自贸区建设”“中非合作应对气候变化挑战”“非洲发展与中非减贫合作”“和平共处五项原则与新时代中非关系”五个分议题进行深入讨论，具有现实和发展的双重意义。清华大学中非领导力发展中心与加纳恩克鲁玛科技大学在 10 月 13 日共同发起中国－加纳卫生、教育和创新交流论坛，以期架设不同文明互学互鉴的桥梁。10 月 15 日，浙师大非洲研究院尼日利亚研究中心与尼日利亚古绍研究所举办了“2020 阿布贾论坛：后疫情时代可持续发展的中非合作”线上研讨会，围绕“新冠疫情下及后疫情时代的中非人文交流”“新冠疫情下及后疫情时代的中非债务危机”“新冠疫情下及后疫情时代的中非贸易”三个议题展开积极讨论。新时代下，智库应充分发挥其交流平台、研究基地、人才高地和传播窗口作用，促进中非文明互鉴、民心相通，深化中非合作研究，培养高端专业人才，为不断充实和发展中非友好合作注入新的活力。[①]

疫情期间，中非合作迎来了“云时代”。“云办公”和“云交会”成为热点，各类数字合作平台、线上推介会等新业态蓬勃发展。即时的网络“云交流”弥补了中非双方不能面对面交流的缺憾，并为双方民众搭建了一个增进彼此认识的新平台。随着 5G 技术的普及，媒体进入跨“介”与跨“界”融合新征程，在中非人文交流过程中将发挥更重要的作用。

三　中非人文交流合作的发展趋势

中国和非洲都有着灿烂的历史文明，为人类文明发展进步作出了重要贡献。近年来中非全面战略合作伙伴关系不断深化，人文交流更加密切。[②] 新冠肺炎疫情席卷全球，中非人文交流受到影响，但双方始终携手与共，紧抓

① 《中国社会科学院院长谢伏瞻主持中国非洲研究院成立大会》，《中国非洲学刊》2020 年第 1 期，第 15 页。

② 杨洁篪：《中共中央政治局委员、中央外事工作委员会办公室主任杨洁篪在中国非洲研究院成立大会上的致辞》，《中国非洲学刊》2020 年第 1 期，第 13 页。

中非合作论坛成立20周年的契机，发挥中非青年新力量，增添“一带一路”时代新内涵，合力共谱中非人文交流新华章。

（一）中非合作论坛引领新方向

习近平主席在致中非合作论坛成立20周年贺电时指出，“20年来，在中非双方共同努力下，中非合作论坛已成为中非开展集体对话的重要、活跃平台和务实合作机制，也是南南合作的一面重要旗帜”。[①] 中非合作论坛自成立后为不断加强双方在人文领域的合作，相继在论坛框架内创立智库论坛、媒体合作论坛、中非青年大联欢等重要人文交流平台和机制，推动中非在教育、文化、卫生、科技等领域的合作全面开花，促使青年、妇女、学界和民间组织的交流日益频繁，引领中非文明交流互鉴。中国已累计向非洲国家提供了约12万个政府奖学金名额，在非洲46个国家合作建设了孔子学院和孔子课堂，拓宽了中非语言文化交流之路。新形势下，中非双方将继续推动落实2018年论坛北京峰会“八大行动”项下的人文交流行动成果，克服疫情带来的不利影响，创新交流合作方式，携手打造文化共兴的中非命运共同体。[②] 在全球陷入新冠肺炎疫情的紧急状态下，中非双方以论坛为基础，持续推进团结抗疫，不仅为中非关系发展持续注入了新时代的内涵，而且为全世界树立了秉承多边主义推进人类命运共同体建设的典范，把中非全面战略合作伙伴关系推向了更高水平。[③]

（二）为共建“一带一路”增添新内涵

“一带一路”为各国提供了一个包容性的合作发展平台，近年来，其内涵不断深化，外延更加扩展。受疫情影响，“一带一路”更将成为疫情后非洲经济复苏的催化剂，能有效增强非洲国家区域内的贸易和制造业能力。

---

① 《习近平同塞内加尔总统萨勒就中非合作论坛成立20周年共致贺电》，求是网，http://www.qstheory.cn/yaowen/2020-10/12/c_1126594742.htm，最后访问日期：2020年10月12日。

② 《中非人文交流取得累累硕果》，新浪网，https://news.sina.com.cn/c/2020-10-27/doc-iiznezxr8400486.shtml，最后访问日期：2020年10月27日。

③ 王南、田牧野、朱泉钢：《中非智库论坛第九届会议举行》，http://iwaas.cssn.cn/xshd/xshy/202011/t20201106_5212440.shtml，最后访问日期：2020年11月6日。

习近平主席提出“为克服疫情带来的冲击，要加强共建‘一带一路’合作，加快落实中非合作论坛北京峰会成果，并将合作重点向健康卫生、复工复产、改善民生领域倾斜”[①]，传递了与合作伙伴高质量共建“一带一路”的坚定决心。从非洲角度来看，“一带一路”倡议能够为巴尔干化的非洲各国经济、社会和文化联通提供更坚实的物质基础。[②] 8月29日，中非共建“一带一路”的机遇与挑战国际学术研讨会在上海举行，中非学者围绕“一带一路”与中非经贸合作、“一带一路”与新冠肺炎疫情、“一带一路”与中非关系的长效发展等议题进行深入讨论。12月16日，中国同非盟签署了《中华人民共和国政府与非洲联盟关于共同推进“一带一路”建设的合作规划》，明确了“一带一路”建设中“五通”的合作内容和重点合作项目，将有效推动共建“一带一路”倡议同非盟《2063年议程》对接，促进双方优势互补，共同应对全球性挑战。目前，已有44个非洲国家和非盟同中方签署相关合作文件，约占签署此类文件国家和国际组织总数的1/3。

（三）中非青年展现新力量

非盟《2063年议程》专门把促进青年发展列为第六大目标，指出“非洲应当成为追求以人为本，特别是让妇女青年可以尽情发挥潜力的非洲”。习近平主席高度重视非洲青年发展和中非青年交流合作，在2018年中非合作论坛北京峰会主旨演讲中强调指出，青年是中非关系的希望所在。[③] 为激发中非青年创新创业交流合作的积极性，第六届浙江省国际“互联网+”大学生创新创业大赛国际赛道还设立了非洲专场，43个非洲国家的非洲青年参与其中。8月18日，以“共享创新知识·共育创业人才·共建合作平台·共担交流使命”为主题的中非暨中南青年创新创业论坛在线上举办，来自11个非洲国家的140余位中非双方政府官员、专家学者、企业家、学生代表、

① 《习近平在中非团结抗疫特别峰会上的主旨讲话（全文）》，中国政府网，http://www.gov.cn/xinwen/2020-06/17/content_5520086.htm，最后访问日期：2020年6月17日。

② 恩科罗·福埃：《“一带一路”倡议与非洲一体化》，曾珠译，《中国非洲学刊》2020年第1期，第84页。

③ 王珩、张书林：《新冠肺炎疫情背景下的非洲青年发展与中非青年合作》，《当代世界》2021年第3期，第67页。

媒体人士就如何激发中非青年创新创业活力，拓宽中非青年创新创业空间分享了思路与经验，会议还发布了中英双语版《新时代中非青年创新创业共同倡议书（浙江倡议）》。10 月 26 日，由外交部、中国宋庆龄基金会和江西省人民政府共同举办的第五届中非青年大联欢在北京、江西两地举行，进一步深化了中非青年友谊。11 月 25 日，“中非环境合作：应对气候变化与生物多样性保护”青年圆桌对话在北京举行，并讨论通过了《中非青年应对气候变化与生物多样性保护倡议》，以推动共建清洁美丽世界。

结　语

世界面临百年未有之大变局，非洲在世界政治经济格局中的地位也继续走高，使得大国对非关系掀起新的一轮“非洲热”。面对严峻复杂的国际国内形势，中非应进一步深化传统友谊，密切交流合作，促进文明互鉴，不仅造福中非人民，而且将为世界和平与发展事业作出更大贡献。[①] 中非人文共同体，是中非人文交流的“升级版”，在构建过程中应注意处理好几对重要关系：明确定位，在战略定位上处理好“软”与“硬”的关系；点面结合，在外交布局上处理好国别与区域之间的关系；与时俱进，在交流领域上处理好继承与创新的关系；官民并举，在行动主体上处理好官方与民间的关系。[②]

① 刘中伟：《百年未有之大变局与大国对非关系》，《中国非洲学刊》2020 年第 1 期，第 55 页。

② 王珩、王丽君：《构建中非人文共同体 夯实中非友好民意基础》，《中国社会科学报》2021 年 3 月 11 日，第 4 版。

新冠肺炎疫情背景下非洲鲁班工坊建设新动态*

甘振军

内容摘要：2019 年底，天津在非洲的吉布提、肯尼亚、南非和马里建设鲁班工坊。2020 年，在新冠肺炎疫情肆虐全球的背景下，鲁班工坊在尼日利亚、埃及、科特迪瓦、乌干达和马达加斯加逆势而上，纷纷揭牌启动。非洲鲁班工坊建设对中非关系具有重要的意义，但也面临着各种不确定因素和挑战，应做好评估和展望。

关键词：非洲　鲁班工坊　中非关系

作者简介：甘振军，男，博士，湘潭大学马克思主义学院讲师、湘潭大学中非法律与人文交流基地研究员、浙江师范大学非洲研究院东非研究中心兼职研究员，研究方向：亚非史。

一　奠定基础：2019 年非洲鲁班工坊建设

2018 年 9 月习近平主席在中非合作论坛北京峰会宣布要在非洲建立 10 个鲁班工坊之后，天津就立即安排落实，2019 年一年就在非洲设立了 4 所鲁班工坊。2019 年 3 月，天津在吉布提设立鲁班工坊，这是鲁班工坊首次落地非洲大陆。

* 本文受湖南省教育厅科研项目“‘一带一路’背景下中非表演艺术交流与合作效果研究”（项目编号：21COD62）的资助。

（一）吉布提鲁班工坊

吉布提鲁班工坊项目，是由天津市人民政府、吉布提教育部、中国土木工程集团有限公司、天津铁道职业技术学院、天津市第一商业学校和吉布提工商学校共建的。吉布提鲁班工坊紧紧围绕当地经济社会发展和产业结构调整，与“一带一路”倡议相对接，建立了“政政企校校”合作模式，以天津职业教育铁道类和商科类专业为支持，分两期开设了铁路交通运营管理、铁道工程技术、商业贸易和物流4个专业。全部纳入吉布提教育部的审批认证，纳入其国民教育体系。2019年3～5月，学院对首批学生进行学前辅导。9月15日工坊首批24名学生正式入学。

吉布提鲁班工坊建设取得了明显的成效。通过人才培养，中国职教标准走向世界，也成为中外文化交流的品牌。中央电视台《新闻联播》《焦点访谈》等栏目，新华社、《人民日报》和吉布提国家电视台等中外媒体全方位报道解读。2019年11月，吉布提鲁班工坊被列为中宣部“一带一路”系列活动征集的重点宣传内容。2020年2月，习近平主席向非盟首脑会议致贺电，对吉布提鲁班工坊给予了极大肯定。① 3月，吉布提国民教育与职业教育培训部部长还致信天津市政府，期待以吉布提鲁班工坊为平台，继续巩固和丰富“一带一路”建设成果。

（二）肯尼亚鲁班工坊

2019年12月14日，肯尼亚鲁班工坊揭牌运营。该工坊由天津城市职业学院、华为公司和肯尼亚马查科斯大学共建，开设计算机网络技术（云计算方向）专业。非方合作共建学校教师来华培训、设备挑选和运输、相关专业教学标准和双语教材开发也都同步配套。肯尼亚鲁班工坊以中国职业教育国际化专业教学标准为基础，采用工程实践创新项目（EPIP②）教学模式，按照实训装备、场地建设、专业标准、教材资源、教师培训“五到位”要求实

① 金永伟、杨延主编《2020年鲁班工坊建设与发展报告》，天津人民出版社，2020，第189页。

② EPIP是engineering（工程）、practice（实践）、innovation（创新）、project（项目）四个英文单词的缩写。

施建设。坊内设有云网融合教学区、数据中心教学区、智慧城市教学区以及空中课堂等四个区域，开展云计算与信息安全管理专业四年制本科教学，并为当地相关企业提供技术培训。

（三）南非两家鲁班工坊

南非鲁班工坊由天津职业大学与南非德班理工大学共建，设物联网应用技术和增材制造（3D 打印技术）2 个专业。南非鲁班工坊也是以工程实践创新项目为教学模式，以中国职业技能大赛优秀赛项装备为主要载体，建设有物联网应用技术、增材制造技术两个专业实训室，包括物联网专业开发及课程设计等六部分内容；增材制造技术专业包括数据采集和创新设计能力等四部分内容，是结合德班理工大学人才培养要求，针对南非的教育特点和现有条件进行定制化和体系化设计，同时综合考虑当地产业需求和人才发展。① 南非鲁班工坊场地主要由鲁班广场、鲁班文化廊和两个实训教室三部分组成。整体建设体现“环境建设多元化、实训场所职业化、课程教学理实化、项目训练岗位化”特征，充分满足多种学习者需要。该工坊于 2019 年 12 月 16 日揭牌运行。

特别值得一提的是，2019 年 12 月 11 日，由常州信息职业技术学院牵头建设的南非鲁班工坊在约翰内斯堡西艾库鲁莱尼职业技术学院隆重揭牌。常州信息职业技术学院作为中国－南非职业教育合作联盟中方执行秘书处单位，以工坊为平台，探索“政府引导、行业协调、企业主建、院校主教”的境外办学模式。工坊同时作为南非高等教育与培训部职教培训示范中心、艾库鲁莱尼市政府工匠人才培训基地、南非中国经贸协会员工培训中心和华为 ICT 学院，聚焦智能制造和 ICT 领域，为南非培养本土技术技能人才，服务中南企业发展，促进当地产业升级。② 该工坊比天津鲁班工坊提前几天揭牌，颇具开创意义。

---

① 《天津承建首家南非鲁班工坊揭牌运行》，北方网，http：//news. enorth. com. cn/system/2019/12/18/037868772. shtml，最后访问日期：2021 年 8 月 16 日。

② 《常州信息职业技术学院南非“鲁班工坊”隆重揭牌》，常州信息职业技术学院官网，http：//www. ccit. js. cn/info/1059/17478. htm，最后访问日期：2021 年 2 月 5 日。

（四）马里鲁班工坊

马里鲁班工坊由天津医学高等专科学校、天津市红星职业中等专业学校与马里巴马科科技大学、巴马科人文大学四方共建，开设中医药专业。该鲁班工坊占地400平方米，设立在巴马科人文大学校内，于2019年12月20日揭牌启动。首期开设中医技术专业。工坊内共设有智能中医诊疗与康复、养生保健、中药标本展示、虚拟3D药标馆、空中课堂、太极与八段锦练习等多个教学区。马里高等教育部部长表示：中马两国都拥有丰富的传统医疗资源，鲁班工坊将为马里开展传统医学教育和科研提供先进技术的支撑，将成为马里医疗事业的有益补充，也将成为马里人民实现梦想的助推器。2020年是中马建交60周年，鲁班工坊是中国送给马里最好的礼物。①

马里鲁班工坊是天津海外首个中医技术鲁班工坊。工坊以天津“国家现代职业教育改革创新示范区”的整体建设成果为支撑，以中医技术方向（中医专业、中药专业）教学标准为基本依据，以工程实践创新项目为教学模式，以双方共同开发的教育资源（教材）为核心内容，开展中医技术专业的教育与培训，促进当地医学发展。天津市提出要求，要将工坊建设成为非洲一流的鲁班工坊，不断发挥辐射带动作用，为马里、西非地区、整个非洲提供优质的可借鉴、可复制的中医技术人才培养解决方案，为中医技术和马里医学的融合与创新、中国和马里在医疗卫生与健康领域的合作作出更多贡献。② 在新冠肺炎疫情肆虐的背景下，中非医学合作具有极大的潜力和发展空间。

二　逆势而上：2020年非洲鲁班工坊建设

在前期充分论证和细致规划的基础上，2020年的非洲鲁班工坊建设继续向前推进。在新冠肺炎疫情带来的极大影响下，中非双方克服困难、群策群

---

① 《马里鲁班工坊揭牌成立，培养适应非洲当地发展的中医技能人才》，北方网，http：//news. enorth. com. cn/system/2019/12/23/037878336. shtml，最后访问日期：2021年8月16日。

② 《服务“一带一路”，鲁班工坊助力健康马里》，天津医学高等专科学校官方网站，http：//www. tjyzh. cn/info/1040/3995. htm，最后访问日期：2021年8月16日。

力、逆势而上，仍然取得了不少成绩。

（一）尼日利亚鲁班工坊

2019 年 6 月，天津市政府确定由天津中德应用技术大学与天津铁道职业技术学院共建尼日利亚鲁班工坊。尼方合作院校是阿布贾大学。中方的这两所院校具有职业教育国际化和海外建设鲁班工坊的前期经验和技术优势。

天津中德应用技术大学在阿布贾大学建设工坊占地 800 平方米，建有电气电子工程（通信工程专业方向、电力系统自动化方向）专业，包括电工电子基础实验室、通信工程实验室、电工电子创新实验室、电力系统自动化 4 个专业实验室，配备了 71 台（套）价值 496 万元的专业及教学辅助设备，围绕工坊专业建设，共开发了 10 个双语教学资源库。

天津铁道职业技术学院在阿布贾大学建立的轨道交通学历中心占地 180 平方米，建有机械工程（车辆工程方向、交通运输方向）、土木工程（铁道工程方向）2 个专业，包括车辆工程实验室、运营管理实验室、桥隧综合实验室 3 个专业实验室。与中土尼日利亚有限公司合作建立的轨道交通培训中心建有 3 个实训室和 1 个室外实训场，占地面积 1600 平方米。

在新冠肺炎疫情肆虐的特殊时期，中方成立了专门工作组和若干项目小组，克服两地时差、家人生病、频繁加班、网络不畅等诸多难题，精准指导尼方教师进行设备搬运、摆放、安装、文化氛围营造；不间断进行网络测试、调试、提升、改造。经过努力，2020 年 11 月 27 日，鲁班工坊“云揭牌”启运仪式在中非双方同步举行。

尼日利亚鲁班工坊轨道交通学历中心和轨道交通培训中心的建设实现了鲁班工坊学历教育和技能培训的有机结合，是鲁班工坊学历教育和技能培训“一体两翼”定位的生动实践；助力尼日利亚轨道交通的专业发展和人才培养，推动建成辐射西非乃至整个非洲的轨道交通学历教育和技能培训新高地；持续深化与中土尼日利亚公司的校企合作，不断拓展国际化产教融合、校企共建共研共享的新路径。[①]

① 《尼日利亚鲁班工坊揭牌启运》，鲁班工坊官方网站，http：//www. lubanworkshop. cn/html/2020/nigeria_1127/257. html，最后访问日期：2021 年 8 月 16 日。

（二）埃及鲁班工坊

埃及鲁班工坊是由天津轻工职业技术学院、天津交通职业学院联合埃及艾因夏姆斯大学和开罗高级维修技术学校合作建设，自2018年12月开始筹建埃及鲁班工坊。中方两所院校与埃方两所院校积极行动、密切配合、团结协作，完成了埃及鲁班工坊项目的调研与遴选，并确定五个合作专业，即艾因夏姆斯大学工程学院的建设数控设备应用与维护、新能源应用技术、汽车运用与维修技术三个专业（属高职层次），开罗高级维修技术学校的建设数控加工技术和汽车维修技术两个专业（属中职层次）；完成了两批次埃及教师为期各5周的EPIP师资培训等诸多建设任务。① 截至2019年12月底，高质高效完成了埃及两个鲁班工坊的全部建设任务，并于2020年11月30日举行“云揭牌”仪式。

本次中埃两国在职业教育领域的牵手合作，将为埃及青年提供技术培训，为中埃双方企业培养人才。埃及鲁班工坊的落成是贯彻落实中埃两国元首共识的重大成果，可以说埃及鲁班工坊建设走在了非洲前列，是目前在非洲建设规模最大、专业数量最多的鲁班工坊，也是首次在一个国家建成两个鲁班工坊，且同时具备了相关专业实现中高职有效衔接的条件。② 鲁班工坊的建设使用，能够为埃及职业技术教育转型升级、加快就业人才培养、推进复工复产探索一条新路子。中埃双方还签署了汉语教学纳入埃及中小学教育体系协议，使埃及学生学习汉语并在鲁班工坊接受技能培训拥有更多机会。

（三）科特迪瓦鲁班工坊

科特迪瓦鲁班工坊是由天津理工大学与科特迪瓦亚穆苏克罗国立博瓦尼理工学院合作共建。这是天津首家普通高校参与建设的鲁班工坊。2020年春节期间正是新冠肺炎疫情肆虐的时候，天津理工大学艺术学院师生克服困

---

① 《天津轻工职业技术学院实质性推动埃及鲁班工坊建设》，鲁班工坊官方网站，http://www.lubanworkshop.cn/html/2020/egypt_0803/170.html，最后访问日期：2021年8月16日。

② 《埃及〈宪章报〉发表廖力强大使署名文章〈中埃职业教育牵手 联合培养技能人才——写在埃及鲁班工坊启动运营之际〉》，鲁班工坊官方网站，http://www.lubanworkshop.cn/html/2020/egypt_1224/273.html，最后访问日期：2021年8月16日。

难，通过网络视频会议保持工作沟通，多方协同推进设计工作。经过一个多月不懈的努力，团队先后完成大型设备实训场地、实验室、实验学习教室和教师教研室等多个空间，800多平方米建筑场地的设计工作；室内外装修设计的全部方案，共计完成设计图纸80多张，全景展示视频动画4个。[①]

科特迪瓦鲁班工坊在专业设置上契合了科特迪瓦国际经济社会发展战略，设立了“先进制造技术”和“电气自动化”两个实验中心，重点建设机械工程和电气工程及其自动化两个专业，将鲁班工坊的实验内容嵌入学院相关专业的人才培养体系中，着力开展工程技术教育，通过专业基础性到综合性的递进式技术技能训练，使学生具备高技术素质和技术创新的能力。科方为鲁班工坊建设提供了805平方米的实训场地，包括大型设备车间（实训场地）1个、实验室3间、实验教学和学习教室3间、教研室1间。中方提供的实验设备包括大型设备5个种类11台（套）、中小型仪器设备16个种类87台（套），以及实验台、办公家具和投影仪、大屏幕等实验辅助教学装备。[②] 2020年12月9日，鲁班工坊“云揭牌”启运仪式在双方高校同步举行，开启了工坊建设的新篇章。

（四）乌干达鲁班工坊

乌干达鲁班工坊由天津工业职业学院、埃尔贡乌干达技术学院、乌干达天唐集团共同建设。项目以天津工业职业学院特色专业黑色冶金技术和重点专业机电一体化技术作为建设重点，在埃尔贡乌干达技术学院建电气自动化技术实训中心、数控加工实训中心、工业仿真实训室、工程实践创新实训室，在中乌姆巴莱工业园建鲁班工坊实训基地，占地745平方米。该工坊还在中乌姆巴莱工业园内建设了1080平方米的实训基地，包含电气自动化技术实训区、工业仿真实训区、钳工实训区、数控加工实训区和教学教室等。工坊共开设“数控加工技术”“机电创新智能应用技术”“冶金概论”等9门核心专业课程。

---

① 《艺术学院教师全力投入科特迪瓦“鲁班工坊”的设计工作》，天津理工大学官方网站，http：//www.tjut.edu.cn/info/1042/4997.htm，最后访问日期：2021年8月16日。

② 姜凝：《科特迪瓦鲁班工坊“云揭牌”》，http：//epaper.tianjinwe.com/tjrb/html/2020－12/10/content_152_3718999.htm，最后访问日期：2021年8月16日。

2020年12月10日，乌干达鲁班工坊“云揭牌”仪式通过互联网云端技术在中乌两国同时举行。乌干达方面认为，该项目将进一步推动乌干达职业教育发展以及工业化进程，推动乌干达实现经济转型，期望通过该合作项目，乌干达学员能在机电一体化和黑色冶金技术等方面获得高水平技能，推动乌干达科技发展与进步。中国驻乌干达大使郑竹强也表示，乌干达鲁班工坊揭牌启动运营是践行中非命运共同体和“一带一路”倡议的重要成果，将进一步推进乌干达职业技能转移、创造更多就业机会。①

（五）马达加斯加鲁班工坊

2019年，天津市教委确定由天津机电职业技术学院与天津市机电工业学校共同建设马达加斯加鲁班工坊。马达加斯加鲁班工坊位于塔那那利佛大学理工学院院内，建筑面积2000平方米，结合当地国情、教育教学特色和学生毕业就业前景等多方面因素，首期建设开设电气工程和汽车工程两个专业，建有1个实训基地和8个专业实训室，配备了113台（套）设备。天津两所学校共同为鲁班工坊量身定做了双语专业标准2个、双语课程标准18个、双语课程教材13本，完成了为期四周技术技能师资培训。②

2020年，新冠肺炎疫情在全球肆虐。马达加斯加鲁班工坊建设在中铁十八局、华为公司等企业的技术支持下，确保了工坊各项工作有序完成。2020年12月22日，马达加斯加鲁班工坊“云揭牌”仪式线上线下同步举行。这为中马两国职业教育合作开辟了新的天地，有助于马达加斯加青年人才技能提升、马达加斯加经济社会发展，有利于中资企业“走出去”。

三　新冠肺炎疫情背景下非洲鲁班工坊建设问题和挑战

首先，错综复杂的国际环境为鲁班工坊的建设发展带来更多的外部不确

---

① 《乌干达鲁班工坊“云揭牌”启动运营仪式举行》，新华网，http：//www.xinhuanet.com/world/2020－12/11/c_1126846818.htm，最后访问日期：2021年8月16日。

② 《加强中非人文交流合作 弘扬班墨文化工匠精神——马达加斯加鲁班工坊“云揭牌”仪式举行》，天津市机电工艺技师学院和天津市机电工业学校官方网站，http：//www.cnjdxy.com/system/2020/12/31/030042234.shtml，最后访问日期：2021年8月16日。

定因素。“一带一路”产能合作发展六年多来，取得了举世瞩目的成果，但也存在更多的挑战。中非合作涉及的国家不断增多，第三方市场合作也在不断加强。目前鲁班工坊建设在东非、南非、西非和北非都有分布。非洲各国历史文化不同，区域发展不平衡，产业竞争力也不同，资源禀赋和有效利用率颇有差异。非洲当地的产业规章制度、法律法规、投资政策、产能技术标准等均和中国有较大差异，国际产能合作所处的环境较为复杂。2020 年肆虐全球的新冠肺炎疫情更是雪上加霜，经济低迷不振，蝗灾等自然灾害频发，部分国家政局和社会发展还出现动荡。这势必为鲁班工坊建设带来各种挑战。

其次，中国企业“走出去”的平台建设和能力建设影响着鲁班工坊的运行效果。目前，中非产能合作涉及的贸易、投资、金融、法律法规和文化沟通的平台和机制尚未完全建立。中非“一带一路”建设中涉及的合作组织、经贸园区和金融体系都没有得到有效整合和完善。技术、资本和管理等要素还没有有效流动。企业是中非产能合作的主体，没有完善的中非产能合作作为平台，在面临突发事件和营商环境恶化的时候，企业容易缺乏足够的应对准备，也无法进行有效的沟通和解决问题。随着中非产能合作的不断推进，中国企业不能仅仅是停留在基础设施、公共设施和社会公共服务设施的硬件方面，而且要在政策、标准、规则、产品和服务等软件方面遵循国际化的商业规则和技术标准。鲁班工坊建设过程中，中国“走出去”的企业除了面对安全、法律、金融、社会环境等风险，还缺乏有效的跨文化沟通，也缺乏熟悉中国装备产品和国际化技术以及中国技术标准的高素质技能人才。鲁班工坊建设，不仅仅是高校和职业院校的事情，如何对接好企业，理顺学校、企业和政府的关系，是鲁班工坊建设面临的课题和挑战。

再次，鲁班工坊建设自身面临着诸多问题。在资金来源方面，工坊建设主要来自天津市政府的专项资金。经费来源单一，经费使用效益不高，主要用于教学设备购置、教学资源开发、外方师资培训、国内教师的海外出访、办公用品的购置和出访团组的支出。随着工坊的不断建设和内涵式发展，建设资金和运营维护的费用会不断增加，而现有的资金渠道来源主要依靠政府支出，企业提供资金比较有限，大多是共建合作企业通过捐赠设备和产品的形式进行支持。中方合作院校自行筹措资金也较为有限。而外方合作院校的支持也仅仅是提供实训场地为主。在人员派出和考核方面，赴非教师除了涉及汽车、化工、机械和数控等技能型专业外，还涉及医学和对外汉语教学等相关专业，由于各方面的原因派出人员积极性不高。加之2020年新冠肺炎疫情的影响，很多实质性教学工作无法展开，只能先期“云上”教学。

最后，鲁班工坊建设主体及其各管理层级的指导、协同配合的关系有待进一步理顺。天津有丰富的职教资源和合作意愿，这是优势所在。2020年在新冠肺炎疫情的不利形势下天津在鲁班工坊建设上取得的成果有目共睹。[①] 但天津在工坊建设过程中还没有同教育部、兄弟省份对非职业教育和产能合作及时理顺关系。2020年11月，鲁班工坊建设联盟成立大会就是为了整体协调鲁班工坊的建设。会议通过了《鲁班工坊建设规程》《鲁班工坊建设联盟工作办法》。联盟将研发鲁班工坊建设标准，开展鲁班工坊立项、质量监管和终止退出工作。

① 天津市鲁班工坊研究与推广研究中心：《鲁班工坊建设与发展成就2020》，http：//epaper.tianjinwe.com/tjrb/html/2020－11/06/content_162_3556428.htm，最后访问日期：2021年8月16日。

附　录

2020 年非洲发展大事记*

1 月 1 日

恩巴洛击败几佛非洲独立党候选人（PAIGC）佩雷拉，当选几内亚比绍总统。

1 月 2 日

索马里数百人游行抗议青年党制造的摩加迪沙爆炸案。

1 月 3 日

索马里特种部队“闪电”（Danab）在下谢贝利州（Shabeellaha Hoose）击毙数十名青年党武装分子。

1 月 7 日

索马里加入阿拉伯－非洲联盟，与成员国商讨红海与亚丁湾地区的合作与安全。

赞比亚国防部授予中国第二十二批援赞军医组国际友好合作勋章。

1 月 8 日

美国对南苏丹第一副总统塔班·邓·盖（Taban Deng Gai）实施个人制裁，理由是其参与杀害政治活动人士。

博茨瓦纳上诉法院作出裁决，同意听取反对派民主变革之伞（UDC）的提议，以选举存在违规行为为由推翻之前的大选结果。

世界银行将 2020 年撒哈拉以南非洲地区经济增长预期下调至 2.9%。

1 月 12 日

南苏丹政府与南苏丹反对派运动联盟签署和平协议。

---

* 由浙江师范大学非洲研究院研究生董锐整理。

1 月 13 日

法国与萨赫勒五国集团举行波城首脑会议共商反恐事宜。

1 月 14 日

以色列开始以每天 2 亿标准立方英尺的速度向埃及出口天然气。

1 月 15 日

莫桑比克总统纽西不顾反对派抵制宣誓就职，开始其第二任期。

埃及总统塞西为红海地区最大的军事基地——贝雷尼斯军事基地揭幕。

美国与肯尼亚达成打击索马里青年党的战略合作。

1 月 20 日

曾签署和平协议的反政府武装在中非共和国东北部贸易重镇比劳再次爆发冲突。

1 月 28 日

埃塞俄比亚、厄立特里亚和索马里领导人在阿斯马拉举行会谈，旨在加强非洲之角地区关系。

1 月 29 日

南苏丹总统基尔宣布特赦所有反对派领导人。

1 月 31 日

安理会延长对中非共和国的武器禁运期限。

埃塞俄比亚、苏丹与埃及就复兴大坝运行规则达成总体共识。

2 月 2 日

习近平致函塞内加尔总统萨勒，祝贺中非合作论坛成立 20 周年。

2 月 3 日

苏丹与以色列讨论双边关系正常化问题。

马拉维宪法法院宣布去年总统选举结果无效。

2 月 4 日

肯尼亚前总统莫伊去世。

南非一法院向前总统祖马发出逮捕令。

粮农组织表示非洲之角成为沙漠蝗灾最重灾区。

2 月 9 日

南非总统拉马福萨担任新一届非盟轮值主席。

中国国家主席习近平向非洲联盟第三十三届首脑会议致贺电，此次会议主题为“消除枪支，为非洲发展创造有利条件”。

2 月 10 日

非盟与加纳签署非洲大陆自由贸易区秘书处协议。

2 月 11 日

埃及人口达到 1 亿。

2 月 12 日

索马里与埃塞俄比亚联合打击极端主义。

联合国安理会通过第 2510 号决议，要求利比亚交战双方承诺“持久停火”。

2 月 14 日

埃及发现首例新冠肺炎确诊病例，系非洲首例。

刚果（金）伊图里族群冲突造成超 100 万人流离失所。

2 月 20 日

欧盟取消部分对津巴布韦的制裁。

利比亚交战双方于联合国日内瓦总部恢复会谈。

2 月 21 日

南苏丹总统基尔任命苏人运 - 反对派（SPLM - IO）领导人马夏尔为第一副总统。

乌干达与卢旺达签署引渡条约。

2 月 25 日

埃及前总统穆巴拉克因病逝世。

2 月 26 日

喀麦隆抗议者要求法国总统就其关于英语区冲突的言论道歉。

联合国将继续对南苏丹实行武器禁运，并呼吁有关各方充分执行“关于解决南苏丹冲突的恢复和平协议”。

2 月 27 日

邦特兰与索马里兰爆发冲突，紧张局势升级。

2 月 28 日

喀麦隆执政党人民民主联盟（RDPC）赢得国民议会多数席位。

3月1日

埃及卫生部部长赴华声援抗击新冠肺炎疫情。

埃及警告埃塞俄比亚不得对复兴大坝进行蓄水。

3月2日

Visa信用卡确认进入苏丹市场，此举将推动结束苏丹与全球银行体系的隔离。

塞内加尔、摩洛哥和突尼斯报告首例新冠肺炎病例。

3月3日

福雷连任多哥总统。

3月4日

美国正式解除对157家苏丹机构的经济制裁。

3月5日

南非确认首例新冠肺炎感染病例。

3月6日

中国向津巴布韦派遣新冠肺炎技术指导小组。

在拉各斯海域遭海盗袭击的中国船只被救出。

3月9日

苏丹总理哈姆多克在暗杀中幸存。

3月12日

南苏丹组建过渡政府内阁。

3月16日

津巴布韦年度通胀率逾540%，创2009年以来新高。

3月17日

埃及外长舒克里开始访问非洲国家，旨在通过外交手段维护复兴大坝相关利益。

3月18日

中国同非洲国家共同举行新冠肺炎疫情防控专家视频会议。

华为向非洲国家捐赠智能设备助力防疫工作。

中国政府向非洲国家捐赠抗疫物资。

3 月 25 日

马里前财长、主要反对党共和民主联盟（URD）领导人苏马伊拉·西塞（Soumaïla Cissé）在议会选举前的竞选活动中被绑架。

3 月 26 日

在二十国应对新冠肺炎特别峰会之际，非洲领导人呼吁建立联合基金以应对新冠肺炎疫情。

3 月 28 日

几内亚新宪法公投或延长现任总统孔戴任期。

3 月 31 日

乍得启动“博马之怒”行动打击博科“圣地”恐怖组织。

4 月 2 日

两名在尼日利亚遭绑架的中国公民获救。

美军在空袭中击毙索马里青年党高级指挥官。

4 月 3 日

萨赫勒地区超过 500 万人面临粮食安全问题。

4 月 6 日

世卫组织表示非洲不能也不会成为任何疫苗的试验场。

4 月 7 日

非洲累计报告新冠肺炎确诊病例总数突破 1 万关口，中国政府援助 18 个非洲国家的抗疫物资运抵加纳。

4 月 8 日

乍得政府军发起的“博马之怒”行动摧毁了博科圣地在尼日利亚与尼日尔的五个据点，恐怖分子均被驱逐出乍得。

4 月 15 日

联合国在埃塞俄比亚设立物流中心统筹运送非洲抗疫物资。

4 月 17 日

中国向非洲国家派遣医疗专家组共同抗击新冠肺炎疫情。

4 月 18 日

习近平同津巴布韦总统姆南加古瓦就中津建交 40 周年互致贺电。

4 月 23 日

西共体召开首脑特别视频会议，讨论新冠肺炎疫情蔓延对该地区造成的影响及应对措施。

西共体宣布承认前总理乌玛罗·西索科·恩巴洛（Umaro Sissoco Embalo）为几内亚比绍总统，以结束围绕选举结果持续了四个月的争议。

4 月 24 日

喀麦隆警方与穆斯林在斋月期间发生冲突。

4 月 28 日

南苏丹反对派运动联盟拒绝接受伊加特制定的规则。

5 月 2 日

埃及重申了埃及在巴以冲突中的立场，即建立依照 1967 年边界并以东耶路撒冷为首都的巴勒斯坦国。

5 月 7 日

多国联合特遣部队摧毁“伊斯兰国”西非省的乍得湖营地。

5 月 9 日

埃塞俄比亚驻索马里部队承认击落肯尼亚货机。

5 月 11 日

中国政府向津巴布韦、刚果（金）和阿尔及利亚三国派遣抗疫医疗专家组。

5 月 12 日

刚果（金）和赞比亚寻求南共体介入两国边界冲突。

埃及常驻联合国日内瓦办事处代表阿拉·优素福大使接任联合国非洲集团主席。

5 月 14 日

中法美等国电信运营商决定合力建造一条泛非海下电缆，促进 4G、5G 部署和固定宽带的接入。

联合国安全理事会决定将联合国阿卜耶伊临时安全部队的任务期限再延长六个月。

5 月 16 日

埃塞俄比亚联邦政府反对提格雷州单独举行选举。

5 月 18 日

美国最高法院裁定苏丹应为美国使馆遇袭事件支付惩罚性赔偿。

中国国家主席习近平在第七十三届世界卫生大会视频会议开幕式上发表致辞，宣布将加大对非支持，建立 30 个中非对口医院合作机制，加快建设非洲疾控中心总部。

5 月 19 日

南部非洲发展共同体召开特别峰会支持莫桑比克打击武装恐怖分子。

5 月 20 日

西非货币联盟部长会议通过西非法郎终止法案，将与欧元锚定的西非法郎更名为“埃科”（Eco），西非八国将停止将半数的外汇储备存放在法国国库。

莱索托新任首相穆凯齐·马乔罗宣誓就职。

塞内加尔军队越界引冈比亚民众不满。

5 月 22 日

莱索托多党联合政府宣告垮台，塔巴内卸任首相一职。

5 月 24 日

突尼斯与阿尔及利亚成立科学委员会以抗击新冠肺炎疫情。

5 月 28 日

纳米比亚财政预算赤字和债务皆创下新纪录，预算主要用于抗击新冠肺炎疫情、资助民众生计、增加就业机会。

埃及总统塞西批准与德国签订的金融、技术合作协定。

5 月 30 日

埃及违反联合国的武器禁运规定向索马里运输武器。

6 月 1 日

刚果（金）西北部暴发新一轮埃博拉疫情。

6 月 3 日

利比亚批评突尼斯议长加努希干涉其内政。

6 月 4 日

联合国安理会成立联合国苏丹过渡期援助团接替联非达团。

利比亚民族团结政府（GNA）占据塔霍纳，标志着利比亚国民军对的黎波里长达14个月的攻势失败。

以色列客机首次穿越苏丹领空，被认为是两国改善关系的潜在迹象。

6月5日

中非共和国叛军3R组织宣布退出全面和平协议进程。

尼日利亚提名经济学家恩戈齐·伊卫拉为世贸组织总干事。

中国外交部长王毅与埃及外长就复兴大坝一事进行电话沟通。

6月6日

埃及出台《开罗宣言》以解决利比亚危机。

6月9日

喀麦隆和赤道几内亚同意划定争议地区边界。

苏丹达尔富尔地区民兵组织“坚杰维德”领导人在中非共和国被捕。

6月17日

中国国家主席习近平在北京主持中非团结抗疫特别峰会并发表题为“团结抗疫共克时艰”的主旨讲话。本次峰会由中国和非盟轮值主席国南非、中非合作论坛共同主席国塞内加尔共同发起，以视频方式举行。

6月18日

纳米比亚农业部宣布该国中部地区爆发蝗灾。

肯尼亚赢得联合国安理会非常任理事国席位。

6月19日

索马里青年党高级领导人在摩加迪沙被捕。

数千名马里民众在首都巴马科再次举行抗议示威活动，反对派要求马里总统凯塔下台。

6月20日

由于南苏丹未能按时缴纳会费，非盟宣布暂停南苏丹的非盟成员国资格。

6月21日

埃及总统塞西表示埃及有权介入利比亚局势。

6月22日

西非央行贴放利率降低50个点以支持成员国经济复兴。

6 月 25 日

世卫组织宣布刚果（金）第 10 次埃博拉疫情结束。

苏丹成立特别法庭审判 1989 年政变高层。

6 月 28 日

马拉维最大反对党大会党主席拉扎鲁斯·查克维拉（Lazarus Chakwera）赢得总统选举。

6 月 29 日

联合国延长联马稳定团期限。

中国外长王毅分别与埃及、埃塞俄比亚外长就香港问题、复兴大坝问题等通电话。

6 月 30 日

世界银行援助乌干达 3 亿美元抗疫物资。

法国与萨赫勒地区领导人举行峰会以继续打击武装分子。

塞内加尔与法国签署十项供资协议。

索马里驻联合国大使阿布卡尔·奥斯曼·巴勒（Abukar Osman Baalle）当选为联合国大会第七十五届会议副主席。

7 月 3 日

世界银行、欧盟与马拉维签署新能源开发协议。

7 月 4 日

喀麦隆政府与主要分离主义组织举行首次和谈。

埃及、苏丹和埃塞俄比亚恢复复兴大坝谈判。

7 月 5 日

习近平同加纳总统阿库福－阿多就中加建交 60 周年互致贺电。

7 月 8 日

埃塞俄比亚奥罗莫族著名歌手遇害引发社会暴乱，数千人被捕。

安哥拉与中国华大基因公司谈判收购新冠病毒实验室。

埃及拒绝接受任何有关复兴大坝争端的单方面协议。

7 月 13 日

复兴大坝谈判无果而终。

7月15日

赞比亚与沙特阿拉伯深化伙伴合作关系。

7月16日

2022年达喀尔青奥会推至2026年举行。

7月17日

埃及总统与南非总统讨论复兴大坝争端。

7月18日

中国企业与津巴布韦医疗机构合作建立医疗中心。

7月20日

埃及外长访问约旦河西岸，此次访问是阿拉伯国家联合反对以色列吞并计划的一部分。

7月21日

西共体国家领导人代表团前往马里，试图调解政治危机。

苏丹法庭宣布审判前总统巴希尔（Omaral-Bashir）1989年发动军事政变一案，系阿拉伯世界现代史上首次审判政变领导人。

习近平同赞比亚总统伦古通电话。

7月22日

乌干达2021年大选竞选人博比·维恩宣布将成立新政党民族团结平台（NUP）。

7月23日

埃塞俄比亚复兴大坝完成第一阶段蓄水工作。

《习近平谈治国理政》第三卷中英文版在毛里求斯学生书店上架销售，埃及、南非等非洲国家实体书店和网上销售平台也将陆续开始销售。

7月24日

坦桑尼亚前总统本杰明·威廉·姆卡帕去世。

7月25日

中非共和国前总统博齐泽宣布参加总统竞选。

7月27日

苏丹十八州文官州长宣誓就职。

俄罗斯卢克石油收购英国凯恩能源的塞内加尔油田股份。

埃及、苏丹就埃塞俄比亚复兴大坝蓄水的行为提出联合抗议。

7 月 28 日

塞西表示埃及不会通过军事手段解决复兴大坝危机。

沙特承诺与阿尔及利亚合作以和平解决利比亚危机。

7 月 29 日

美军非洲司令部承认在索马里空袭中造成平民死亡。

8 月 2 日

美国依循“中国路径”投资莫桑比克液化天然气项目。

中国驻索马里大使访问索马里兰。

8 月 3 日

非盟主持第二轮复兴大坝会谈。

8 月 13 日

埃塞俄比亚警告埃及不得在索马里兰建立军事基地。

苏丹拒绝埃塞俄比亚讨论水资源共享协议的提议。

8 月 15 日

索马里联邦共和国总统法马约率领代表团前往杜萨马雷卜参加会谈，讨论即将举行的大选的选举模式。

8 月 17 日

津巴布韦总统姆南加古瓦结束南共体政治、防务和安全机构轮值主席任期。

8 月 18 日

马里军人发动政变，总统凯塔在被拘捕后宣布辞职、解散政府和国民议会。

8 月 19 日

南非四家工会联盟举行规模空前的全国性大罢工。

由于长期战乱、腐败及石油收入下降，南苏丹宣布外汇储备告罄。

由于马里发生军事政变，西共体国家关闭与马里的边境，暂停成员国与马里之间的所有资金流动，并暂停马里的成员国资格。

美国称暂停与马里军方的合作，以回应马里军事政变。

中国抗疫医疗专家组抵达南苏丹，深入当地分享抗疫经验。

8月22日

埃及、苏丹、埃塞俄比亚起草关于复兴大坝蓄水规则的报告草案。

8月23日

在马里发生军事哗变后，尼日利亚前总统古德勒克·埃伯勒·乔纳森（Goodluck Ebele Jonathan）率领西共体代表团访问马里。

8月24日

肯尼亚恢复建造与索马里的边境隔离墙。

8月25日

美国国务卿蓬佩奥在结束对以色列的访问后直飞苏丹首都喀土穆，系2005年以来，美国国务卿首次到访苏丹。

8月26日

埃及寻求中国在世贸组织总干事候选中支持其候选人。

8月27日

中国向埃塞俄比亚捐赠第三批医疗物资。

8月28日

埃及与希腊签署东地中海海上边界协议。

8月29日

苏丹与俄罗斯签订军售合同。

8月30日

美国财政部免除津巴布韦银行3.85亿美元罚款。

8月31日

苏丹过渡政府与主要反政府武装联盟苏丹革命阵线（SRF）签署和平协议，结束长达17年的敌对状态。

9月2日

摩洛哥与美国签署双边加强豁免协定。

9月4日

尼日利亚爆发示威活动以抗议电力和汽油价格上涨。

9月5日

苏丹遭遇历史性洪灾进入全国紧急状态。

尼日利亚与俄罗斯签署新冠肺炎疫苗备忘录。

索马里国民军从青年党手中夺回关键据点。

9 月 10 日

南苏丹与卡塔尔建交。

9 月 12 日

埃及向非洲国家提供新冠肺炎医疗援助物资。

6000 名埃及人参加中国新冠疫苗国际临床（Ⅲ期）试验。

9 月 14 日

埃塞俄比亚政府发行新版货币，新增 200 比尔面额纸币。

9 月 17 日

新任苏丹驻美国大使努瑞丁·萨蒂（Noureldin Satti）正式向美国总统特朗普递交国书。萨蒂成为 23 年来首位苏丹驻美大使。

中国政府向南苏丹援助 3000 吨粮食。

9 月 18 日

喀麦隆向中非共和国部署维和部队以维护选举稳定。

摩洛哥与俄罗斯公司签署购买新冠病毒疫苗的协议。

9 月 19 日

刚果（金）支持埃及在复兴大坝争端中的立场。

俄罗斯向利比亚派遣 400 名雇佣军。

9 月 21 日

埃及全国爆发了反对塞西政府的游行示威。

9 月 25 日

马里临时总统、前上校巴·恩多（Bah Ndaw）宣誓就职，马里军政府领导人阿西米·戈塔（Assimi Goita）担任副总统。

9 月 27 日

索马里与肯尼亚军队在两国边界交火。

9 月 28 日

突尼斯反对派宣布成立以进步民主党为主导的新政治联盟“阿迈勒”联盟。

9 月 29 日

埃及团结阿拉伯国家共同反对土耳其在叙利亚北部的军事存在，并支持叙利亚重返阿盟。

9 月 30 日

南非工会发动全国大罢工以抗议日益猖獗的腐败行为。

10 月 1 日

中国赴苏丹达尔富尔维和直升机分队全体官兵荣获联合国“和平荣誉勋章”。

10 月 2 日

摩洛哥与美国签署为期 10 年的军事合作协议。

10 月 3 日

苏丹政府与反政府武装签署最终和平协议。

10 月 6 日

欧盟支持尼日利亚候选人奥孔乔－伊韦阿拉竞选世贸组织总干事。

马里总理瓦内宣布组建由 25 人组成的内阁，其中包括 4 名担任要职的军方成员。

10 月 9 日

南苏丹民族团结过渡政府与未参与恢复和平协议的反对派团体之间的和平谈判在意大利首都罗马正式开始。

非盟恢复马里的成员国资格。

10 月 10 日

数千名反对派支持者在科特迪瓦首都阿比让集会，抗议总统瓦塔拉寻求连任第三任期。

10 月 11 日

利比亚最大油田恢复石油生产。

10 月 12 日

在政府即将宣布取消燃料补贴之际，苏丹镑兑美元汇率跌至历史最低点。

乞力马扎罗山发生火灾。

10 月 15 日

习近平同赤道几内亚总统奥比昂就中赤几建交 50 周年互致贺电。

10 月 19 日

第四轮利比亚联合军事委员会在日内瓦召开。

10 月 22 日

利比亚民族团结政府和利比亚国民军就重新开放利比亚的空路、陆路和停火等问题达成协议。

10 月 24 日

逾 140 名非法移民在塞内加尔海域溺亡。

苏丹同意与以色列实现关系正常化。

10 月 27 日

苏丹和南苏丹同意在两国 2000 公里的边界沿线上开放 10 个边境口岸，系南苏丹独立后两国首次开放边界。

10 月 28 日

美国对尼日利亚前财长奥孔乔 - 伊韦阿拉出任世贸总干事表示反对。

10 月 29 日

苏丹与美国就 1998 年肯尼亚和坦桑尼亚的两起使馆爆炸案以及美国海军驱逐舰“科尔”（USS Cole）号遇袭事件赔偿达成协议。

10 月 30 日

科特迪瓦大选发生暴力事件至少造成 12 人死亡。

11 月 2 日

莫桑比克反对派莫抵运宣布与政府和谈失败。

11 月 3 日

由于国内经济下行，南苏丹总统基尔解除中央银行行长职务。

科特迪瓦现任总统瓦塔拉赢得备受争议的第三任期。

即将离任的孔戴总统在第一轮选举中获胜，几内亚主要反对派民主力量联盟对此表示质疑。

11 月 4 日

埃塞俄比亚政府宣布提格雷州进入为期 6 个月的紧急状态，埃塞俄比亚国防部队对提人阵发动军事进攻。

11 月 5 日

复兴大坝谈判再次破裂，苏丹、埃及与埃塞俄比亚三方未能在观察员国的作用、谈判方式与谈判日程等问题达成一致。

坦桑尼亚总统马古富力宣誓就职，开始其第二个五年任期。

11 月 6 日

莫桑比克与坦桑尼亚就反恐合作达成共识。

11 月 8 日

几内亚最高法院确认孔戴胜选连任总统。

11 月 11 日

南非签署并加入《东南亚友好合作条约》。

普京批准俄罗斯与苏丹就设立俄海军后勤保障点签署协议。

莫桑比克极端恐怖分子斩首 50 多名平民。

11 月 14 日

埃及外长与摩洛哥、阿尔及利亚外长讨论西撒哈拉的事态发展。

11 月 18 日

刚果（金）宣布第 11 轮埃博拉疫情结束。

11 月 24 日

尼日尔前总统坦贾·马马杜去世。

11 月 25 日

美国对利比亚武装集团“卡尼亚特”进行制裁。

11 月 26 日

卡博雷再次当选布基纳法索总统。

11 月 28 日

埃塞俄比亚联邦政府军攻克提格雷州首府默克莱，数百万民众流离失所。

11 月 30 日

索马里因选举受“干涉”而驱逐肯尼亚大使。

12 月 1 日

非洲开发银行发起 2020～2025 年西非区域一体化新战略，旨在恢复跨界基础设施和发展区域企业。

12 月 3 日

中非共和国法院驳回前总统博齐泽的总统大选候选人资格，引发选举暴力。

12 月 5 日

发动马里 8 月政变的马利克·迪亚（Malick Diaw）上校被任命为过渡立法机构领导人。该委员会将负责在选举前 18 个月过渡时期内的改革和立法事宜。

中国国家主席习近平特别代表王毅出席安理会“联合国同非盟合作”高级别视频会议。

12 月 6 日

博茨瓦纳总统在非盟峰会上支持西撒哈拉独立。

12 月 7 日

由于提格雷地区局势动荡，超过 5 万埃塞俄比亚难民涌入苏丹。

12 月 9 日

加纳现任总统阿库福－阿多获得连任，反对派拒绝接受大选结果。

摩洛哥计划开始为 80% 的成年人接种中国国药和英国阿斯利康新冠疫苗。

安哥拉将在 2021 年担任葡语国家共同体轮值主席国。

12 月 10 日

埃及获得首批中国新冠疫苗并免费提供给公民。

摩洛哥同意与以色列实现关系正常化。

12 月 11 日

埃及与伊拉克达成“以石油换发展”协议。

美国将尼日利亚列为侵犯宗教自由的“特别关注”国家。

赞比亚与坦桑尼亚同意开放边界。

12 月 12 日

阿尔及利亚称美国承认摩洛哥对西撒哈拉拥有主权的决定没有法律效力，并警告以色列不要采取旨在破坏阿尔及利亚稳定的外国演习。

12 月 14 日

苏丹正式从美国“支持恐怖主义国家名单”中除名。

阿尔及利亚、尼日利亚宣布为所有公民免费接种新冠疫苗。

中国国家主席习近平同索马里总统穆罕默德就中索建交 60 周年互致贺电。

12 月 15 日

中国国家主席习近平同坦桑尼亚总统马古富力通电话，习近平祝贺马古富力连任总统。

12 月 16 日

斯威士兰与马尔代夫正式建立外交关系。

12 月 19 日

南非发现新冠肺炎变异病毒。

埃及、约旦和巴勒斯坦就巴勒斯坦问题在开罗举行三方会谈。

12 月 20 日

随着苏丹在埃塞俄比亚边境部署部队，两国紧张局势升级。

吉布提首都举行第三十九届伊加特领导人峰会。会议由苏丹总理哈姆多克主持召开，主要讨论苏丹、南苏丹、埃塞俄比亚和索马里的安全态势。

12 月 21 日

俄罗斯、卢旺达向中非共和国提供军事支持以平息选举暴力。

12 月 22 日

安理会通过决议终止联非达团任务授权。

南非确认参加全球新冠肺炎疫苗实施计划（Covax）。

12 月 30 日

乌干达军队在竞选活动中逮捕反对派总统候选人波比·瓦恩（Bobi Wine）。

12 月 31 日

尼日利亚完成非洲大陆自由贸易区的所有批准程序。

非洲经济领域相关数据*

表 1　非洲国家 GDP 总量（2015～2020 年，现价美元）

单位：十亿美元

国家	2015 年	2016 年	2017 年	2018 年	2019 年	2020 年
阿尔及利亚	165.98	160.03	170.10	175.41	171.16	145.16
安哥拉	116.19	101.12	122.12	101.35	89.42	62.31
贝宁	11.39	11.82	12.70	14.25	14.39	15.65
博茨瓦纳	14.42	15.65	17.41	18.66	18.36	15.78
布基纳法索	11.83	12.83	14.11	16.06	15.99	17.37
布隆迪	3.10	2.96	3.17	3.04	3.01	3.26
佛得角	1.60	1.66	1.77	1.97	1.98	1.70
喀麦隆	30.93	32.64	35.01	38.69	39.01	39.80
中非共和国	1.70	1.83	2.07	2.22	2.22	2.30
乍得	10.95	10.10	10.00	11.24	11.31	10.09
科摩罗	0.97	1.01	1.08	1.18	1.17	1.22
刚果（布）	11.89	10.16	11.11	13.64	12.69	10.88
刚果（金）	37.92	37.13	38.02	46.83	50.40	49.87
科特迪瓦	45.81	47.96	51.59	58.01	58.54	61.35
吉布提	2.43	2.60	2.75	3.01	3.32	3.38
厄立特里亚	—	—	—	—	—	—
埃及	329.37	332.44	235.73	249.71	303.08	363.07

* 由浙江师范大学非洲研究院欧玉芳整理。

续表

国家	2015 年	2016 年	2017 年	2018 年	2019 年	2020 年
赤道几内亚	13. 19	11. 24	12. 20	13. 10	11. 42	10. 02
埃塞俄比亚	64. 59	74. 30	81. 77	84. 27	95. 91	107. 65
加蓬	14. 38	14. 02	14. 93	16. 86	16. 87	15. 59
冈比亚	1. 38	1. 48	1. 50	1. 67	1. 83	1. 90
加纳	47. 50	54. 50	58. 85	65. 32	67. 23	72. 35
几内亚	8. 79	8. 60	10. 32	11. 86	13. 51	15. 68
几内亚比绍	1. 05	1. 18	1. 35	1. 50	1. 44	1. 43
肯尼亚	64. 01	69. 19	78. 97	87. 78	95. 50	98. 84
莱索托	2. 36	2. 11	2. 31	2. 51	2. 37	1. 84
利比里亚	3. 18	3. 28	3. 29	3. 26	3. 07	2. 95
利比亚	27. 84	26. 20	37. 88	52. 61	52. 09	25. 42
马达加斯加	11. 32	11. 85	13. 18	13. 61	14. 19	13. 72
马拉维	6. 37	5. 43	8. 79	9. 71	10. 86	11. 96
马里	13. 10	14. 03	15. 37	17. 07	17. 28	17. 39
毛里塔尼亚	6. 17	6. 40	6. 76	7. 05	7. 60	7. 78
毛里求斯	11. 69	12. 23	13. 26	14. 18	14. 05	10. 91
摩洛哥	101. 18	103. 31	109. 68	118. 10	119. 70	112. 87
莫桑比克	15. 95	11. 94	13. 22	14. 85	15. 29	14. 02
纳米比亚	11. 34	10. 72	12. 90	13. 68	12. 57	10. 70
尼日尔	9. 69	10. 36	11. 19	12. 85	12. 91	13. 68
尼日利亚	486. 80	404. 65	375. 75	397. 19	448. 12	432. 29
卢旺达	8. 54	8. 69	9. 25	9. 64	10. 36	10. 33
圣多美和普林西比	0. 32	0. 35	0. 38	0. 41	0. 43	0. 47
塞内加尔	17. 77	19. 04	21. 00	23. 12	23. 31	24. 91
塞舌尔	1. 38	1. 43	1. 52	1. 59	1. 58	1. 12
塞拉利昂	4. 22	3. 67	3. 74	4. 09	4. 12	3. 87
索马里	4. 05	4. 20	4. 51	4. 72	4. 94	4. 92
南非	317. 62	296. 36	349. 55	368. 29	351. 43	301. 92
苏丹	64. 46	52. 80	45. 02	34. 52	32. 25	26. 11

续表

国家	2015 年	2016 年	2017 年	2018 年	2019 年	2020 年
南苏丹	12.00	—	—	—	—	—
斯威士兰	4.06	3.82	4.40	4.67	4.47	3.96
坦桑尼亚	47.38	49.77	53.32	57.00	61.14	62.41
多哥	4.18	6.03	6.40	7.11	7.22	7.57
突尼斯	43.17	41.80	39.80	39.77	39.20	39.24
乌干达	32.25	29.08	30.74	32.91	35.17	37.37
赞比亚	21.25	20.96	25.87	26.31	23.31	19.32
津巴布韦	19.96	20.55	19.02	19.52	16.93	16.77

注：—表示数据缺失，GDP 按现价美元计算（下同）。

资料来源：世界银行数据库，http：//data. worldbank. org/（数据为 2021 年 7 月获取）。

表 2　非洲国家人均 GDP（2015～2020 年，现价美元）

单位：美元

国家	2015 年	2016 年	2017 年	2018 年	2019 年	2020 年
阿尔及利亚	4177.89	3946.45	4109.70	4153.96	3975.51	3310.39
安哥拉	4166.98	3506.07	4095.81	3289.64	2809.63	1895.77
贝宁	1076.80	1087.29	1136.59	1240.83	1219.52	1291.04
博茨瓦纳	6799.87	7243.93	7893.42	8279.82	7970.80	6710.99
布基纳法索	653.33	688.25	735.00	813.10	786.90	830.93
布隆迪	305.55	282.19	293.00	271.75	261.25	274.01
佛得角	3043.03	3131.00	3292.63	3617.35	3603.78	3064.27
喀麦隆	1327.50	1364.33	1425.11	1534.49	1507.45	1499.37
中非共和国	377.42	402.19	450.90	475.95	467.91	476.85
乍得	776.02	693.45	665.95	726.15	709.54	614.47
科摩罗	1242.59	1273.05	1323.81	1415.96	1370.14	1402.60
刚果（布）	2447.54	2039.45	2173.68	2601.41	2359.18	1972.55
刚果（金）	497.32	471.32	467.07	557.06	580.72	556.81
科特迪瓦	1972.55	2013.38	2111.03	2314.05	2276.33	2325.72

续表

国家	2015 年	2016 年	2017 年	2018 年	2019 年	2020 年
吉布提	2658. 96	2802. 18	2914. 37	3141. 88	3414. 94	3425. 50
厄立特里亚	—	—	—	—	—	—
埃及	3562. 93	3519. 87	2444. 29	2537. 13	3019. 09	3547. 87
赤道几内亚	11283. 40	9250. 32	9667. 86	10005. 62	8419. 93	7143. 24
埃塞俄比亚	640. 54	717. 12	768. 52	771. 52	855. 76	936. 34
加蓬	7384. 70	6984. 42	7230. 43	7956. 63	7767. 02	7005. 88
冈比亚	660. 72	690. 78	679. 76	732. 72	777. 82	787. 01
加纳	1705. 58	1913. 47	2020. 68	2194. 23	2210. 36	2328. 53
几内亚	769. 26	732. 29	855. 58	955. 11	1058. 14	1194. 04
几内亚比绍	603. 40	661. 46	738. 55	802. 77	749. 45	727. 52
肯尼亚	1336. 88	1410. 53	1572. 35	1708. 00	1816. 55	1838. 21
莱索托	1146. 06	1018. 93	1102. 94	1192. 48	1113. 37	861. 01
利比里亚	710. 38	714. 62	698. 70	677. 32	621. 89	583. 27
利比亚	4337. 92	4035. 20	5756. 70	7877. 12	7685. 95	3699. 23
马达加斯加	467. 24	475. 96	515. 29	518. 40	526. 22	495. 49
马拉维	380. 60	315. 78	497. 31	535. 35	583. 11	625. 29
马里	751. 47	780. 72	830. 02	894. 80	879. 12	858. 92
毛里塔尼亚	1524. 07	1536. 85	1577. 86	1601. 29	1679. 44	1672. 92
毛里求斯	9260. 45	9681. 62	10484. 91	11208. 33	11097. 59	8622. 68
摩洛哥	2875. 26	2896. 72	3035. 45	3226. 98	3230. 41	3009. 25
莫桑比克	589. 86	428. 93	461. 42	503. 32	503. 57	448. 61
纳米比亚	4896. 62	4546. 99	5367. 11	5587. 99	5037. 34	4211. 05
尼日尔	484. 24	498. 11	517. 98	572. 43	553. 89	565. 06
尼日利亚	2687. 48	2176. 00	1968. 57	2027. 78	2229. 86	2097. 09
卢旺达	751. 08	744. 76	772. 32	783. 64	820. 15	797. 86
圣多美和普林西比	1584. 78	1700. 10	1813. 81	1953. 51	1987. 58	2157. 84
塞内加尔	1219. 25	1269. 90	1361. 70	1458. 07	1430. 15	1487. 76
塞舌尔	14745. 34	15068. 62	15906. 08	16390. 82	16198. 52	11425. 09

续表

国家	2015 年	2016 年	2017 年	2018 年	2019 年	2020 年
塞拉利昂	588.23	501.42	499.38	533.99	527.53	484.52
索马里	293.46	295.97	309.05	314.54	320.04	309.42
南非	5734.63	5272.54	6131.48	6372.61	6001.40	5090.72
苏丹	1656.91	1325.16	1103.00	825.87	753.28	595.47
南苏丹	1119.65	—	—	—	—	—
斯威士兰	3679.82	3425.53	3914.42	4105.90	3894.67	3415.46
坦桑尼亚	947.93	966.50	1004.91	1042.84	1085.88	1076.47
多哥	570.91	803.15	830.75	901.52	893.35	914.95
突尼斯	3861.69	3697.94	3481.24	3438.81	3351.57	3319.82
乌干达	843.63	733.40	746.83	770.26	794.45	817.04
赞比亚	1338.29	1280.81	1535.20	1516.37	1305.00	1050.92
津巴布韦	1445.07	1464.59	1335.67	1352.16	1156.15	1128.21

注：一表示数据缺失。

资料来源：世界银行数据库，http：//data. worldbank. org/（数据为 2021 年 7 月获取）。

表 3　非洲国家外债总额存量（2015 ~ 2019 年）

单位．百万美元

国家	2015 年	2016 年	2017 年	2018 年	2019 年
阿尔及利亚	4671.32	4671.32	5706.74	5710.41	5492.30
安哥拉	56269.41	56269.41	50917.32	51684.81	51997.50
贝宁	2191.23	2191.23	2816.96	3607.45	3898.85
博茨瓦纳	2236.64	2236.64	1741.39	1782.04	1565.10
布基纳法索	2631.94	2631.94	3128.87	3285.72	3662.43
布隆迪	625.98	625.98	613.97	589.34	578.35
佛得角	1550.19	1550.19	1789.97	1767.45	1821.22
喀麦隆	7304.90	7304.90	10009.77	10863.98	12815.32
中非共和国	730.29	730.29	762.76	820.36	882.37
乍得	2893.64	2893.64	3404.51	3523.26	3571.38
科摩罗	130.56	130.56	197.21	282.82	299.46

续表

国家	2015 年	2016 年	2017 年	2018 年	2019 年
刚果（布）	4218.71	4218.71	4361.23	4314.15	6180.78
刚果（金）	5327.95	5327.95	5083.90	4955.69	5437.55
科特迪瓦	11387.73	11387.73	13448.93	15653.40	19182.29
吉布提	1226.48	1226.48	2266.76	2321.18	2552.39
厄立特里亚	873.29	873.29	820.77	791.20	771.71
埃及	49846.05	49846.05	84722.48	100186.06	115079.60
赤道几内亚	—	—	—	—	—
埃塞俄比亚	20519.35	20519.35	26233.36	27793.38	28287.82
加蓬	5119.46	5119.46	6499.31	6766.49	7193.01
冈比亚	534.74	534.74	668.30	696.27	717.92
加纳	20115.97	20115.97	22326.33	23331.86	26958.72
几内亚	2048.37	2048.37	2228.64	2396.66	2866.81
几内亚比绍	355.66	355.66	436.89	543.08	634.84
肯尼亚	19776.93	19776.93	26197.80	30688.08	34217.07
莱索托	921.43	921.43	935.95	903.65	935.87
利比里亚	839.15	839.15	1122.23	1228.49	1357.44
利比亚	—	—	—	—	—
马达加斯加	3006.71	3006.71	3382.08	3730.16	4065.35
马拉维	1721.20	1721.20	2162.40	2265.76	2433.90
马里	3691.88	3691.88	4294.18	4674.96	5192.19
毛里塔尼亚	4993.49	4993.49	5241.04	5225.51	5369.75
毛里求斯	—	—	—	—	—
摩洛哥	44391.06	44391.06	51150.26	50314.05	54967.62
莫桑比克	14381.96	14381.96	16019.40	18814.37	20354.09
纳米比亚	—	—	—	—	—
尼日尔	2228.26	2228.26	3044.75	3187.51	3605.58
尼日利亚	32413.45	32413.45	43192.88	50451.83	54832.40
卢旺达	3451.96	3451.96	4833.43	5422.64	6211.44
圣多美和普林西比	241.71	241.71	269.48	252.60	251.64

续表

国家	2015年	2016年	2017年	2018年	2019年
塞内加尔	5904.88	5904.88	8899.04	11892.46	13580.58
塞舌尔	—	—	—	—	—
塞拉利昂	1553.53	1553.53	1734.55	1735.47	1808.13
索马里	2770.59	2770.59	2833.53	5563.25	5615.90
南非	124404.90	124404.90	177125.69	171908.34	187667.34
苏丹	21401.43	21401.43	21700.61	21529.05	22264.29
南苏丹	—	—	—	—	—
斯威士兰	367.50	367.50	652.20	509.72	626.32
坦桑尼亚	15412.33	15412.33	18301.18	18489.83	19584.05
多哥	1109.29	1109.29	1844.25	1914.19	2205.09
突尼斯	27740.58	27740.58	34022.29	35116.01	37764.46
乌干达	9570.70	9570.70	11672.69	12315.10	13970.92
赞比亚	11778.51	11778.51	17380.82	19004.87	27341.43
津巴布韦	9678.64	9678.64	12540.43	12646.27	12270.18

资料来源：世界银行数据库，http：//data.worldbank.org/（数据为2021年7月获取）。

表4 非洲国家已收到的净官方发展援助（2012～2019年）

单位：百万美元

国家	2012年	2013年	2014年	2015年	2016年	2017年	2018年	2019年
阿尔及利亚	147.32	203.42	160.62	71.13	144.55	174.68	144.53	175.72
安哥拉	243.61	285.54	235.39	380.06	206.53	223.22	162.66	49.54
贝宁	507.88	660.20	599.32	436.63	500.76	680.00	574.62	602.21
博茨瓦纳	73.07	107.37	99.37	65.54	90.57	102.09	85.75	68.86
布基纳法索	1152.32	1045.08	1123.36	998.39	1029.48	892.15	1108.79	1148.81
布隆迪	524.17	558.83	515.40	366.56	742.64	435.82	451.08	588.94
佛得角	245.64	245.16	231.39	153.25	115.24	123.01	84.28	152.54
喀麦隆	597.17	751.96	856.12	664.12	756.61	1216.84	1165.34	1335.22
中非共和国	228.02	202.82	611.00	486.73	506.76	511.98	656.25	753.85
乍得	475.13	459.34	391.93	606.41	624.46	648.98	875.16	707.05

续表

国家	2012 年	2013 年	2014 年	2015 年	2016 年	2017 年	2018 年	2019 年
科摩罗	101. 61	81. 23	74. 95	65. 78	53. 75	67. 22	90. 94	78. 24
刚果（布）	140. 13	150. 99	106. 18	88. 80	87. 05	107. 04	146. 57	187. 27
刚果（金）	2846. 17	2584. 01	2400. 02	2599. 04	2102. 33	2292. 64	2513. 93	3025. 53
科特迪瓦	2908. 35	1273. 46	925. 04	651. 67	615. 79	829. 16	960. 01	1201. 23
吉布提	148. 46	149. 25	166. 11	173. 39	185. 35	142. 61	179. 21	272. 48
厄立特里亚	135. 97	81. 31	84. 19	93. 92	66. 82	79. 20	84. 24	276. 93
埃及	1813. 43	5512. 51	3537. 60	2524. 53	2437. 35	33. 11	2080. 85	1740. 59
赤道几内亚	14. 45	4. 63	0. 52	7. 49	6. 92	6. 93	6. 72	64. 07
埃塞俄比亚	3243. 29	3885. 54	3583. 96	3238. 89	4084. 37	4124. 75	4941. 03	4809. 97
加蓬	68. 85	87. 21	111. 27	98. 78	41. 62	106. 35	116. 96	116. 71
冈比亚	138. 98	112. 30	100. 34	113. 94	91. 99	284. 49	234. 13	194. 04
加纳	1799. 29	1328. 17	1123. 13	1770. 48	1318. 65	1263. 55	1067. 54	936. 32
几内亚	633. 36	467. 54	563. 12	538. 93	567. 06	472. 27	594. 44	580. 68
几内亚比绍	80. 32	105. 63	110. 25	95. 04	196. 82	113. 36	153. 58	120. 51
肯尼亚	2653. 66	3306. 84	2661. 03	2463. 56	2188. 39	2480. 22	2490. 93	3250. 97
莱索托	276. 26	320. 67	107. 17	86. 49	112. 07	145. 66	153. 69	145. 98
利比里亚	566. 71	535. 93	749. 59	1094. 43	819. 18	631. 59	573. 23	597. 31
利比亚	87. 12	128. 83	210. 28	157. 37	179. 49	431. 87	303. 44	316. 01
马达加斯加	368. 49	499. 28	588. 12	677. 51	621. 58	779. 04	695. 84	756. 17
马拉维	1170. 91	1132. 55	931. 16	1049. 38	1241. 61	1520. 44	1279. 31	1206. 22
马里	995. 58	1397. 56	1235. 84	1201. 64	1205. 16	1360. 08	1499. 57	1863. 21
毛里塔尼亚	409. 79	294. 74	260. 71	329. 46	307. 29	291. 73	448. 38	412. 18
毛里求斯	176. 68	145. 74	44. 59	78. 42	42. 34	14. 63	69. 18	22. 18
摩洛哥	1471. 14	2008. 65	2240. 15	1518. 28	2062. 31	2427. 65	818. 20	757. 86
莫桑比克	2071. 70	2312. 70	2106. 01	1819. 12	1533. 77	1806. 09	1823. 51	1907. 78
纳米比亚	252. 44	261. 04	226. 22	142. 38	170. 19	190. 45	159. 45	148. 41
尼日尔	891. 14	797. 30	917. 78	869. 28	952. 48	1224. 70	1199. 52	1490. 35
尼日利亚	1916. 17	2515. 72	2478. 60	2431. 54	2498. 19	3358. 96	3304. 95	3517. 32
卢旺达	878. 64	1086. 29	1035. 03	1088. 44	1150. 47	1231. 33	1119. 66	1191. 10

续表

国家	2012 年	2013 年	2014 年	2015 年	2016 年	2017 年	2018 年	2019 年
圣多美和普林西比	50.70	53.75	41.38	48.95	47.04	40.24	46.26	51.37
塞内加尔	1075.78	994.48	1108.68	869.40	731.22	908.18	998.94	1443.88
塞舌尔	34.75	27.42	12.00	6.78	5.80	16.20	—	—
塞拉利昂	439.75	449.07	914.03	946.82	693.26	541.17	507.98	594.64
索马里	990.46	1054.58	1109.20	1260.56	1183.64	1760.37	1575.18	1865.58
南非	1065.83	1295.34	1077.40	1420.27	1180.28	1014.81	921.14	971.48
苏丹	1369.13	1507.33	874.68	969.70	809.09	862.41	967.49	1624.67
南苏丹	1186.26	1399.30	1964.12	1674.83	1587.03	2183.24	1577.50	1885.27
斯威士兰	89.62	117.79	86.37	92.63	147.64	147.61	121.30	73.40
坦桑尼亚	2822.23	3433.24	2650.52	2584.71	2317.89	2585.79	2455.00	2153.14
多哥	245.08	226.32	210.94	199.47	168.25	344.95	296.96	411.62
突尼斯	1022.13	714.66	922.70	495.87	646.82	811.89	806.78	984.03
乌干达	1642.50	1697.09	1633.68	1638.16	1762.60	2011.81	1945.47	2100.01
赞比亚	957.14	1145.25	997.73	797.14	966.46	1040.49	1000.44	976.28
津巴布韦	1001.59	827.54	760.57	788.29	654.25	725.84	794.51	974.89

资料来源：世界银行数据库，http：//data. worldbank. org/（数据为 2021 年 7 月获取）。

表 5 非洲国家总储蓄占 GDP 的比例（2012～2019 年）

单位：%

国家	2012 年	2013 年	2014 年	2015 年	2016 年	2017 年	2018 年	2019 年
阿尔及利亚	47.19	45.38	43.35	36.41	37.38	38.70	40.37	38.85
安哥拉	37.23	32.03	29.97	25.02	24.43	23.35	25.17	25.52
贝宁	13.53	16.28	18.60	13.86	17.40	17.40	19.72	21.72
博茨瓦纳	39.68	36.66	40.74	35.79	33.80	33.88	31.82	29.19
布基纳法索	18.06	14.39	13.39	11.86	13.45	14.77	17.36	16.21
布隆迪	10.88	3.93	0.62	11.22	5.88	6.07	4.36	—
佛得角	28.31	28.63	25.92	28.16	32.80	30.55	34.36	35.00
喀麦隆	18.00	17.61	19.07	16.66	17.24	18.23	17.67	17.53
中非共和国	—	—	—	—	—	—	—	—

续表

国家	2012 年	2013 年	2014 年	2015 年	2016 年	2017 年	2018 年	2019 年
乍得	—	—	—	—	—	—	—	—
科摩罗	12.03	0.00	9.56	13.36	8.20	11.46	13.07	14.07
刚果（布）	57.50	57.85	57.38	40.46	24.09	—	—	—
刚果（金）	8.16	12.54	15.39	13.35	10.85	21.65	18.27	21.34
科特迪瓦	15.11	17.73	21.24	22.53	20.31	17.44	15.67	17.55
吉布提	—	29.95	29.90	32.73	29.40	25.56	25.64	22.75
厄立特里亚	—	—	—	—	—	—	—	—
埃及	12.88	13.68	11.88	9.59	9.71	10.36	13.89	15.18
赤道几内亚	—	—	—	—	—	—	—	—
埃塞俄比亚	30.91	28.33	31.45	29.52	30.95	30.59	33.16	—
加蓬	43.89	40.31	42.39	38.38	—	—	—	—
冈比亚	15.72	5.59	11.41	16.61	21.67	17.70	15.69	—
加纳	5.27	17.35	18.41	19.95	17.63	22.49	21.03	24.90
几内亚	5.76	-7.78	-3.61	-7.38	-1.22	11.42	8.34	8.40
几内亚比绍	2.18	1.05	12.00	10.09	7.75	8.42	13.43	11.55
肯尼亚	12.54	9.61	10.54	11.19	11.45	9.19	8.58	7.97
莱索托	21.34	25.98	28.54	27.20	19.37	10.26	17.57	19.96
利比里亚	-20.30	-29.54	-38.13	-30.96	-38.33	-48.78	-58.29	-39.12
利比亚	—	—	—	—	—	—	—	—
马达加斯加	13.34	8.76	14.52	12.92	16.02	15.08	18.49	17.16
马拉维	—	—	—	—	—	—	—	—
马里	16.47	16.49	15.43	15.43	16.72	14.35	15.56	—
毛里塔尼亚	36.69	35.53	22.87	21.47	27.98	30.54	29.19	33.48
毛里求斯	17.17	18.07	15.63	16.07	16.47	17.86	18.06	18.47
摩洛哥	25.25	27.03	26.54	28.85	28.25	29.15	27.81	27.73
莫桑比克	11.32	12.35	10.56	12.64	10.23	12.47	12.87	17.80
纳米比亚	14.97	19.20	22.94	16.29	6.04	13.12	12.20	12.31
尼日尔	23.31	24.19	24.97	23.53	22.46	20.13	22.14	23.75
尼日利亚	33.16	19.29	22.46	17.00	15.85	18.27	19.26	22.44

续表

国家	2012 年	2013 年	2014 年	2015 年	2016 年	2017 年	2018 年	2019 年
卢旺达	13.67	16.52	11.79	9.88	10.75	14.51	10.93	11.16
圣多美和普林西比	—	—	—	—	—	—	—	—
塞内加尔	15.85	16.29	19.00	20.54	21.15	22.54	23.06	—
塞舌尔	11.83	23.50	18.34	17.78	14.13	13.38	13.14	12.81
塞拉利昂	9.44	-12.88	15.12	-1.47	-13.79	-2.28	-6.87	-4.21
索马里	—	—	—	—	—	—	—	—
南非	15.10	15.36	15.66	16.48	16.53	16.14	14.88	14.95
苏丹	9.36	7.48	10.58	7.46	5.14	6.30	2.47	3.44
南苏丹	—	—	10.61	6.18	—	—	—	—
斯威士兰	17.64	22.64	23.55	22.65	19.15	16.22	16.16	16.22
坦桑尼亚	25.82	27.02	27.74	25.32	27.99	30.61	31.44	35.62
多哥	15.72	16.43	17.89	21.20	14.73	17.06	15.51	—
突尼斯	15.55	13.63	13.48	10.52	8.94	8.49	8.60	7.53
乌干达	18.62	22.57	25.25	16.65	23.87	23.60	21.35	22.23
赞比亚	35.47	32.95	32.30	33.70	30.44	36.25	41.82	39.73
津巴布韦	-14.06	-4.94	-3.03	-8.20	-1.22	13.48	—	—

资料来源：世界银行数据库，http：//data.worldbank.org/（数据为2021年7月获取）。

表 6　非洲国家农业增加值占 GDP 的比例（2012～2020 年）

单位：%

国家	2012 年	2013 年	2014 年	2015 年	2016 年	2017 年	2018 年	2019 年	2020 年
阿尔及利亚	8.77	9.85	10.29	11.58	12.22	11.76	11.84	12.38	14.23
安哥拉	6.07	6.51	7.55	9.12	9.83	10.02	8.61	6.66	9.43
贝宁	25.77	25.28	25.62	26.39	27.75	28.49	28.09	26.88	27.11
博茨瓦纳	2.70	2.30	2.09	2.20	2.05	1.99	1.99	1.95	2.14
布基纳法索	23.76	23.64	23.69	22.63	21.71	20.59	23.07	20.17	20.43
布隆迪	35.42	38.37	34.96	30.68	31.54	28.55	29.01	28.90	28.45
佛得角	8.45	8.28	8.02	8.74	8.00	6.74	5.29	4.63	4.86
喀麦隆	13.72	13.90	14.23	14.77	14.54	14.37	14.42	14.51	15.18
中非共和国	36.81	32.26	33.99	31.53	31.92	32.79	31.24	31.49	33.92

续表

国家	2012 年	2013 年	2014 年	2015 年	2016 年	2017 年	2018 年	2019 年	2020 年
乍得	54.90	50.05	50.65	50.40	46.13	48.61	45.10	42.59	47.73
科摩罗	30.17	30.79	30.01	30.60	31.37	31.90	32.64	33.07	—
刚果（布）	3.80	4.26	4.55	5.94	7.05	7.36	6.90	7.68	9.00
刚果（金）	20.44	19.32	18.56	18.37	18.60	19.70	19.18	19.97	20.33
科特迪瓦	22.19	20.98	21.05	18.36	19.74	18.74	20.55	20.67	—
吉布提	—	1.19	1.23	1.15	1.22	1.37	1.46	1.27	1.31
厄立特里亚	—	—	—	—	—	—	—	—	—
埃及	11.27	11.27	11.34	11.39	11.77	11.49	11.23	11.05	11.51
赤道几内亚	1.06	1.19	1.29	1.89	2.33	2.32	2.26	2.43	2.99
埃塞俄比亚	44.33	41.24	38.52	36.06	34.70	33.78	31.11	33.52	35.45
加蓬	3.35	3.33	3.62	4.31	4.97	5.27	5.44	5.55	6.40
冈比亚	27.39	26.22	22.46	22.21	21.86	21.00	19.87	21.80	—
加纳	22.13	20.37	20.74	20.79	21.48	20.08	18.69	17.61	18.24
几内亚	16.83	17.55	17.52	18.48	17.59	20.53	22.33	24.19	23.67
几内亚比绍	46.89	44.14	41.13	46.79	46.35	49.16	30.72	30.40	30.86
肯尼亚	26.17	26.44	27.45	30.19	31.07	34.83	34.10	34.15	35.15
莱索托	4.90	5.06	3.96	3.78	5.71	4.96	4.32	4.73	6.37
利比里亚	38.80	37.23	35.77	34.37	37.24	37.09	37.28	39.11	42.60
利比亚	—	—	—	—	—	—	—	—	—
马达加斯加	28.00	26.49	25.85	25.74	25.13	24.55	24.25	23.21	24.12
马拉维	28.29	28.67	28.70	27.48	25.93	23.33	22.00	23.35	21.09
马里	38.11	36.75	37.46	37.72	37.40	37.43	37.61	37.33	36.10
毛里塔尼亚	16.09	16.28	18.81	20.63	21.74	20.86	20.04	18.70	18.14
毛里求斯	3.66	3.38	3.26	3.15	3.19	3.10	2.78	2.90	3.41
摩洛哥	12.33	13.39	11.66	12.63	12.00	12.36	12.22	12.16	12.23
莫桑比克	24.91	23.50	23.93	22.92	22.85	25.04	24.57	26.03	—
纳米比亚	8.05	7.82	8.14	6.65	6.72	7.68	7.77	7.07	9.03
尼日尔	33.68	32.24	33.43	32.40	35.43	35.80	38.52	37.81	—

续表

国家	2012 年	2013 年	2014 年	2015 年	2016 年	2017 年	2018 年	2019 年	2020 年
尼日利亚	21.86	20.76	19.99	20.63	20.98	20.85	21.20	21.91	24.14
卢旺达	24.78	24.93	24.70	23.99	25.17	26.35	24.61	23.54	26.25
圣多美和普林西比	11.50	12.03	11.38	11.95	11.40	10.88	11.12	12.29	13.99
塞内加尔	14.10	13.72	13.37	14.28	14.41	14.98	14.99	14.99	15.82
塞舌尔	2.04	2.67	2.37	2.05	2.01	1.88	1.98	2.23	2.48
塞拉利昂	50.59	47.98	51.79	58.65	58.21	60.28	58.93	54.34	61.29
索马里	—	—	—	—	—	—	—	—	—
南非	2.17	2.10	2.17	2.09	2.22	2.36	2.18	1.88	2.40
苏丹	34.27	30.58	32.09	32.26	29.94	24.13	21.96	21.77	20.92
南苏丹	6.18	9.64	7.60	10.36	—	—	—	—	—
斯威士兰	10.20	10.12	9.24	9.36	8.96	8.43	8.52	8.45	9.10
坦桑尼亚	26.55	26.79	25.80	26.75	27.44	28.74	27.87	26.55	26.74
多哥	42.52	37.51	25.68	24.37	20.76	20.64	20.44	19.76	18.78
突尼斯	9.08	8.89	9.15	10.28	9.39	9.69	10.55	10.27	11.74
乌干达	27.05	26.16	24.97	23.64	22.76	23.46	23.24	23.05	24.03
赞比亚	9.32	8.23	6.78	4.98	6.23	4.02	3.34	2.86	2.73
津巴布韦	8.04	7.14	8.75	8.28	7.87	7.71	5.07	—	

资料来源：世界银行数据库，http：//data. worldbank. org/（数据为 2021 年 7 月获取）。

表 7 非洲国家工业增加值占 GDP 的比例（2012～2020 年）

单位：%

国家	2012 年	2013 年	2014 年	2015 年	2016 年	2017 年	2018 年	2019 年	2020 年
阿尔及利亚	47.86	44.25	42.31	35.73	34.70	36.79	39.14	37.44	34.25
安哥拉	56.92	53.36	46.20	41.93	42.64	42.17	47.93	49.99	44.76
贝宁	16.96	17.24	16.41	16.39	15.70	15.11	14.65	16.31	16.29
博茨瓦纳	29.72	31.48	33.08	29.98	32.09	29.84	29.46	28.21	25.03
布基纳法索	26.87	24.10	24.93	24.35	24.88	25.14	24.51	25.58	29.96
布隆迪	15.75	15.58	15.50	11.76	12.21	10.99	11.11	10.96	10.68
佛得角	17.00	17.52	18.73	18.12	17.13	18.19	19.28	19.61	23.09
喀麦隆	28.15	27.63	27.14	25.18	24.46	25.29	25.78	26.04	25.02

续表

国家	2012 年	2013 年	2014 年	2015 年	2016 年	2017 年	2018 年	2019 年	2020 年
中非共和国	27.52	24.19	19.48	22.13	21.64	20.74	20.56	20.52	20.84
乍得	12.93	13.33	14.51	13.65	13.66	14.63	14.37	14.27	16.94
科摩罗	11.22	11.65	11.61	10.41	9.85	9.14	8.86	8.85	—
刚果（布）	65.31	61.99	58.10	47.80	36.61	41.69	50.77	48.01	40.04
刚果（金）	40.25	41.29	42.98	41.70	41.16	42.19	43.82	40.73	41.05
科特迪瓦	24.03	25.95	27.41	19.53	19.09	20.46	21.02	21.19	—
吉布提	—	11.45	11.64	11.37	11.34	12.32	16.57	15.94	16.22
厄立特里亚	—	—	—	—	—	—	—	—	—
埃及	39.25	39.89	39.89	36.63	32.46	33.75	34.96	35.62	31.80
赤道几内亚	77.31	72.45	70.19	59.10	52.33	56.86	57.30	53.04	45.21
埃塞俄比亚	9.48	10.94	13.47	16.30	21.93	23.58	27.31	24.82	23.11
加蓬	58.82	56.61	52.72	48.18	45.04	45.47	47.14	47.21	41.47
冈比亚	11.96	11.89	13.21	17.14	20.94	17.89	17.31	15.79	—
加纳	27.14	34.09	35.19	32.14	28.34	30.37	31.39	31.60	34.69
几内亚	31.58	29.64	29.69	26.32	30.10	31.65	30.88	28.54	32.73
几内亚比绍	13.54	14.42	14.42	12.25	12.55	12.60	12.67	13.26	13.48
肯尼亚	18.60	18.02	17.44	17.30	17.89	16.79	16.41	16.15	16.18
莱索托	30.82	29.02	32.16	33.74	30.59	28.58	31.65	30.92	29.89
利比里亚	16.40	15.76	15.71	12.54	7.99	10.20	12.51	11.97	11.67
利比亚	—	—	—	—	—	—	—	—	—
马达加斯加	11.22	12.45	13.49	12.59	13.37	13.51	17.02	17.13	13.32
马拉维	15.03	14.78	14.65	14.81	14.65	18.06	18.68	18.81	17.16
马里	19.87	17.18	18.38	17.60	17.88	18.85	20.23	20.92	21.24
毛里塔尼亚	37.47	38.61	28.44	22.75	25.22	25.48	24.48	25.08	27.63
毛里求斯	20.94	20.60	19.83	19.24	18.58	17.64	17.46	17.27	16.67
摩洛哥	26.41	26.17	26.49	26.09	25.89	26.16	25.87	25.34	25.26
莫桑比克	16.66	16.35	17.33	18.10	20.42	24.02	25.34	22.86	—
纳米比亚	29.98	26.55	26.63	27.56	27.51	26.08	26.87	27.32	26.53

续表

国家	2012 年	2013 年	2014 年	2015 年	2016 年	2017 年	2018 年	2019 年	2020 年
尼日尔	26.54	26.05	23.61	22.55	21.17	21.07	19.06	20.23	—
尼日利亚	27.07	25.74	24.64	20.16	18.17	22.32	25.73	27.38	28.22
卢旺达	18.21	17.60	17.54	17.43	16.82	17.28	17.34	18.87	19.33
圣多美和普林西比	15.86	15.74	16.89	15.32	15.69	16.13	14.25	13.44	13.24
塞内加尔	23.11	24.29	23.15	23.59	23.34	23.28	24.01	23.09	23.09
塞舌尔	14.24	12.62	12.15	11.82	10.94	11.12	11.98	11.79	13.15
塞拉利昂	14.53	21.23	15.61	4.56	5.61	5.16	5.27	5.24	6.19
索马里	—	—	—	—	—	—	—	—	—
南非	26.68	26.67	26.55	26.03	26.25	26.29	25.85	26.00	25.20
苏丹	17.87	20.90	17.81	16.78	15.45	15.80	20.74	21.80	22.88
南苏丹	51.15	22.22	46.70	33.09	—	—	—	—	—
斯威士兰	36.81	35.65	35.62	35.76	35.34	33.88	33.24	34.09	31.37
坦桑尼亚	25.40	25.45	25.14	24.49	24.86	25.10	27.01	28.62	28.67
多哥	18.40	17.63	16.17	15.59	21.60	21.32	21.00	21.17	22.70
突尼斯	29.64	28.77	26.88	24.98	23.99	23.68	23.35	22.73	21.75
乌干达	25.27	24.57	25.15	26.39	26.28	26.03	26.06	26.30	26.18
赞比亚	32.01	32.56	32.94	33.66	34.88	37.30	34.49	34.94	42.74
津巴布韦	25.33	23.80	23.72	22.36	22.12	19.79	12.61	—	—

资料来源：世界银行数据库，http：//data.worldbank.org/（数据为2021年7月获取）。

表 8　非洲国家货物和服务出口占 GDP 的比例（2012～2020 年）

单位：%

国家	2012 年	2013 年	2014 年	2015 年	2016 年	2017 年	2018 年	2019 年	2020 年
阿尔及利亚	36.89	33.21	30.49	23.17	20.87	22.63	25.79	22.79	17.09
安哥拉	55.94	50.75	44.70	29.75	28.12	29.00	40.84	39.34	35.28
贝宁	23.90	27.57	31.43	24.72	27.61	27.21	27.30	29.63	19.87
博茨瓦纳	49.25	61.52	58.47	49.82	52.56	39.67	40.34	33.79	29.66
布基纳法索	26.60	27.08	26.93	26.11	25.92	26.45	28.13	25.37	—
布隆迪	9.70	9.10	7.60	5.73	6.65	7.44	9.40	9.13	4.98

续表

国家	2012 年	2013 年	2014 年	2015 年	2016 年	2017 年	2018 年	2019 年	2020 年
佛得角	40.43	40.49	40.36	44.91	44.23	45.92	49.23	50.65	24.85
喀麦隆	26.12	25.57	24.94	22.26	19.24	18.58	19.31	20.21	15.45
中非共和国	11.55	14.97	16.68	17.07	14.82	17.26	18.88	16.41	15.83
乍得	38.47	33.57	34.16	30.00	26.30	33.87	36.19	36.74	27.60
科摩罗	8.95	9.05	9.68	10.14	10.67	11.90	13.25	12.81	—
刚果（布）	58.08	52.93	53.15	42.73	45.25	57.97	71.17	74.12	58.01
刚果（金）	30.80	36.45	36.83	27.73	23.96	35.25	34.34	30.11	31.88
科特迪瓦	48.93	41.53	39.27	27.36	24.60	24.92	22.64	23.78	—
吉布提	—	156.54	158.37	141.46	100.62	147.83	149.18	152.57	153.44
厄立特里亚	—	—	—	—	—	—	—	—	—
埃及	16.40	17.02	14.24	13.18	10.35	15.82	18.91	17.50	13.18
赤道几内亚	71.90	67.65	65.96	56.66	51.41	58.86	59.61	52.81	43.33
埃塞俄比亚	13.77	12.48	11.64	9.36	7.81	7.63	8.37	7.94	7.09
加蓬	60.95	57.36	44.52	46.03	44.04	50.23	51.11	50.67	47.93
冈比亚	19.84	18.98	21.84	19.60	15.91	16.79	21.73	20.64	—
加纳	40.36	25.66	29.90	32.68	32.18	35.35	35.39	35.84	—
几内亚	33.14	26.47	26.69	21.50	29.37	44.66	40.21	29.96	53.14
几内亚比绍	15.48	18.26	20.21	27.54	26.51	27.77	25.28	20.29	14.39
肯尼亚	22.23	19.93	18.30	16.57	14.33	13.23	13.17	12.03	11.26
莱索托	41.80	38.25	38.15	42.89	45.79	47.49	50.95	45.49	—
利比里亚	32.91	34.58	28.43	19.47	21.42	24.28	26.01	28.73	28.61
利比亚	74.62	70.43	47.01	39.97	26.14	49.94	56.95	64.37	33.89
马达加斯加	21.78	23.27	28.28	28.39	29.09	30.90	29.18	26.45	23.26
马拉维	—	—	—	—	—	—	—	—	—
马里	27.86	24.94	22.56	24.04	23.44	22.21	24.52	24.98	26.37
毛里塔尼亚	48.26	45.55	37.39	33.82	31.93	39.10	39.27	40.00	41.14
毛里求斯	53.79	48.42	48.85	47.86	44.25	42.45	40.96	38.52	30.00
摩洛哥	34.93	32.78	34.63	34.80	35.35	37.22	38.78	39.11	35.45

续表

国家	2012 年	2013 年	2014 年	2015 年	2016 年	2017 年	2018 年	2019 年	2020 年
莫桑比克	28.88	26.74	31.28	31.08	33.55	38.58	44.87	41.01	—
纳米比亚	40.06	37.50	39.02	35.37	35.01	33.62	35.77	35.82	32.99
尼日尔	16.10	16.98	15.95	13.62	11.88	12.82	11.29	11.02	—
尼日利亚	31.55	18.05	18.44	10.67	9.22	13.17	15.50	14.22	8.83
卢旺达	12.00	13.50	13.88	13.24	15.43	20.53	21.10	21.81	19.03
圣多美和普林西比	—	—	—	—	—	—	—	—	—
塞内加尔	22.47	22.35	21.78	22.68	21.56	21.93	22.95	24.31	22.42
塞舌尔	99.33	90.81	88.01	81.09	80.73	88.64	84.10	83.58	77.19
塞拉利昂	32.91	28.63	30.76	19.36	24.91	26.05	17.47	16.01	12.83
索马里	—	24.22	23.83	25.64	25.42	22.05	23.71	22.67	14.28
南非	29.72	30.97	31.47	30.15	30.58	29.63	29.91	29.85	30.47
苏丹	6.96	9.82	7.48	6.50	5.29	6.49	7.64	8.48	5.13
南苏丹	42.83	9.74	38.39	36.65	—	—	—	—	—
斯威士兰	36.69	40.53	43.86	43.11	44.06	43.51	40.44	45.90	—
坦桑尼亚	22.37	19.01	18.07	17.10	16.35	15.14	14.74	16.01	14.30
多哥	45.21	46.48	39.72	35.85	26.91	25.27	23.94	23.06	21.83
突尼斯	48.55	46.97	44.92	40.08	40.03	43.82	48.49	48.62	—
乌干达	15.56	16.58	15.01	12.93	12.48	16.66	15.09	17.20	15.05
赞比亚	40.08	40.48	38.82	37.14	35.32	34.99	37.96	34.64	—
津巴布韦	25.16	21.99	20.93	19.16	19.94	18.18	11.61	—	—

资料来源：世界银行数据库，http：//data. worldbank. org/（数据为 2021 年 7 月获取）。

表 9　非洲国家货物和服务进口占 GDP 的比例（2012 ~ 2020 年）

单位：%

国家	2012 年	2013 年	2014 年	2015 年	2016 年	2017 年	2018 年	2019 年	2020 年
阿尔及利亚	28.51	30.40	31.93	36.52	35.05	32.69	32.11	29.23	28.14
安哥拉	35.86	36.06	34.64	33.13	25.25	23.25	25.54	24.94	27.33
贝宁	26.84	31.63	33.84	32.04	31.38	34.27	34.55	34.05	24.96
博茨瓦纳	61.40	61.03	55.42	56.12	44.20	35.93	39.17	41.91	46.37

续表

国家	2012 年	2013 年	2014 年	2015 年	2016 年	2017 年	2018 年	2019 年	2020 年
布基纳法索	34.64	36.96	31.89	32.98	31.98	32.82	32.17	31.36	—
布隆迪	34.00	37.50	34.15	26.81	25.09	26.95	29.81	32.73	27.92
佛得角	59.85	54.85	60.69	59.16	59.96	67.38	68.04	65.26	59.84
喀麦隆	30.27	30.04	30.13	27.61	23.97	22.61	23.70	24.65	21.16
中非共和国	21.51	23.43	36.42	36.08	35.71	39.88	46.98	35.79	33.96
乍得	42.11	39.08	42.47	36.56	37.00	39.70	38.01	37.83	44.77
科摩罗	31.86	30.19	29.56	27.67	26.46	28.26	29.85	29.27	—
刚果（布）	39.36	40.07	51.08	79.97	86.26	55.07	49.10	53.40	55.95
刚果（金）	37.55	41.02	41.86	31.61	31.97	39.04	37.95	33.07	33.52
科特迪瓦	44.75	38.60	34.37	25.36	22.92	23.62	23.43	22.62	0.00
吉布提	—	191.46	140.99	122.64	109.37	156.50	139.04	143.57	140.33
厄立特里亚	—	—	—	—	—	—	—	—	—
埃及	24.31	23.36	22.68	21.66	19.90	29.31	29.37	25.74	20.77
赤道几内亚	44.77	39.24	38.42	42.22	41.19	43.57	44.03	41.70	46.45
埃塞俄比亚	31.63	28.99	29.10	30.29	27.09	23.47	22.83	20.88	16.93
加蓬	31.39	33.28	29.00	27.92	26.10	24.84	22.29	21.58	22.66
冈比亚	27.86	26.48	36.42	33.34	30.11	36.53	41.38	34.90	—
加纳	52.81	35.62	37.71	44.61	37.83	38.49	36.55	35.27	—
几内亚	53.54	53.96	50.08	50.95	82.47	56.59	48.78	42.29	37.09
几内亚比绍	25.70	25.82	31.39	32.24	31.30	33.07	30.74	35.08	29.25
肯尼亚	35.54	33.21	33.00	27.61	23.37	24.16	22.98	21.37	20.16
莱索托	108.41	95.12	88.14	86.83	90.55	98.91	94.44	93.16	—
利比里亚	89.25	96.41	108.54	106.55	100.26	98.71	94.33	98.73	94.54
利比亚	39.75	64.83	91.88	74.28	44.08	39.79	35.82	53.10	80.17
马达加斯加	30.87	33.10	33.69	32.83	31.74	34.44	34.41	33.10	30.35
马拉维	—	—	—	—	—	—	—	—	—
马里	31.26	39.88	38.08	39.60	40.32	35.85	35.62	36.08	33.41
毛里塔尼亚	62.53	56.85	54.22	57.27	47.36	52.89	57.29	53.04	49.53

续表

国家	2012 年	2013 年	2014 年	2015 年	2016 年	2017 年	2018 年	2019 年	2020 年
毛里求斯	65.71	61.55	59.29	57.15	53.74	54.91	54.02	53.67	48.72
摩洛哥	50.20	47.24	47.14	42.40	45.51	46.78	49.20	48.03	43.17
莫桑比克	72.99	76.41	80.18	62.83	72.09	61.14	82.33	75.54	—
纳米比亚	60.16	60.22	64.06	61.87	58.96	47.60	45.83	46.07	41.52
尼日尔	28.99	29.32	29.80	30.45	24.41	26.25	26.22	26.78	—
尼日利亚	12.99	13.00	12.45	10.67	11.50	13.18	17.51	19.80	16.57
卢旺达	28.56	29.22	30.05	31.99	34.08	33.15	34.66	36.12	35.31
圣多美和普林西比	—	—	—	—	—	—	—	—	—
塞内加尔	39.50	38.28	36.66	35.43	32.55	35.78	38.84	38.52	36.90
塞舌尔	117.15	92.00	99.24	86.12	92.95	100.71	98.25	95.24	111.38
塞拉利昂	60.37	58.83	52.43	47.44	54.50	48.03	39.23	37.53	37.33
索马里	0.00	91.48	98.50	98.48	99.90	102.55	108.54	111.32	105.43
南非	31.18	33.27	32.97	31.46	30.06	28.35	29.56	29.35	25.53
苏丹	15.22	17.92	13.02	12.11	10.86	12.45	14.20	17.72	4.83
南苏丹	28.79	41.07	26.24	28.90	—	—	—	—	—
斯威士兰	42.97	46.26	44.49	40.99	42.59	44.29	44.33	43.20	—
坦桑尼亚	32.00	29.62	27.29	23.65	19.07	17.10	17.90	16.95	15.31
多哥	59.21	66.28	57.75	57.81	39.97	32.87	32.75	31.31	31.12
突尼斯	57.98	56.48	55.90	50.94	50.75	56.18	61.47	59.29	—
乌干达	28.13	26.71	21.16	24.92	18.86	20.18	21.56	22.37	19.72
赞比亚	39.02	39.97	37.37	42.73	38.63	36.59	36.93	34.15	—
津巴布韦	49.00	36.67	33.74	37.59	31.28	28.09	18.94	—	—

资料来源：世界银行数据库，http：//data. worldbank. org/（数据为 2021 年 7 月获取）。

表 10　外国直接投资净流入（2014～2019 年）

单位：百万美元

国家	2014 年	2015 年	2016 年	2017 年	2018 年	2019 年
阿尔及利亚	1502.21	-537.79	1638.26	1230.24	1466.10	1381.27
安哥拉	3657.51	10028.22	-179.52	-7397.30	-6456.08	-4098.48
贝宁	405.74	149.76	131.79	200.90	194.07	218.21

续表

国家	2014 年	2015 年	2016 年	2017 年	2018 年	2019 年
博茨瓦纳	515.18	378.55	142.52	260.58	285.96	260.93
布基纳法索	357.30	231.90	390.62	2.57	268.41	162.97
布隆迪	81.75	49.62	0.06	0.32	0.98	1.04
佛得角	180.59	96.07	126.31	111.71	107.97	107.81
喀麦隆	725.85	694.34	663.89	814.46	765.09	1024.78
中非共和国	3.48	3.00	7.26	6.89	18.00	25.60
乍得	-675.55	559.64	244.68	363.38	460.89	566.64
科摩罗	4.68	4.94	3.57	3.92	5.67	3.68
刚果（布）	2887.26	4278.12	50.57	4416.95	4315.25	3366.09
刚果（金）	1499.57	1165.72	932.37	1047.98	1407.56	1350.99
科特迪瓦	439.36	494.41	577.87	975.01	620.33	848.88
吉布提	153.00	143.85	160.00	164.93	170.00	175.00
厄立特里亚	46.51	49.32	52.31	55.47	61.02	67.12
埃及	4612.20	6925.20	8106.80	7408.70	8141.30	9010.10
赤道几内亚	167.88	233.33	54.00	304.83	396.08	452.29
埃塞俄比亚	1855.05	2626.52	4142.94	4017.16	3360.42	2516.23
加蓬	1263.11	41.71	1243.66	1314.03	1379.07	1553.14
冈比亚	23.01	-1.69	-1.13	5.45	32.96	32.27
加纳	3363.39	3192.32	3485.33	3254.99	2989.04	3879.83
几内亚	-73.76	53.27	1618.45	577.59	352.76	44.40
几内亚比绍	28.85	18.58	14.22	15.69	20.56	71.66
肯尼亚	820.93	619.72	678.80	1266.14	1625.92	1332.44
莱索托	94.46	206.51	159.19	123.09	128.70	117.67
利比里亚	501.87	232.68	311.70	247.84	129.13	86.68
利比亚	0.00	0.00	0.00	0.00	0.00	0.00
马达加斯加	372.87	328.06	540.84	464.86	612.04	474.31
马拉维	598.09	287.75	115.70	90.20	101.46	98.42
马里	144.02	275.41	356.23	559.36	467.07	493.82
毛里塔尼亚	502.59	501.73	271.13	588.22	772.89	-883.56
毛里求斯	455.56	216.46	378.76	480.00	371.52	472.30

续表

国家	2014 年	2015 年	2016 年	2017 年	2018 年	2019 年
摩洛哥	3525.38	3252.91	2153.36	2680.11	3544.39	1720.83
莫桑比克	4998.80	3868.35	3128.15	2319.07	2678.19	2180.77
纳米比亚	445.58	838.88	358.73	280.48	234.37	-176.48
尼日尔	822.97	529.48	301.33	338.71	466.04	717.15
尼日利亚	4693.83	3064.17	3453.26	2412.97	775.25	2305.10
卢旺达	314.00	162.08	279.75	274.03	366.19	384.46
圣多美和普林西比	26.49	27.92	23.33	34.21	23.70	24.19
塞内加尔	403.10	409.17	472.41	588.29	847.84	983.34
塞舌尔	108.36	105.89	40.85	124.47	307.66	253.88
塞拉利昂	375.09	252.44	138.51	413.72	250.45	342.45
索马里	261.00	303.00	330.00	369.00	408.00	447.00
南非	5791.66	1521.14	2215.31	2058.58	5569.46	5116.10
苏丹	1251.28	1728.37	1063.77	1065.30	1135.79	825.35
南苏丹	1.04	0.15	-7.85	1.42	60.14	-231.84
斯威士兰	25.78	31.50	26.85	-57.65	31.13	127.97
坦桑尼亚	1416.09	1506.02	864.04	940.52	971.58	990.63
多哥	54.02	257.86	-46.31	88.56	-180.97	345.70
突尼斯	1024.75	970.52	622.57	810.94	988.94	810.17
乌干达	1058.56	737.65	625.70	802.70	1055.35	1266.03
赞比亚	1507.80	1582.67	662.81	1107.52	408.44	547.97
津巴布韦	472.80	399.20	343.01	247.19	744.64	280.00

资料来源：世界银行数据库，http：//data. worldbank. org/（数据为 2021 年 7 月获取）。

表 11　非洲国家物流绩效指数：综合分数（1 = 很低 至 5 = 很高）

国家	2012 年	2014 年	2016 年	2018 年
阿尔及利亚	2.41	2.65	2.77	2.45
安哥拉	2.28	2.54	2.24	2.05
贝宁	2.85	2.56	2.43	2.75
博茨瓦纳	2.84	2.49	3.05	—
布基纳法索	2.32	2.64	2.73	2.62

续表

国家	2012 年	2014 年	2016 年	2018 年
布隆迪	1.61	2.57	2.51	2.06
佛得角	—	—	—	—
喀麦隆	2.53	2.30	2.15	2.60
中非共和国	—	2.36	—	2.15
乍得	2.03	2.53	2.16	2.42
科摩罗	2.14	2.40	2.58	2.56
刚果（布）	2.08	2.08	2.38	2.49
刚果（金）	2.21	1.88	2.38	2.43
科特迪瓦	2.73	2.76	2.60	3.08
吉布提	1.80	2.15	2.32	2.63
厄立特里亚	2.11	2.08	2.17	2.09
埃及	2.98	2.97	3.18	2.82
赤道几内亚	—	2.35	1.88	2.32
埃塞俄比亚	2.24	2.59	2.38	—
加蓬	2.34	2.20	2.19	2.16
冈比亚	2.46	2.25	—	2.40
加纳	2.51	2.63	2.66	2.57
几内亚	2.48	2.46	2.36	2.20
几内亚比绍	2.60	2.43	2.37	2.39
肯尼亚	2.43	2.81	3.33	2.81
莱索托	2.24	2.37	2.03	2.28
利比里亚	2.45	2.62	2.20	2.23
利比亚	2.28	2.50	2.26	2.11
马达加斯加	2.72	2.38	2.15	2.39
马拉维	2.81	2.81	—	2.59
马里	—	2.50	2.50	2.59
毛里塔尼亚	2.40	2.23	1.87	2.33
毛里求斯	2.82	2.51	—	2.73

续表

国家	2012 年	2014 年	2016 年	2018 年
摩洛哥	3. 03	—	2. 67	2. 54
莫桑比克	—	2. 23	2. 68	—
纳米比亚	2. 65	2. 66	2. 74	—
尼日尔	2. 69	2. 39	2. 56	2. 07
尼日利亚	2. 45	2. 81	2. 63	2. 53
卢旺达	2. 27	2. 76	2. 99	2. 97
圣多美和普林西比	2. 48	2. 73	2. 33	2. 65
塞内加尔	2. 49	2. 62	2. 33	2. 25
塞舌尔	—	—	—	—
塞拉利昂	2. 08	—	2. 03	2. 08
索马里	—	1. 77	1. 75	2. 21
南非	3. 67	3. 43	3. 78	3. 38
苏丹	2. 10	2. 16	2. 53	2. 43
南苏丹	—	—	—	—
斯威士兰	—	—	—	—
坦桑尼亚	2. 65	2. 33	2. 99	—
多哥	2. 58	2. 32	2. 62	2. 45
突尼斯	3. 17	2. 55	2. 50	2. 57
乌干达	—	—	3. 04	2. 58
赞比亚	—	2. 46	2. 43	2. 53
津巴布韦	2. 55	2. 34	2. 08	2. 12

资料来源：世界银行数据库，http：//data. worldbank. org/（数据为 2021 年 7 月获取）。

表 12　非洲国家长期外债（2012～2019 年）

单位：亿美元

国家	2012 年	2013 年	2014 年	2015 年	2016 年	2017 年	2018 年	2019 年
阿尔及利亚	24. 69	20. 72	18. 10	11. 88	18. 66	19. 04	17. 25	15. 71
安哥拉	338. 21	421. 13	483. 59	475. 71	520. 40	468. 34	479. 99	473. 13
贝宁	13. 14	16. 11	17. 75	19. 14	20. 29	25. 19	33. 08	36. 11

续表

国家	2012 年	2013 年	2014 年	2015 年	2016 年	2017 年	2018 年	2019 年
博茨瓦纳	20.22	19.03	19.97	17.72	16.70	15.52	14.51	13.46
布基纳法索	22.23	22.67	22.68	23.49	25.39	28.45	30.17	33.53
布隆迪	4.11	3.98	4.04	4.08	4.09	4.26	4.23	4.29
佛得角	12.31	14.77	15.37	15.37	15.39	17.77	17.55	18.08
喀麦隆	32.91	42.98	51.82	66.48	72.46	88.80	97.17	116.78
中非共和国	3.09	3.28	3.96	4.65	4.62	4.39	4.53	4.54
乍得	22.52	28.19	36.22	27.56	28.24	31.23	30.98	30.75
科摩罗	2.20	1.13	1.09	1.00	1.62	1.70	2.59	2.67
刚果（布）	31.11	36.35	39.16	36.48	36.96	39.69	39.33	58.01
刚果（金）	40.98	44.28	41.12	40.65	38.17	40.04	40.23	40.99
科特迪瓦	75.41	84.37	83.13	98.79	96.93	116.83	137.02	163.78
吉布提	6.32	6.64	8.12	11.73	16.02	19.45	20.45	21.45
厄立特里亚	9.50	8.94	8.29	7.82	7.50	7.72	7.36	7.18
埃及	319.90	423.02	371.19	441.77	533.62	661.93	806.25	906.65
赤道几内亚	—	—	—	—	—	—	—	—
埃塞俄比亚	99.44	118.95	162.02	195.73	222.11	252.98	268.02	274.90
加蓬	29.17	43.36	43.72	47.06	48.98	58.80	59.78	61.12
冈比亚	4.25	4.44	4.25	4.35	4.29	5.61	5.94	6.17
加纳	81.34	112.42	136.44	155.70	169.98	175.39	181.90	207.45
几内亚	11.48	14.04	14.90	15.85	16.22	16.80	17.76	21.77
几内亚比绍	2.31	2.34	2.41	2.65	2.61	3.52	4.48	5.25
肯尼亚	90.04	99.08	135.87	158.74	178.24	224.94	272.63	308.86
莱索托	7.62	7.72	7.69	7.74	7.75	8.28	8.09	8.56
利比里亚	2.08	2.29	3.54	5.07	5.93	7.20	8.39	9.61
利比亚	—	—	—	—	—	—	—	—
马达加斯加	22.59	23.38	24.10	25.22	24.70	27.65	29.94	32.39
马拉维	10.27	12.50	13.73	14.54	15.07	17.90	19.26	20.26
马里	27.89	30.99	31.37	33.54	34.20	38.66	41.23	46.36
毛里塔尼亚	30.22	32.47	32.97	37.12	38.65	40.02	39.52	40.43

续表

国家	2012 年	2013 年	2014 年	2015 年	2016 年	2017 年	2018 年	2019 年
毛里求斯	—	—	—	—	—	—	—	—
摩洛哥	288.48	330.84	347.17	367.46	379.49	428.23	420.88	455.01
莫桑比克	67.71	120.89	128.88	131.85	134.97	145.87	172.81	183.32
纳米比亚	—	—	—	—	—	—	—	—
尼日尔	15.41	17.55	17.43	19.69	22.42	26.88	28.08	31.67
尼日利亚	188.92	219.02	262.01	300.92	321.44	408.07	481.22	525.16
卢旺达	15.97	21.74	27.65	33.29	38.89	44.74	50.10	56.77
圣多美和普林西比	1.71	1.86	2.01	2.19	2.25	2.45	2.26	2.25
塞内加尔	44.48	47.84	52.37	55.61	63.90	86.16	116.50	133.62
塞舌尔	—	—	—	—	—	—	—	—
塞拉利昂	8.39	9.02	9.12	9.49	9.68	10.30	10.46	11.19
索马里	18.70	18.60	17.99	17.59	17.44	17.87	20.85	20.82
南非	1163.59	1102.54	1103.78	928.56	1101.14	1379.53	1326.71	1507.79
苏丹	157.26	164.33	159.37	157.72	155.06	158.06	155.79	163.09
南苏丹	—	—	—	—	—	—	—	—
斯威士兰	3.50	3.15	2.93	2.86	3.60	3.98	4.19	5.28
坦桑尼亚	88.87	107.25	118.61	129.61	138.29	157.93	163.25	174.69
多哥	4.49	5.91	7.16	8.45	11.70	13.50	13.69	15.61
突尼斯	187.25	186.20	185.55	193.98	202.12	244.58	247.43	264.15
乌干达	34.78	78.20	78.66	87.76	93.52	109.53	115.66	127.80
赞比亚	37.74	44.33	73.62	101.32	136.46	156.86	176.67	258.39
津巴布韦	59.35	51.55	52.36	61.29	78.88	83.23	87.86	82.75

资料来源：世界银行数据库，http://data.worldbank.org/（数据为 2021 年 7 月获取）。

表 13　非洲国家总税率（占商业利润的比例，2011～2019 年）

单位：%

国家	2011 年	2012 年	2013 年	2014 年	2015 年	2016 年	2017 年	2018 年	2019 年
阿尔及利亚	72.50	72.40	72.30	73.20	73.20	66.00	66.10	66.10	66.10
安哥拉	52.30	52.30	52.60	52.60	49.00	48.00	49.10	49.10	49.10
贝宁	55.00	55.00	48.90	48.90	48.90	48.90	48.90	48.90	48.90

续表

国家	2011 年	2012 年	2013 年	2014 年	2015 年	2016 年	2017 年	2018 年	2019 年
博茨瓦纳	19.50	25.40	25.30	25.10	25.10	25.10	25.10	25.10	25.10
布基纳法索	42.70	42.70	41.30	41.30	41.30	41.30	41.30	41.30	41.30
布隆迪	46.50	46.50	45.20	40.30	40.30	40.10	41.50	41.20	41.20
佛得角	37.90	37.20	36.50	36.50	36.50	36.60	36.60	37.00	37.50
喀麦隆	48.80	48.80	48.80	48.80	48.80	57.70	57.70	57.70	57.70
中非共和国	54.60	67.40	73.30	73.30	73.30	73.30	73.30	73.30	73.30
乍得	75.80	75.70	72.40	63.50	63.50	63.50	63.50	63.50	63.50
科摩罗	217.90	217.90	216.50	216.50	216.50	216.50	216.50	219.60	219.60
刚果（布）	63.10	64.50	55.80	55.00	56.00	54.30	54.30	54.30	54.30
刚果（金）	339.10	339.10	55.70	54.70	54.60	54.60	54.60	54.60	50.70
科特迪瓦	50.10	44.40	52.50	51.90	51.90	51.30	50.10	50.10	50.10
吉布提	38.10	38.10	37.60	37.60	37.60	37.70	37.90	37.90	37.90
厄立特里亚	84.50	84.50	83.70	83.70	83.70	83.70	83.70	83.70	83.70
埃及	43.60	42.60	40.10	44.70	44.90	43.50	45.80	46.90	44.40
赤道几内亚	47.10	47.10	47.10	47.10	47.10	79.40	79.40	79.40	79.40
埃塞俄比亚	29.10	33.20	35.00	35.70	36.90	37.70	37.70	37.70	37.70
加蓬	44.40	44.40	44.20	41.70	46.80	46.80	46.80	47.10	47.10
冈比亚	277.10	277.10	272.10	60.10	51.30	51.30	51.30	56.60	48.40
加纳	32.90	32.80	32.70	32.70	32.70	32.70	33.20	32.40	55.40
几内亚	83.10	83.10	61.40	61.40	61.40	61.40	61.40	61.40	69.30
几内亚比绍	45.90	45.90	45.50	45.50	45.50	45.50	45.50	45.50	45.50
肯尼亚	48.90	43.70	37.40	37.10	37.10	37.40	37.40	37.20	37.20
莱索托	14.00	13.80	13.60	13.60	13.60	13.60	13.60	13.60	13.60
利比里亚	42.50	25.30	26.90	31.40	47.70	45.50	45.50	45.50	46.20
利比亚	—	32.60	32.60	32.60	32.60	32.60	32.60	32.60	32.60
马达加斯加	41.20	39.80	38.90	38.10	38.10	38.10	38.10	38.30	38.30
马拉维	29.00	32.40	33.50	35.20	34.50	34.50	34.50	34.50	34.50
马里	51.10	51.10	48.30	48.30	48.30	48.30	48.30	48.30	54.50
毛里塔尼亚	59.30	59.30	52.70	67.00	67.00	67.00	67.00	67.00	67.00

续表

国家	2011 年	2012 年	2013 年	2014 年	2015 年	2016 年	2017 年	2018 年	2019 年
毛里求斯	28.30	26.90	23.60	23.60	21.50	21.80	21.90	22.10	22.20
摩洛哥	49.70	49.70	48.80	49.00	49.10	49.30	49.80	49.80	45.80
莫桑比克	37.00	37.00	36.10	36.10	36.10	36.10	36.10	36.10	36.10
纳米比亚	21.80	21.80	21.20	20.70	21.30	20.70	20.70	20.70	20.70
尼日尔	44.30	44.30	47.30	47.30	48.10	48.10	47.20	47.20	47.20
尼日利亚	—	—	33.00	33.00	33.90	34.90	34.80	34.80	34.80
卢旺达	34.70	34.50	33.00	33.00	33.00	33.00	33.20	33.20	33.20
圣多美和普林西比	38.00	38.00	38.00	37.50	37.50	37.00	37.00	37.00	37.00
塞内加尔	45.50	45.50	45.30	45.10	47.30	45.10	45.10	45.10	44.80
塞舌尔	30.00	23.50	25.50	29.80	30.10	30.10	30.10	30.10	30.10
塞拉利昂	32.40	32.40	31.00	31.00	30.70	30.70	30.70	30.70	30.70
索马里	—	—	—	—	—	—	—	—	—
南非	31.80	32.00	28.70	28.90	28.80	28.80	28.90	29.10	29.20
苏丹	36.10	36.10	45.40	45.40	45.40	45.40	45.40	45.40	45.40
南苏丹	—	26.40	29.20	29.00	29.00	31.40	31.40	31.40	31.40
斯威士兰	37.60	36.80	36.70	36.90	34.70	35.10	35.20	35.70	35.80
坦桑尼亚	44.90	44.90	44.30	44.30	43.90	43.90	44.10	44.00	43.80
多哥	48.90	48.90	48.90	50.30	48.50	48.50	48.50	48.20	48.20
突尼斯	62.80	62.80	62.80	62.80	60.20	60.20	64.10	60.20	60.70
乌干达	33.50	33.50	33.50	33.50	33.50	33.70	33.70	33.70	33.70
赞比亚	14.40	16.20	15.90	15.50	18.60	18.60	15.60	15.60	15.60
津巴布韦	33.50	33.40	34.10	31.40	31.60	31.60	31.60	31.60	31.60

资料来源：世界银行数据库，http：//data. worldbank. org/（数据为 2021 年 7 月获取）。

表 14　非洲国家通货膨胀率（2012～2020 年）

单位：%

国家	2012 年	2013 年	2014 年	2015 年	2016 年	2017 年	2018 年	2019 年	2020 年
阿尔及利亚	7.46	-0.09	-0.30	-6.46	1.55	6.39	7.06	-0.91	-4.69
安哥拉	7.26	2.84	3.56	-3.52	21.77	22.61	29.07	28.09	15.10
贝宁	7.70	1.40	-0.25	0.85	0.68	-0.37	0.59	-0.32	2.88

续表

国家	2012 年	2013 年	2014 年	2015 年	2016 年	2017 年	2018 年	2019 年	2020 年
博茨瓦纳	0.19	2.31	11.90	1.87	11.95	2.61	1.17	0.70	-0.61
布基纳法索	5.82	-2.13	-0.62	-2.22	2.60	1.42	2.03	-0.63	4.59
布隆迪	14.29	7.96	5.30	21.33	0.96	11.45	-2.85	0.82	11.90
佛得角	0.55	1.43	-0.15	1.74	-0.23	0.69	1.52	0.56	-0.86
喀麦隆	2.67	2.04	2.10	0.18	1.09	1.48	1.60	2.52	-0.49
中非共和国	6.18	2.49	11.89	2.71	2.98	6.44	-1.22	2.38	1.90
乍得	1.10	-4.14	0.65	-8.48	-1.40	0.03	5.01	2.86	-11.58
科摩罗	4.24	1.72	0.84	-0.49	1.71	0.40	1.16	2.32	-2.26
刚果（布）	11.36	-1.10	-6.56	-17.59	-4.07	12.06	23.41	-2.08	-8.49
刚果（金）	5.94	2.77	0.99	-1.16	4.35	43.07	28.97	4.70	10.30
科特迪瓦	3.15	3.71	3.91	42.52	-2.09	-1.84	0.63	0.20	1.12
吉布提	—	—	1.26	1.89	0.45	0.26	1.01	2.39	1.29
厄立特里亚	—	—	—	—	—	—	—	—	—
埃及	19.48	8.71	11.25	9.93	6.25	22.93	21.43	13.62	5.59
赤道几内亚	4.85	-1.07	-1.27	-20.19	-6.29	12.74	9.51	-2.20	-9.33
埃塞俄比亚	33.54	4.90	10.98	10.84	10.40	6.68	12.38	12.86	18.24
加蓬	-2.94	-6.16	-0.85	-8.93	-4.27	3.82	7.14	1.55	-8.00
冈比亚	3.85	5.93	5.21	9.72	7.82	3.92	6.95	7.15	7.15
加纳	15.21	54.01	17.00	15.33	16.83	11.11	10.16	9.97	14.94
几内亚	11.52	4.33	2.62	2.97	5.67	10.36	7.06	9.95	12.96
几内亚比绍	-0.85	-0.93	-0.15	12.10	6.10	5.94	5.25	-3.42	0.10
肯尼亚	9.38	5.17	8.07	10.02	5.55	10.94	2.42	3.96	8.36
莱索托	2.18	10.28	14.04	10.20	-0.29	2.02	9.62	3.15	-0.07
利比里亚	5.07	3.69	1.80	1.05	4.85	-2.18	-1.85	-3.73	-1.09
利比亚	8.98	-6.67	-17.31	-19.40	-2.56	14.43	18.12	-1.10	-28.96
马达加斯加	5.47	5.45	6.73	6.50	8.96	4.96	7.15	8.34	5.64
马拉维	17.66	27.30	20.88	20.53	19.54	58.18	6.15	7.69	9.83
马里	4.61	0.65	1.27	2.88	1.35	1.93	1.46	1.93	0.53

续表

国家	2012 年	2013 年	2014 年	2015 年	2016 年	2017 年	2018 年	2019 年	2020 年
毛里塔尼亚	0.46	4.49	-11.88	-4.79	11.21	3.67	1.81	4.68	6.85
毛里求斯	2.47	2.75	1.48	0.96	2.15	1.30	1.45	0.51	1.24
摩洛哥	0.37	1.31	0.38	2.13	1.48	0.64	1.09	1.34	0.25
莫桑比克	3.47	2.98	1.21	7.59	13.68	7.64	3.00	4.44	3.19
纳米比亚	11.26	4.04	8.23	3.86	7.97	9.92	4.37	0.89	5.55
尼日尔	5.31	-0.37	-0.41	2.27	1.38	0.84	2.43	0.11	2.53
尼日利亚	9.95	4.96	4.66	2.86	9.54	11.12	10.23	10.38	7.85
卢旺达	4.72	2.69	4.73	0.49	5.03	8.16	-0.63	2.50	8.27
圣多美和普林西比	13.61	10.72	8.20	5.01	5.11	2.97	1.72	6.98	5.47
塞内加尔	3.27	1.19	-1.52	1.07	0.96	0.60	-0.84	1.86	4.10
塞舌尔	8.66	4.04	2.29	2.09	-0.91	4.46	4.65	-0.96	-0.07
塞拉利昂	12.04	6.93	1.80	18.86	1.78	14.64	13.43	8.54	4.55
索马里	0.00	0.00	4.36	8.61	4.44	6.09	5.63	6.46	3.82
南非	5.28	6.16	5.55	5.17	7.21	5.27	3.92	4.02	5.29
苏丹	21.34	27.96	37.62	8.54	15.57	28.74	57.12	49.97	111.79
南苏丹	46.51	36.51	-26.70	17.69	—	—	—	—	—
斯威士兰	8.76	6.53	7.14	5.57	7.22	2.48	2.81	2.31	2.75
坦桑尼亚	10.48	9.67	6.05	7.59	7.47	2.70	2.98	2.47	0.34
多哥	1.71	1.72	-0.08	3.48	36.99	-0.43	1.34	1.55	1.28
突尼斯	4.80	3.88	4.61	3.52	4.71	5.23	6.48	8.13	4.92
乌干达	3.84	3.59	5.11	5.19	4.78	4.41	4.54	2.16	2.72
赞比亚	6.99	9.73	5.44	6.66	13.55	10.10	7.41	7.63	21.63
津巴布韦	4.03	9.37	-0.25	0.61	2.16	10.78	61.31	350.00	610.00

资料来源：世界银行数据库，http：//data. worldbank. org/（数据为 2021 年 7 月获取）。

非洲社会领域相关数据*

表 1　非洲国家的人口增长率（2012～2020 年）

单位：%

国家	2012 年	2013 年	2014 年	2015 年	2016 年	2017 年	2018 年	2019 年	2020 年
阿尔及利亚	1.95	2.00	2.03	2.05	2.05	2.04	2.01	1.93	1.84
安哥拉	3.60	3.55	3.50	3.44	3.38	3.32	3.28	3.24	3.22
贝宁	2.80	2.79	2.78	2.77	2.76	2.75	2.73	2.72	2.69
博茨瓦纳	1.19	1.12	1.26	1.53	1.83	2.07	2.20	2.18	2.06
布基纳法索	3.00	2.98	2.96	2.94	2.92	2.89	2.87	2.84	2.82
布隆迪	3.16	3.13	3.14	3.16	3.18	3.18	3.17	3.13	3.08
佛得角	1.27	1.28	1.27	1.24	1.21	1.19	1.16	1.13	1.09
喀麦隆	2.73	2.72	2.70	2.68	2.66	2.64	2.61	2.58	2.55
中非共和国	0.40	0.26	0.36	0.65	0.99	1.28	1.52	1.67	1.77
乍得	3.37	3.35	3.30	3.22	3.14	3.08	3.02	2.99	2.96
科摩罗	2.42	2.41	2.38	2.35	2.31	2.27	2.24	2.21	2.17
刚果（布）	2.59	2.47	2.44	2.48	2.54	2.57	2.58	2.56	2.53
刚果（金）	3.34	3.33	3.32	3.30	3.28	3.26	3.23	3.19	3.14
科特迪瓦	2.44	2.48	2.50	2.52	2.54	2.55	2.55	2.55	2.54
吉布提	1.68	1.73	1.73	1.69	1.64	1.60	1.56	1.51	1.47
厄立特里亚	—	—	—	—	—	—	—	—	—
埃及	2.21	2.27	2.26	2.21	2.15	2.09	2.03	1.98	1.92

* 由浙江师范大学非洲研究院欧玉芳整理。

续表

国家	2012 年	2013 年	2014 年	2015 年	2016 年	2017 年	2018 年	2019 年	2020 年
赤道几内亚	4.39	4.29	4.17	4.04	3.91	3.78	3.65	3.53	3.41
埃塞俄比亚	2.83	2.83	2.80	2.76	2.71	2.66	2.62	2.58	2.54
加蓬	3.79	3.78	3.61	3.34	3.04	2.80	2.60	2.48	2.42
冈比亚	3.03	3.03	3.03	3.01	2.99	2.97	2.95	2.92	2.90
加纳	2.37	2.32	2.29	2.27	2.25	2.22	2.19	2.16	2.13
几内亚	2.20	2.24	2.34	2.49	2.64	2.76	2.83	2.83	2.79
几内亚比绍	2.65	2.66	2.64	2.61	2.57	2.53	2.49	2.46	2.42
肯尼亚	2.66	2.62	2.56	2.49	2.42	2.36	2.31	2.27	2.25
莱索托	0.56	0.67	0.73	0.76	0.78	0.79	0.80	0.80	0.80
利比里亚	2.90	2.69	2.58	2.55	2.53	2.49	2.45	2.43	2.41
利比亚	0.61	0.55	0.66	0.88	1.14	1.35	1.48	1.47	1.38
马达加斯加	2.73	2.71	2.70	2.69	2.69	2.68	2.67	2.66	2.64
马拉维	2.86	2.84	2.80	2.76	2.71	2.67	2.64	2.64	2.65
马里	2.95	2.90	2.90	2.94	2.98	3.00	3.01	3.00	2.97
毛里塔尼亚	2.95	2.95	2.93	2.89	2.86	2.82	2.78	2.74	2.70
毛里求斯	0.28	0.22	0.18	0.13	0.07	0.09	0.05	0.03	—
摩洛哥	1.39	1.42	1.40	1.37	1.33	1.29	1.25	1.22	1.20
莫桑比克	2.75	2.77	2.80	2.83	2.87	2.90	2.91	2.91	2.89
纳米比亚	1.75	1.75	1.77	1.81	1.85	1.87	1.88	1.87	1.84
尼日尔	3.90	3.91	3.90	3.88	3.86	3.84	3.82	3.79	3.77
尼日利亚	2.68	2.68	2.67	2.65	2.63	2.61	2.59	2.56	2.54
卢旺达	2.46	2.45	2.49	2.54	2.60	2.64	2.64	2.61	2.54
圣多美和普林西比	2.08	1.94	1.88	1.88	1.88	1.88	1.89	1.89	1.89
塞内加尔	2.79	2.80	2.81	2.81	2.81	2.80	2.78	2.75	2.71
塞舌尔	0.98	1.85	1.56	2.23	1.34	1.22	0.95	0.89	0.85
塞拉利昂	2.25	2.23	2.21	2.18	2.16	2.15	2.14	2.11	2.07
索马里	2.70	2.70	2.72	2.75	2.78	2.80	2.83	2.86	2.87
南非	1.58	1.60	1.58	1.53	1.47	1.42	1.36	1.32	1.27
苏丹	2.36	2.40	2.41	2.41	2.40	2.40	2.39	2.39	2.39

续表

国家	2012 年	2013 年	2014 年	2015 年	2016 年	2017 年	2018 年	2019 年	2020 年
南苏丹	2.84	2.36	1.91	1.51	1.08	0.72	0.60	0.78	1.18
斯威士兰	0.67	0.70	0.75	0.82	0.90	0.97	1.01	1.04	1.04
坦桑尼亚	2.98	2.99	3.00	3.00	3.00	2.99	2.98	2.96	2.94
多哥	2.66	2.64	2.60	2.56	2.52	2.48	2.45	2.42	2.40
突尼斯	0.97	0.97	1.00	1.05	1.10	1.14	1.15	1.11	1.05
乌干达	3.18	3.23	3.35	3.50	3.66	3.76	3.73	3.54	3.27
赞比亚	3.10	3.14	3.12	3.07	3.00	2.95	2.91	2.89	2.89
津巴布韦	1.70	1.78	1.75	1.66	1.55	1.46	1.41	1.42	1.47

资料来源：世界银行数据库，http：//data. worldbank. org/（数据为 2021 年 7 月获取）。

表 2　非洲国家的总失业人数占劳动力总数的比例（2012～2020 年）

单位：%

国家	2012 年	2013 年	2014 年	2015 年	2016 年	2017 年	2018 年	2019 年	2020 年
阿尔及利亚	10.97	9.82	10.21	11.21	10.20	12.00	11.89	11.81	12.83
安哥拉	7.37	7.38	7.31	7.26	7.20	7.10	7.00	6.93	7.70
贝宁	2.65	2.66	2.61	2.57	2.52	2.44	2.37	2.32	2.54
博茨瓦纳	17.86	17.88	17.78	17.71	17.62	17.46	17.32	17.21	17.70
布基纳法索	5.58	6.07	6.48	6.04	5.60	5.13	4.70	4.62	4.96
布隆迪	1.67	1.64	1.57	1.55	1.53	1.48	1.45	1.42	0.80
佛得角	11.21	11.49	11.69	11.90	12.10	12.24	12.17	12.07	13.41
喀麦隆	3.84	3.71	3.53	3.51	3.47	3.41	3.36	3.32	3.62
中非共和国	4.38	4.39	4.34	4.30	4.25	4.17	4.09	4.04	4.33
乍得	1.73	1.80	1.83	1.87	1.89	1.89	1.89	1.91	2.26
科摩罗	7.39	7.81	8.14	8.09	8.01	7.89	7.78	7.70	8.43
刚果（布）	10.00	10.01	9.95	9.90	9.85	9.75	9.66	9.60	10.27
刚果（金）	4.49	4.49	4.44	4.40	4.35	4.26	4.18	4.13	4.55
科特迪瓦	7.22	4.25	3.65	3.10	2.60	3.27	3.21	3.17	3.50
吉布提	11.52	11.54	11.45	11.39	11.31	11.18	11.06	10.97	11.57
厄立特里亚	6.77	6.78	6.71	6.66	6.60	6.50	6.41	6.34	7.44

续表

国家	2012 年	2013 年	2014 年	2015 年	2016 年	2017 年	2018 年	2019 年	2020 年
埃及	12.60	13.15	13.11	13.05	12.41	11.74	9.82	9.73	10.45
赤道几内亚	8.43	8.44	8.36	8.31	8.24	8.13	8.03	7.95	9.15
埃塞俄比亚	2.28	2.25	2.22	2.20	2.17	2.12	2.07	2.04	2.79
加蓬	20.40	20.41	20.30	20.22	20.11	19.93	19.77	19.64	20.47
冈比亚	9.42	9.43	9.35	9.30	9.24	9.12	9.02	8.94	9.64
加纳	5.93	6.26	6.52	6.81	5.45	4.22	4.16	4.12	4.53
几内亚	4.45	4.46	4.41	4.38	4.33	4.26	4.19	4.14	4.35
几内亚比绍	3.08	3.09	3.04	3.01	2.97	2.90	2.84	2.79	3.16
肯尼亚	2.86	2.87	2.82	2.80	2.76	2.69	2.64	2.60	2.98
莱索托	25.30	24.58	24.47	24.40	24.30	24.13	23.98	23.86	24.65
利比里亚	2.21	2.19	2.13	2.08	3.08	3.00	2.94	2.89	3.30
利比亚	19.03	19.05	18.94	18.87	18.77	18.61	18.46	18.34	19.39
马达加斯加	0.60	0.94	1.33	1.79	1.76	1.73	1.69	1.67	1.92
马拉维	5.94	5.95	5.89	5.85	5.79	5.70	5.62	5.56	5.99
马里	6.62	6.35	6.38	7.73	7.60	7.41	7.31	7.24	7.50
毛里塔尼亚	9.87	10.04	10.12	10.22	10.31	10.34	10.22	10.13	10.66
毛里求斯	7.47	7.32	7.47	7.41	6.81	6.75	6.43	6.36	7.11
摩洛哥	8.99	9.23	9.70	9.46	9.30	9.19	9.08	9.01	10.15
莫桑比克	3.35	3.41	3.41	3.43	3.38	3.31	3.24	3.19	3.39
纳米比亚	16.77	19.03	18.52	20.89	23.35	21.57	19.88	19.75	20.35
尼日尔	2.18	1.22	0.52	0.52	0.51	0.49	0.47	0.46	0.69
尼日利亚	3.74	3.70	4.56	4.31	7.06	8.39	8.45	8.53	9.01
卢旺达	1.14	1.18	1.17	1.14	1.11	1.06	1.02	0.99	1.35
圣多美和普林西比	13.59	13.60	13.52	13.46	13.39	13.26	13.14	13.05	13.86
塞内加尔	9.42	8.53	7.61	6.76	6.70	6.61	6.53	6.47	7.10
塞舌尔	—	—	—	—	—	—	—	—	—
塞拉利昂	4.44	4.59	4.68	4.64	4.59	4.50	4.42	4.36	4.60
索马里	13.39	13.41	13.32	13.25	13.17	13.02	12.89	12.79	13.10

续表

国家	2012 年	2013 年	2014 年	2015 年	2016 年	2017 年	2018 年	2019 年	2020 年
南非	24.73	24.56	24.89	25.15	26.54	27.04	26.91	28.47	28.74
苏丹	17.45	17.47	17.36	17.29	17.19	17.02	16.87	16.76	17.71
南苏丹	12.59	12.60	12.51	12.45	12.37	12.23	12.10	12.01	12.66
斯威士兰	25.52	24.90	24.14	23.44	22.72	22.54	22.37	22.24	23.40
坦桑尼亚	3.19	2.93	2.13	2.10	2.08	2.03	1.99	1.96	2.16
多哥	2.05	2.12	2.16	2.20	2.95	3.74	3.66	3.60	4.05
突尼斯	17.63	15.93	15.06	15.16	15.51	15.38	15.46	15.13	16.69
乌干达	3.55	1.91	1.88	1.86	1.83	1.79	1.75	1.72	2.44
赞比亚	7.85	8.61	9.34	10.10	10.88	11.63	12.01	11.91	12.17
津巴布韦	5.38	5.38	5.33	5.29	5.24	5.15	5.07	5.02	5.73

资料来源：世界银行数据库，http：//data.worldbank.org/（数据为 2021 年 7 月获取）。

表 3　非洲国家的通电率（占人口的比例，2012～2019 年）

单位：%

国家	2012 年	2013 年	2014 年	2015 年	2016 年	2017 年	2018 年	2019 年
阿尔及利亚	98.76	98.98	99.07	99.19	99.40	99.62	99.64	99.50
安哥拉	37.10	38.25	32.00	42.00	41.80	43.00	45.29	45.67
贝宁	38.40	34.66	34.10	29.62	37.08	34.50	39.24	40.32
博茨瓦纳	55.87	57.89	59.94	62.13	64.30	67.40	68.36	70.18
布基纳法索	15.16	15.41	19.20	16.07	16.64	17.22	14.40	18.38
布隆迪	6.50	6.90	7.00	8.40	9.25	9.30	10.60	11.06
佛得角	80.95	82.99	85.06	87.14	89.23	91.33	93.43	95.53
喀麦隆	54.99	56.16	56.80	58.55	59.77	60.99	62.20	63.45
中非共和国	10.89	11.46	12.05	12.75	13.50	14.17	14.65	14.30
乍得	7.86	8.12	8.41	7.70	9.24	10.90	10.12	8.40
科摩罗	69.30	69.59	71.97	74.37	76.78	79.20	81.62	84.05
刚果（布）	41.60	42.42	43.26	44.19	45.18	46.12	47.23	48.33
刚果（金）	15.40	14.95	13.50	16.44	17.20	18.01	18.75	19.10
科特迪瓦	55.80	61.33	61.90	62.60	64.30	65.60	67.17	68.55

续表

国家	2012 年	2013 年	2014 年	2015 年	2016 年	2017 年	2018 年	2019 年
吉布提	54.60	56.25	56.63	57.66	58.75	60.20	60.57	61.28
厄立特里亚	42.08	43.23	44.40	45.58	46.77	47.97	49.18	50.39
埃及	99.70	99.82	99.80	99.30	100.00	100.00	100.00	100.00
赤道几内亚	65.66	65.76	65.87	66.00	66.14	66.29	66.44	66.59
埃塞俄比亚	35.20	36.16	27.20	29.00	42.90	44.30	45.05	48.27
加蓬	89.30	86.40	86.99	87.33	88.16	86.27	89.84	90.69
冈比亚	50.20	51.50	52.95	54.45	56.00	56.20	60.30	59.92
加纳	56.51	70.70	78.30	74.17	79.30	79.00	80.40	83.50
几内亚	26.20	31.36	32.67	34.00	33.50	35.40	44.00	42.42
几内亚比绍	14.78	16.20	17.20	20.14	23.05	26.00	28.51	31.04
肯尼亚	37.97	39.94	36.00	41.60	53.10	56.09	61.44	69.70
莱索托	20.56	26.73	27.80	31.78	35.18	33.70	47.00	44.64
利比里亚	9.13	9.80	9.40	15.53	17.70	24.20	24.82	27.65
利比亚	78.34	76.71	75.09	73.50	71.91	70.34	67.00	68.53
马达加斯加	18.70	12.90	19.02	20.54	22.90	24.10	25.52	26.91
马拉维	7.40	9.00	11.90	10.80	11.00	12.70	18.02	11.20
马里	25.60	32.26	34.08	37.60	38.87	34.78	50.90	48.02
毛里塔尼亚	36.32	37.48	38.80	39.50	41.33	42.90	44.29	45.81
毛里求斯	99.50	99.42	99.38	99.43	99.54	99.61	99.42	100.00
摩洛哥	94.15	97.20	91.60	97.30	97.80	100.00	98.10	99.60
莫桑比克	21.24	22.41	24.80	24.00	26.27	24.30	31.10	29.62
纳米比亚	46.61	47.40	48.71	51.60	49.70	52.50	53.97	55.20
尼日尔	14.40	15.16	15.77	16.60	17.23	17.91	17.60	18.77
尼日利亚	53.15	55.60	54.42	52.50	59.30	54.40	56.50	55.40
卢旺达	17.50	15.20	19.80	22.80	29.37	34.10	34.74	37.78
圣多美和普林西比	57.90	64.82	68.60	67.26	69.43	74.27	71.00	75.18
塞内加尔	56.50	57.00	61.00	60.50	64.50	61.70	66.00	70.40
塞舌尔	98.33	98.00	100.00	100.00	100.00	100.00	100.00	100.00

续表

国家	2012 年	2013 年	2014 年	2015 年	2016 年	2017 年	2018 年	2019 年
塞拉利昂	16.95	13.50	18.65	19.52	20.30	23.40	26.10	22.70
索马里	24.14	25.80	27.48	29.17	30.88	32.59	34.31	36.03
南非	85.30	85.20	86.00	85.30	84.20	84.40	84.70	85.00
苏丹	41.60	43.32	44.90	46.92	48.83	50.66	52.30	53.83
南苏丹	3.14	3.61	4.10	4.61	5.13	4.20	6.19	6.72
斯威士兰	54.21	57.46	65.00	64.13	63.43	73.50	74.11	77.17
坦桑尼亚	15.30	16.40	23.50	26.34	32.80	32.42	35.23	37.70
多哥	38.97	40.80	45.70	44.74	46.85	48.00	50.00	52.44
突尼斯	99.50	99.70	99.80	99.90	100.00	100.00	99.80	100.00
乌干达	20.37	13.90	20.40	18.50	26.70	32.72	42.70	41.30
赞比亚	27.34	28.09	27.90	31.10	35.17	40.30	39.82	43.00
津巴布韦	44.00	38.34	32.30	33.70	39.68	40.14	40.62	41.09

资料来源：世界银行数据库，http：//data. worldbank. org/（数据为 2021 年 7 月获取）。

表 4　非洲国家艾滋病病毒感染率（2012～2019 年）

单位：%

国家	2012 年	2013 年	2014 年	2015 年	2016 年	2017 年	2018 年	2019 年
阿尔及利亚	0.10	0.10	0.10	0.10	0.10	0.10	0.10	0.10
安哥拉	1.70	1.80	1.80	1.80	1.90	1.90	1.90	1.90
贝宁	1.10	1.10	1.10	1.10	1.10	1.00	1.00	1.00
博茨瓦纳	22.90	22.70	22.40	22.20	21.90	21.50	21.10	20.70
布基纳法索	1.10	1.00	1.00	0.90	0.90	0.80	0.80	0.70
布隆迪	1.50	1.40	1.30	1.30	1.20	1.20	1.10	1.00
佛得角	0.60	0.60	0.60	0.60	0.60	0.60	0.60	0.60
喀麦隆	4.10	4.00	3.80	3.70	3.50	3.40	3.20	3.10
中非共和国	4.70	4.50	4.30	4.10	3.90	3.80	3.60	3.50
乍得	1.50	1.40	1.40	1.40	1.30	1.30	1.30	1.20
科摩罗	0.10	0.10	0.10	0.10	0.10	0.10	0.10	0.10
刚果（布）	3.20	3.20	3.20	3.10	3.10	3.10	3.10	3.10

续表

国家	2012 年	2013 年	2014 年	2015 年	2016 年	2017 年	2018 年	2019 年
刚果（金）	1. 00	1. 00	0. 90	0. 90	0. 90	0. 80	0. 80	0. 80
科特迪瓦	3. 40	3. 20	3. 10	2. 90	2. 80	2. 60	2. 50	2. 40
吉布提	1. 40	1. 30	1. 20	1. 10	1. 00	1. 00	0. 90	0. 80
厄立特里亚	0. 80	0. 80	0. 80	0. 70	0. 70	0. 70	0. 60	0. 60
埃及	0. 10	0. 10	0. 10	0. 10	0. 10	0. 10	0. 10	0. 10
赤道几内亚	6. 10	6. 30	6. 50	6. 70	6. 90	7. 00	7. 10	7. 20
埃塞俄比亚	1. 30	1. 20	1. 20	1. 10	1. 10	1. 00	1. 00	0. 90
加蓬	4. 00	4. 00	3. 90	3. 80	3. 80	3. 70	3. 60	3. 50
冈比亚	1. 90	1. 90	1. 90	1. 90	1. 90	1. 90	1. 90	1. 90
加纳	1. 90	1. 80	1. 80	1. 80	1. 80	1. 80	1. 70	1. 70
几内亚	1. 60	1. 60	1. 60	1. 50	1. 50	1. 50	1. 40	1. 40
几内亚比绍	3. 80	3. 80	3. 70	3. 70	3. 60	3. 50	3. 50	3. 40
肯尼亚	5. 50	5. 40	5. 20	5. 10	5. 00	4. 80	4. 70	4. 50
莱索托	24. 50	24. 60	24. 60	24. 50	24. 20	23. 80	23. 30	22. 80
利比里亚	2. 00	1. 90	1. 90	1. 80	1. 70	1. 60	1. 60	1. 50
利比亚	0. 20	0. 20	0. 20	0. 20	0. 20	0. 20	0. 20	0. 20
马达加斯加	0. 10	0. 10	0. 20	0. 20	0. 20	0. 20	0. 20	0. 30
马拉维	10. 30	10. 20	10. 00	9. 90	9. 70	9. 50	9. 20	8. 90
马里	1. 40	1. 40	1. 30	1. 30	1. 30	1. 30	1. 30	1. 20
毛里塔尼亚	0. 30	0. 30	0. 30	0. 20	0. 20	0. 20	0. 20	0. 20
毛里求斯	1. 30	1. 30	1. 30	1. 30	1. 30	1. 20	1. 20	1. 20
摩洛哥	0. 10	0. 10	0. 10	0. 10	0. 10	0. 10	0. 10	0. 10
莫桑比克	12. 20	12. 30	12. 40	12. 40	12. 50	12. 50	12. 50	12. 40
纳米比亚	12. 60	12. 50	12. 40	12. 30	12. 10	11. 90	11. 70	11. 50
尼日尔	0. 30	0. 30	0. 30	0. 30	0. 30	0. 20	0. 20	0. 20
尼日利亚	1. 30	1. 30	1. 30	1. 30	1. 30	1. 30	1. 30	1. 30
卢旺达	3. 10	3. 10	3. 00	2. 90	2. 90	2. 80	2. 70	2. 60
圣多美和普林西比	—	—	—	—	—	—	—	—

续表

国家	2012年	2013年	2014年	2015年	2016年	2017年	2018年	2019年
塞内加尔	0.50	0.50	0.50	0.40	0.40	0.40	0.40	0.40
塞舌尔	—	—	—	—	—	—	—	—
塞拉利昂	1.60	1.60	1.60	1.60	1.60	1.60	1.60	1.60
索马里	0.20	0.20	0.20	0.10	0.10	0.10	0.10	0.10
南非	18.80	19.00	19.20	19.30	19.30	19.30	19.20	19.00
苏丹	0.20	0.20	0.20	0.20	0.20	0.20	0.20	0.20
南苏丹	2.40	2.40	2.40	2.40	2.40	2.50	2.50	2.50
斯威士兰	28.30	28.60	28.90	28.90	28.80	28.40	27.70	27.00
坦桑尼亚	5.10	5.10	5.10	5.10	5.00	5.00	4.90	4.80
多哥	2.70	2.60	2.60	2.50	2.40	2.40	2.30	2.20
突尼斯	0.10	0.10	0.10	0.10	0.10	0.10	0.10	0.10
乌干达	6.70	6.60	6.50	6.40	6.20	6.10	5.90	5.80
赞比亚	12.40	12.40	12.30	12.20	12.10	11.90	11.70	11.50
津巴布韦	14.70	14.50	14.30	14.10	13.80	13.50	13.10	12.80

注：艾滋病病毒感染率指的是15～49岁的感染艾滋病病毒的人口的百分比。

资料来源：世界银行数据库，http://data.worldbank.org/（数据为2021年7月获取）。

表5 非洲国家新生儿死亡率（2012～2019年）

单位：‰

国家	2012年	2013年	2014年	2015年	2016年	2017年	2018年	2019年
阿尔及利亚	16.90	16.40	15.60	15.00	15.10	15.50	16.00	16.30
安哥拉	33.70	32.70	31.60	30.60	29.80	29.00	28.30	27.60
贝宁	33.70	33.30	32.80	32.30	31.90	31.50	31.00	30.60
博茨瓦纳	13.40	15.00	16.20	17.00	17.50	17.80	18.00	17.90
布基纳法索	29.70	29.00	28.50	28.00	27.50	27.00	26.50	25.90
布隆迪	25.80	24.90	24.00	23.30	22.60	22.00	21.50	21.00
佛得角	14.20	13.40	12.60	11.70	10.90	10.20	9.50	9.00
喀麦隆	30.30	29.80	29.20	28.60	28.00	27.40	26.70	26.10
中非共和国	45.20	44.50	43.70	42.90	42.10	41.40	40.70	39.70

续表

国家	2012 年	2013 年	2014 年	2015 年	2016 年	2017 年	2018 年	2019 年
乍得	37.10	36.60	36.10	35.60	35.00	34.50	33.90	33.30
科摩罗	34.80	34.00	33.50	32.60	31.90	31.30	30.50	29.80
刚果（布）	21.80	21.50	21.20	20.90	20.50	20.10	19.70	19.30
刚果（金）	31.20	30.60	30.10	29.60	29.00	28.50	28.00	27.40
科特迪瓦	37.50	36.80	36.20	35.60	34.90	34.30	33.70	33.00
吉布提	35.70	34.90	34.20	33.50	32.70	32.00	31.20	30.50
厄立特里亚	20.70	20.30	19.80	19.40	19.00	18.60	18.20	17.80
埃及	14.50	13.90	13.40	12.80	12.40	12.00	11.50	11.10
赤道几内亚	33.50	32.80	32.20	31.60	30.90	30.30	29.60	29.00
埃塞俄比亚	35.50	34.20	32.90	31.80	30.60	29.60	28.60	27.60
加蓬	23.70	23.20	22.70	22.20	21.70	21.20	20.70	20.20
冈比亚	31.70	31.10	30.50	29.90	29.20	28.50	27.80	27.10
加纳	28.20	27.40	26.60	25.80	25.10	24.40	23.70	23.10
几内亚	33.60	33.00	32.40	31.90	31.40	31.10	30.70	30.40
几内亚比绍	41.70	40.60	39.50	38.50	37.50	36.70	35.80	35.10
肯尼亚	23.70	23.40	23.10	22.70	22.30	21.90	21.50	21.00
莱索托	41.70	42.30	42.90	43.40	43.70	43.60	43.40	42.80
利比里亚	32.70	32.80	33.00	33.00	33.10	33.00	32.80	32.40
利比亚	8.50	8.10	7.80	7.50	7.20	6.90	6.70	6.50
马达加斯加	23.10	22.70	22.20	21.80	21.40	21.00	20.50	20.10
马拉维	26.30	25.10	23.90	22.80	21.90	21.10	20.40	19.80
马里	37.00	36.20	35.50	34.80	34.10	33.50	32.80	32.10
毛里塔尼亚	37.00	36.20	35.50	34.80	34.20	33.50	32.70	32.00
毛里求斯	9.50	9.50	9.30	9.10	9.10	9.30	9.70	10.20
摩洛哥	18.50	17.70	16.90	16.10	15.40	14.70	14.20	13.60
莫桑比克	32.60	32.00	31.40	30.90	30.30	29.80	29.20	28.50
纳米比亚	20.40	20.50	20.40	20.20	20.10	19.80	19.40	19.10
尼日尔	28.60	27.90	27.10	26.50	25.90	25.30	24.80	24.30

续表

国家	2012 年	2013 年	2014 年	2015 年	2016 年	2017 年	2018 年	2019 年
尼日利亚	37.60	37.40	37.30	37.10	36.90	36.70	36.30	35.90
卢旺达	20.50	19.40	18.60	17.90	17.20	16.70	16.30	15.90
圣多美和普林西比	17.10	16.60	16.10	15.70	15.20	14.80	14.40	14.10
塞内加尔	25.50	24.90	24.40	24.00	23.50	23.00	22.50	22.00
塞舌尔	8.80	8.90	8.90	9.00	9.00	8.90	8.80	8.60
塞拉利昂	37.00	35.90	35.00	34.30	33.30	32.50	31.80	31.20
索马里	41.70	40.90	40.20	39.60	39.00	38.20	37.60	36.90
南非	10.90	10.80	10.90	11.00	11.20	11.40	11.40	11.50
苏丹	30.90	30.50	30.00	29.40	28.90	28.30	27.80	27.20
南苏丹	39.70	39.10	39.00	38.90	38.70	38.60	38.50	38.60
斯威士兰	20.00	20.00	19.90	19.60	19.40	19.10	18.80	18.40
坦桑尼亚	23.70	23.10	22.60	22.10	21.60	21.20	20.70	20.30
多哥	28.10	27.60	27.10	26.70	26.20	25.80	25.30	24.80
突尼斯	12.20	12.10	12.10	12.10	12.10	12.10	12.00	11.90
乌干达	24.20	23.60	23.00	22.30	21.70	21.10	20.50	20.00
赞比亚	25.20	25.00	24.80	24.50	24.30	23.90	23.60	23.30
津巴布韦	30.00	29.20	28.50	27.90	27.30	26.90	26.40	25.90

注：新生儿死亡率是指特定年每千名活产婴儿中满 28 天前死亡的新生儿人数。

资料来源：世界银行数据库，http：//data.worldbank.org/（数据为 2021 年 7 月获取）。

表 6　非洲国家军事支出占 GDP 的比例（2012～2019 年）

单位：%

国家	2012 年	2013 年	2014 年	2015 年	2016 年	2017 年	2018 年	2019 年
阿尔及利亚	4.46	4.84	5.55	6.27	6.38	6.01	5.51	6.01
安哥拉	3.24	4.46	4.70	3.11	2.73	2.42	1.81	1.64
贝宁	0.96	0.94	0.96	1.10	0.93	1.26	0.87	0.65
博茨瓦纳	2.27	2.06	2.13	2.66	3.29	3.01	2.68	2.77
布基纳法索	1.32	1.39	1.43	1.42	1.32	1.53	2.13	2.43
布隆迪	2.53	2.37	2.12	2.20	2.12	1.87	1.88	1.77

续表

国家	2012 年	2013 年	2014 年	2015 年	2016 年	2017 年	2018 年	2019 年
佛得角	0.56	0.53	0.54	0.56	0.61	0.53	0.54	0.49
喀麦隆	1.22	1.21	1.15	1.14	1.19	1.17	1.11	1.10
中非共和国	1.97	3.16	2.26	1.69	1.53	1.44	1.43	1.50
乍得	—	5.59	2.81	2.02	3.07	2.24	2.34	2.18
科摩罗	—	—	—	—	—	—	—	—
刚果（布）	—	2.62	5.01	0.00	6.38	4.31	2.57	2.66
刚果（金）	1.21	1.15	0.95	1.28	0.95	0.74	0.60	0.67
科特迪瓦	1.52	1.38	1.48	1.72	1.66	1.25	1.33	1.14
吉布提	—	—	—	—	—	—	—	—
厄立特里亚	—	—	—	—	—	—	—	—
埃及	1.65	1.61	1.69	1.72	1.67	1.42	1.25	1.18
赤道几内亚	—	—	0.77	1.04	1.24	1.10	1.07	—
埃塞俄比亚	0.87	0.81	0.77	0.71	0.70	0.67	0.64	0.60
加蓬	1.62	1.60	1.14	1.19	1.45	1.81	1.55	1.59
冈比亚	0.79	0.76	1.16	1.00	—	—	0.71	0.82
加纳	0.80	0.53	0.68	0.53	0.38	0.40	0.42	0.44
几内亚	2.98	3.16	2.97	3.31	2.49	2.47	2.32	2.03
几内亚比绍	2.48	2.08	2.04	1.63	1.34	1.42	—	—
肯尼亚	1.67	1.56	1.33	1.32	1.32	1.28	1.26	1.16
莱索托	1.93	1.82	1.77	1.73	1.78	1.95	1.76	1.55
利比里亚	0.56	0.49	0.46	0.47	0.45	0.41	0.42	0.52
利比亚	3.75	7.64	15.48	—	—	—	—	—
马达加斯加	0.69	0.68	0.65	0.60	0.59	0.58	0.60	0.61
马拉维	0.77	1.14	0.82	0.63	0.64	0.76	0.85	0.89
马里	1.20	1.16	1.52	2.36	2.59	3.03	2.81	2.71
毛里塔尼亚	2.72	2.56	2.70	2.76	2.94	2.93	3.03	2.82
毛里求斯	0.15	0.19	0.16	0.15	0.18	0.17	0.16	0.15
摩洛哥	3.46	3.81	3.68	3.23	3.22	3.19	3.13	3.09

续表

国家	2012 年	2013 年	2014 年	2015 年	2016 年	2017 年	2018 年	2019 年
莫桑比克	0.91	0.99	1.02	0.91	1.02	1.03	1.17	0.90
纳米比亚	3.17	3.07	4.20	4.40	3.76	3.43	3.22	3.03
尼日尔	2.14	1.38	1.77	—	2.21	2.46	2.45	1.84
尼日利亚	0.50	0.47	0.41	0.42	0.43	0.43	0.51	0.46
卢旺达	1.09	1.08	1.13	1.25	1.28	1.26	1.25	1.19
圣多美和普林西比	—	—	—	—	—	—	—	—
塞内加尔	1.10	1.25	1.21	1.21	1.61	1.46	1.63	1.45
塞舌尔	0.94	1.04	2.30	1.31	1.54	1.43	1.43	1.33
塞拉利昂	0.78	0.64	0.97	0.92	1.12	1.09	0.75	0.73
索马里	—	—	—	—	—	—	—	—
南非	1.13	1.12	1.11	1.10	1.08	1.04	1.00	0.98
苏丹	—	—	—	2.66	2.65	3.51	1.78	1.65
南苏丹	8.77	6.57	8.62	10.56	4.60	2.35	3.65	3.36
斯威士兰	1.89	1.87	1.83	1.75	1.99	1.89	1.86	1.82
坦桑尼亚	0.93	1.00	1.05	1.13	1.14	1.18	1.26	1.32
多哥	1.61	1.68	1.80	1.68	1.85	1.86	1.95	3.12
突尼斯	1.51	1.64	1.91	2.27	2.36	2.14	2.11	2.56
乌干达	1.44	1.16	1.17	1.21	1.26	1.29	1.44	2.05
赞比亚	1.36	1.36	1.63	1.75	1.43	1.31	1.42	1.21
津巴布韦	1.86	1.87	1.89	1.89	1.74	1.54	1.22	0.70

资料来源：世界银行数据库，http：//data. worldbank. org/（数据为 2021 年 7 月获取）。

图书在版编目（CIP）数据

非洲地区发展报告．2020－2021／李雪冬，刘鸿武主编．-- 北京：社会科学文献出版社，2022.12
ISBN 978－7－5228－0875－8

Ⅰ.①非… Ⅱ.①李… ②刘… Ⅲ.①经济发展－研究报告－非洲－2020－2021 ②政治－研究报告－非洲－2020－2021 Ⅳ.①F140.4 ②D74

中国版本图书馆 CIP 数据核字（2022）第 189304 号

非洲地区发展报告（2020～2021）

主　　编／李雪冬　刘鸿武

出 版 人／王利民
责任编辑／宋浩敏
责任印制／王京美

出　　版／社会科学文献出版社·国别区域分社（010）59367078
地址：北京市北三环中路甲 29 号院华龙大厦　邮编：100029
网址：www.ssap.com.cn
发　　行／社会科学文献出版社（010）59367028
印　　装／三河市龙林印务有限公司

规　　格／开　本：787mm×1092mm　1/16
印　张：17.25　字　数：265 千字
版　　次／2022 年 12 月第 1 版　2022 年 12 月第 1 次印刷
书　　号／ISBN 978－7－5228－0875－8
定　　价／168.00 元

读者服务电话：4008918866